读客文化

陆小凤传奇 6

凤舞九天

古 龙 著

文汇出版社

《凤舞九天》前言

陆小凤是一个人，是一个绝对能令你永难忘怀的人。

在他充满传奇性的一生中，也不知遇见过多少怪人和怪事，也许比你在任何时候、任何地方所听说过的都奇怪。

陆小凤的故事我已经写过的有《陆小凤》[1]《凤凰东南飞》[2]《决战前后》《银钩赌坊》《幽灵山庄》《武当一战》[3]，最新的就是这篇《凤舞九天》，其中只有一部分曾在香港连载过，却因故中断，如今再将它全篇整理完成，也算完成了一个心愿。

---

1 即《陆小凤传奇：金鹏王朝》。
2 即《陆小凤传奇2：绣花大盗》。
3 即《陆小凤传奇5：幽灵山庄》的后半部。

目 录

001 / 第一章　薄刀

010 / 第二章　狐狸窝

029 / 第三章　海上惊魂

043 / 第四章　劫后余生

058 / 第五章　满载而归

083 / 第六章　木头人阵

111 / 第七章　原来如此

124 / 第八章　美人青睐

133 / 第九章　惨遭暗算

147 / 第十章　已知将死

158 / 第十一章　逃避追捕

172 / 第十二章　和尚弄鬼

187 / 第十三章　醋海兴波

202 / 第十四章　谈判顺利

215 / 第十五章　仗义救人

234 / 第十六章　重回岛上

243 / 第十七章　宫九的阴谋

267 / 第十八章　猫捉老鼠

288 / 第十九章　脱困的方法

304 / 第二十章　老实和尚不老实

317 / 第二十一章　寻寻觅觅

340 / 第二十二章　隐形的人

第一章

薄刀

01

一百零三个精明干练的武林好手，价值三千五百万两的金珠珍宝，竟在一夜之间全都神秘失踪。

这件事影响所及，不但关系着中原十三家最大镖局的存亡荣辱，江湖中至少还有七八十位知名之士，眼看着就要因此而家破人亡，身败名裂。

那天晚上究竟发生了什么事？

知道这秘密的，普天之下，只有一个人！

崔诚如果知道自己现在已变得如此重要，一定会觉得自己此生已非虚度。

可是他并不知道。他已整整昏迷了三天。

这一百零三个人都是中原镖局的精英，护送着镖局业有史以来最大的一趟镖。经太行，出潼关，却在太行山下一个小镇上忽然失踪。

崔诚是群英镖局的趟子手，也是这次事件中唯一的生还者。

根据一天后就已紧急号召成的搜索队首脑熊天健所说："我们是在当地一家客栈的坑洞里找到他的，当时他已昏迷不醒，奄奄一息。"

据陪同搜索队到太行的名医叶星士说："他身上共有刀伤六处，虽然因为流血过多而昏迷，幸好伤不在要害，只要找个安全的地方让他静养三五天，我保证他一定恢复清醒。"

据搜索队的另一首脑鹰眼老七说："现在他已被送到一个绝对安全的地方休养，不经我们全体同意，连一只苍蝇都飞不进去。"

熊天健是中原大侠，也是群英镖局总镖头司徒刚的舅父，侠义正直，在江湖中一向很有人望。

叶星士是少林铁肩大师的唯一俗家弟子，也是江湖中久负盛誉的四大名医之一，医术精湛，天下公认。

鹰眼老七是十二连环坞的总瓢把子，十二连环坞的势力远及塞外，连黑白两道中都有他的门人子弟，这次护镖的四十位镖师中，就至少有五六个人曾经在他们下递过帖子。

他们被牵入这件事，只因为他们都是这十三家镖局的保人。

这趟镖的来头极大，甚至已上动天听，若是找不回来，非但所有的保人都难免获罪，连委托他们护镖的太平王府都脱不了干系。

所有的保人当然也都是江湖中极有身份的知名人士，中原武林的九大帮、七大派，几乎全都有人被牵连在内。

他们是在端午节的前一天找到崔诚的，现在已是五月初八。

根据负责照顾崔诚的十二连环坞第三寨程寨主说："他昨天晚上已醒过一次，还喝了半碗参汤，解了一次手，等我们替他换过药后，他才睡着的。"

据鹰眼老七的如夫人萧红珠说："他解出的粪便中已没有血丝，今天早上已经能开口要水喝，还看着我笑了笑。"

程中和萧红珠都是鹰眼老七最亲信的人，只有他们才能接近崔诚。

以崔诚的伤势来看，现在虽然还不宜劳累，但是这件事却无疑远比他的伤势重要得多，只要他能开口说话，就绝不能再等。

是以所有和这件事有关的人，现在都已到了十二连环坞的总寨，连太平王的世子都带着他们的护卫来了。

现在崔诚当然绝不能死！

十二连环坞究竟是个什么样的地方，江湖中几乎从来没有人能真正了解过，那不仅是个地方，也是个极庞大的组织。

这组织的势力分布极广，成员很复杂，黑白两道上，他们都有一份，可是他们都能谨守着一个原则——

"不伤天害理，不趁人于危，不欺老弱妇孺，不损贫病孤寡。"

这也许就是他们能存在至今的最大原因。

十二连环坞有十二寨，从外表看来和普通的山庄村落并没有什么分别，其实他们的防卫极森严，组织更严密，没有他们的腰牌和口令，无论谁都很难进入他们的山区。

总瓢把子鹰眼老七的驻辖地，就叫作"鹰眼"，十二连环坞属下的所有行动、命令都是由"鹰眼"中直接发出的。

端午的正午，崔诚就已被送入"鹰眼"的密室中，要经过五道防守严密的铁栅门才能进入这密室，能自由出入的，只有程中和萧红珠。现在他们就在这里陪着崔诚。

程中老成持重，而且略通医术，萧红珠温柔聪明，心细如发，密室四面是墙壁，都是整块的花岗石，铁门不但整天都有人换班防守，而且还配上名匠制成的大铁锁，除了萧红珠和鹰眼老七贴身秘藏的两把钥匙外，无论谁都打不开。

对这种防守，连太平王的世子都不能不满意，笑着对鹰眼老七道："你说得不错，这地方实在连只苍蝇都飞不进去。"

可是当他们通过五道铁栅，进入密室后，才发现崔诚已经死了！

萧红珠和程中也已死了！

他们身上既没有伤痕，也找不到血痕，但是他们的尸体都已冰冷僵硬。

根据叶星士的判断：

"他们死了至少已有一个半时辰，是被一柄锋刃极薄的快刀杀死的，一刀就已致命！

"因为刀的锋刃太薄，出手太快，所以连伤口都没有留下。

"致命的刀伤无疑在肺叶下端。一刀刺入，血液立刻大量涌入胸腔，所以没有血流出来。"

这一刀好准，好快！

可见杀人的凶手不但极擅快刀，而且还有极丰富的经验。

防守密室的人，跟随鹰眼老七都已在十年以上，都是他的心腹死士。

他们指天誓日："在这两个时辰中，除了萧夫人和程寨主，绝没有第三个人出入过。"

这一班防守的有三十六个人，三十六人说的当然绝不会全是谎话。

那么凶手是怎么进去的？

太平王的世子冷笑："照你这么说，除非他是个隐形的人！"

正午。

布置精致的大厅内沉闷烦热，连风都似已被凝结，散乱的头发一落下来，立刻被汗水胶住，虽然随时都有酒水供应，但大家还是觉得嘴唇干裂，满嘴发苦。

鹰眼老七更显得憔悴、悲伤而疲倦。

他本是个活力充沛、看起来很年轻的人，就在这一刻间，他似已苍老了很多。

"凶手是怎么进去的？这世上当然绝没有真能隐形的人。"

他想不通。没有人能想得通。

大家只知道一件事，这三千五百万两镖银若是找不回来，他们就负责赔偿。

那足以让他们每个人都倾家荡产！就算倾家荡产，也未必能赔得出！

以他们的身份地位，当然更绝不能赖账。

幸好太平王的世子并不是个不通情理的人："我可以给你们四十天的限期，让你们去把这批珠宝追回来，否则……"

他没有说下去，也不必说下去，后果的严重，大家心里都很明白。

说完了这句话，他就带着他的护卫们走了，不管怎么样，四十天的限期已不能算短。

只可惜这件事连一点线索都没有。

鹰眼老七站起又坐下，坐下又站起，熊天健满身大汗，已湿透了内外三重衣服，有些人只有鼻子会出汗，就看着汗珠一滴滴从鼻尖滴落。

这些人都是坐镇一方的武林大豪，平时指挥若定，此刻却已方寸大乱，竟完全想不出一点对策来。

叶星士忽然道："这已不是第一次。"

大家都不能完全了解他这句话的意思，只有等着他说下去。

叶星士道："上个月底长江水上飞，在作每日例行的巡查时，忽然暴毙在水中，我也曾被他们帮中的子弟请去鉴定他的死因。"

熊天健立刻问："他的死因也跟崔诚一样？"

叶星士点点头，道："他身上也完全没有伤痕血迹，我整整花了三天工夫，才查出他内腑肺叶下的刀伤，也同样是一刀就已致命！"

熊天健道："他是在水中被刺的了？"

叶星士道："不错。"

熊天健的脸色更凝重，水上飞的水性号称天下第一，凶手能在水中一刀刺入他的要害，水底的功夫当然比他更精纯。

他沉思着，过了很久，才缓缓道："我也想起了一件事。"

以鹰爪力著称的淮南武林世家长公子王毅抢着问道："什么事？"

熊天健道："今年年初，嵩阳'铁剑山庄'的老庄主在他的藏剑阁中练剑时，忽然暴毙，至今还没有人知道他的死因。"

他长长吐出口气："现在我才想到，他很可能也是被同一个刺客暗杀的！"

嵩阳郭家的剑法，一向为不传之秘，郭老庄主在练剑时，绝不许外人偷看。

他的藏剑阁建造得也像是铜墙铁壁一样，任何人都难越雷池一步。

何况他剑法极高，一柄家传的铁剑施展开来，别人根本近不了他的身。

叶星士皱眉道："他当真是在练剑时被刺的，这刺客的刀就未免太可怕了。"

鹰眼老七忽然冷笑，道："那么我们是不是就应该坐在这里，等着他来将我们一个个杀光？"

没有人跟他争辩，自己最心爱的女人被刺杀，无论谁心情都不会好的。

鹰眼老七握紧双拳，额上青筋一根根凸起，大声道："就算这刺客真的有三头六臂，真的会隐形，我也要把他找出来！"

怎么找呢？

经过了彻底商议后，大家总算决定了三个对策。

将所有的人手分成三批，分头办事。

第一批人由熊天健率领，再回太行山下那一个小镇去，看看镖师们投宿的那家客栈中，是不是还有些蛛丝马迹留下来。

最好能将当地每一户人家都仔细查问清楚，出事前那几天，有没有可疑的陌生人到过那里。

他们已将江湖中所有善于使刀的武林高手都列举出来，由叶星士带领的第二批人去分别查访。

最主要的是，要问出他们从五月端午的凌晨到正午这两个时辰中，他们的人在哪里。

第三批人由王毅领队，到各地去筹款，想法子凑足三千五百万两。

这些事显然都很不容易，大家忍不住要问鹰眼老七："你准备到哪里去？"

"我去找陆小凤。"

"就是那个有四条眉毛的陆小凤？"

鹰眼老七点点头："假如世上还有人能替我们找出那凶手来，一定就是陆小凤。"

他说得很有把握。

经过了幽灵山庄那一件事后，他对陆小凤的机智和能力都充满信心。

"据说这个人是个浪子，浪迹天涯，四海为家，你准备到哪里去找他？"

"哪里的粽子做得最好，我就到哪里去找。"

对这一点，他也很有把握。

他知道陆小凤不但好吃,而且很会吃,端午节的时候若是不吃粽子,岂非是件很煞风景的事?

据说卧云楼主人的家厨名动公卿,做出来的湖州粽子风味绝佳,当地官府每年都要用八百里加急的驿马送到京师去,而且卧云楼主人好像也正是陆小凤的老朋友。

"我正准备到那里去。"鹰眼老七已站起来,"卧云楼主人一向好客,端午才过三天,他一定不会放陆小凤走的。"

只可惜他还是迟了一步。

卧云楼主人昔年本是江湖闻名的美男子,近年来想必因为吃得太好,肚子已渐渐凸起,这一点无疑也使得他自己很烦恼。

所以他说话的时候,总会在不知不觉中拍着自己的肚子。

"陆小凤来过,端午前后他几乎每年都要来住几天。"卧云楼主人亲自为鹰眼老七倒了杯酒,"这就是我特地为他挑选的竹叶青,你尝尝怎么样?"

鹰眼老七虽然不是为品酒来的,还是将这杯酒一饮而尽,立刻问道:"现在他的人呢?"

卧云楼主人叹了口气,道:"今年他的兴致好像不如往年,总显得有点心事重重,连这坛酒都没有喝完,就一定要走,连我都留不住!"

看来他显然对陆小凤很关心,摇着头叹道:"他太喜欢管闲事,什么事都管,不该管的也要管,却忘了替自己打算打算,一个人到了三十岁还没有成家,心情怎么会好得起来?"

鹰眼老七只有苦笑:"你知不知道他会到什么地方去?"

卧云楼主人沉吟着,道:"我好像听他说过,他要到海外去散散心。"

鹰眼老七的脸色一下子就变得蜡黄:"你是说他要出海去?"

卧云楼主人遥望着窗外的一朵白云，缓缓道："现在他想必已到了海上。"

鹰眼老七开始喝酒，一口气喝了八大碗，站起来就走。

卧云楼主人也留他不住，只有送到门口："他秋深的时候就会回来的，一定还会到我这里吃月饼，你有什么事，我可以转告他。"

鹰眼老七道："到了那时候，我只有一件事找他做了。"

卧云楼主人道："什么事？"

鹰眼老七道："找他去抬棺材。"

卧云楼主人皱了皱眉，道："抬谁的棺材？"

鹰眼老七道："我的。"

第二章

狐狸窝

01

陆小凤没有出海,他怕晕船,他选了条最大最稳的海船,这条船却还在装货。

已收了他五百两银子的船主人,是条标标准准的老狐狸,口才尤其好!

"货装得愈多,船走起来愈稳,就算你没有出过海,也绝不会晕船的,反正你又不急,多等两天有什么关系?"他用长满了老茧的手,用力拍着陆小凤的肩,"我还可以介绍个好地方给你,到了那里,说不定你就不想走了。"

陆小凤忍不住问:"那地方有什么?"

老狐狸朝他眨了眨眼睛:"只要你能想得出来的,那地方都有。"

陆小凤笑了:"那地方是不是你开的?"

老狐狸也笑了,大笑道:"你是个聪明人,所以我第一眼看见你,就已开始喜欢你。"

那地方当然是他开的,所以就叫作"狐狸窝"。

所以陆小凤只有在狐狸窝等着他装货,已足足等了三天。

在人们心目中，狐狸总是最聪明狡猾的动物，而且很自私，所以它们的窝，至少总该比其他动物的窝舒服些。

事实上也如此。

终年漂浮在海上的人，只要提起"狐狸窝"这三个字，脸上就会露出神秘而愉快的微笑，心里也会觉得火辣辣的，就好像喝了杯烈酒。

只要男人们能想得到的事，在狐狸窝都可以找得到。

男人们想的，通常都不会是什么好事。

用木板搭成的屋子，一共有二十多间，前面四间比较大的平房就算是前厅，屋子虽然已破旧，但是大家都不在乎。

到这里来的人，不是来看房子的。

温暖潮湿的海风从窗外的海洋吹来，带着种令人愉快的咸味，就像老爸爸身上的汗水。

屋子里烟雾腾腾。女人头上的刨花油香味和烤鱼的味道混合在一起，足以激起男人们的各种欲望。

大家赌钱都赌得很凶，喝酒也凶，找起女人来更像是饿虎。

只有一个人是例外。

他年纪还很轻，黝黑英俊的脸上，带着几分傲气，又带着几分野气，眼睛黑得发蓝，薄薄的嘴唇显得坚强而残忍。

开始的时候女人们都对他很有兴趣，然后立刻就发现他外表看来像一头精力充沛的豹子，其实却冷得像是一块冰。

陆小凤一走进来就看见了他，他正在剥一个鸡蛋的壳子。

他只吃煮熟了的带壳鸡蛋，只喝纯净的白水。

陆小凤并不怪他，他们本是从一条路上来的，陆小凤亲眼看见，就在短短的半天之中，他已经有三次几乎送了命。若不是他反应特别快，现在已死过三次。

他当然不能不特别小心。

一个胸脯很高、腰肢很细、年纪却很小的女孩子，正端着盘牛肉走过去，眼睛里充满了热情，轻轻地说："这里难得有牛肉，你吃一点。"

他根本没有看她，只摇了摇头。

她还不死心："这是我送给你的，不用钱，你不吃也不行。"

看来她年纪虽小，对男人的经验却不少，脸上忽然露出种很职业化的媚笑，用两根并不算难看的手指，夹起块牛肉往他嘴里塞。

陆小凤知道要糟了，用对付别的男人的手段来对付这少年，才真的不行。

就在他开始这么想的时候，整盘牛肉已盖在她脸上。

牛肉还是热的，汤汁滴落在她高耸的胸脯上，就像是火山在冒烟。

屋子里的人大笑，有的人大叫，这女孩子却已大哭。

少年还是冷冷地坐在那里，连看都没有看她一眼。

两个脸上长着水锈的壮汉，显然是来打抱不平了，带着三分酒意冲过来。

陆小凤知道又要糟了。也就在他开始这么想的时候，两条海象般的大汉已飞了起来，一个飞出窗外才重重跌下，另一个却眼看着就要掉在陆小凤的桌子上。

陆小凤只有伸手轻轻一托，将这个人也往窗外送了出去。

少年终于抬起头，冷冷地瞪了他一眼，陆小凤笑了笑，正想走过去跟他一起吃鸡蛋，这少年却已沉下脸，又开始去剥他的第二个鸡蛋。

陆小凤一向是很容易能交到朋友的人，可是遇着这少年，却好像遇见了一道墙壁，连一点反应都没有。

陆小凤无疑也是个很能让女孩子感兴趣的男人，刚找到位子，已有两个打扮得花枝招展的女人来了,头上刨花油的香味,香得令人作呕。

只不过陆小凤在这一方面一向是君子,君子是从不会给女人难看的。

可是他也不想嗅着她们头上的刨花油味喝酒。

他只有移花接木,想法子走马换将:"刚才那个小姑娘是谁?"

"这里的小姑娘有好几十个,我怎么知道你说的是哪一个?"

"就是脸上有牛肉汤的那个。"

付出了一点"遮羞费"之后,两个头上有刨花油的,就换来了一个脸上有牛肉汤的。她脸上当然已没有牛肉汤,却也没有笑容,对这个长着两道眉毛般怪胡子的男人,她显然没有太大的兴趣。

幸好陆小凤的兴趣也不在她身上,两个人说了几句比刨花油还无味的话之后,陆小凤终于转入了他感兴趣的话题。

"那个只吃煮鸡蛋的小伙子是谁?姓什么?叫什么?"

那少年在客栈里账簿上登记的名字是岳洋,山岳的岳,海洋的洋。

"我只希望他被鸡蛋活活噎死。"这就是她对他的最后结论。

只可惜他暂时不会被噎死了,因为他已连蛋都不吃。他站起来准备要走。

就在这时,窗外忽然"咯"的一响,一排九支弩箭飞进来,直打他的背后。

箭矢破空,风声很尖锐,箭上的力道当然也很强劲。

陆小凤正在喝酒,两根手指一弹,手里的酒杯就飞了出去,一个酒杯忽然碎成了六七片,每一片都正好打在箭矢上。

一片破酒杯打落一根箭,"当、当、当"几声响,七根箭掉在地上。

剩下的两根当然伤不了那少年，陆小凤已箭一般蹿出去，甚至比箭还快。

可是等他到了窗外，外面已连人影都看不见，他再回来时，少年岳洋也不见了。

"他回房睡觉去了，每天他都睡得很早。"说话的正是那脸上已没有牛肉汤的小姑娘，她好像忽然对陆小凤有了兴趣。

年轻的女孩子，有几个不崇拜英雄？

她看着陆小凤，眼睛里也有了热情，忽然轻轻地问："你想不想吃牛肉？"

陆小凤笑了，也压低声音，轻轻地说："我也想睡觉去。"

后面的二十多间屋子更旧，可是到这里来的就不在乎。

对这些终年漂泊在海上的男人来说，只要有一张床就已足够。

牛肉汤拉着陆小凤的手。

"我外婆常说，要得到一个男人的心，最快的一条路就是先打通他的肠胃。"她叹了口气，"可是你们两个为什么对吃连一点兴趣都没有？"

"因为我怕发胖。"

他们已在一间房的门口停下，她却没有开门。

陆小凤忍不住问："我们不进去？"

"现在里面还有人，还得等一下。"她脸上带着不屑之色，"不过这些男人都像饿狗一样，用不了两下就会出来的。"

在饿狗刚啃过骨头的床上睡，这滋味可不太好受。

陆小凤已准备开溜了，可是等到她说岳洋就住在隔壁一间房时，他立刻改变了主意。

他对这少年显然很有兴趣，这少年的样子，几乎就跟他自己少年时一样，唯一不同的是，他从来不会将牛肉盖到女孩子们脸上去。

房门果然很快就开了，一条猩猩般的壮汉，带着个小鸡般的女孩子走出来。

奇怪的是，小鸡还在鲜蹦活跳，猩猩却好像两条腿已有点发软了。

两个女孩子吃吃地笑着，偷偷地挤眼睛。

"你嘴上的这两条东西，究竟是眉毛？还是胡子？"小鸡好像很想去摸摸看。

陆小凤赶紧推开了她的手，突听"砰"的一响，隔壁的房门被撞开，"啪"的一声，一条东西被重重地摔在地上，赫然竟是条毒蛇。

女孩子尖叫着逃了，陆小凤蹿了过去，就看见岳洋还站在门口，脸色已有点发白。

床上的被刚掀起，这条毒蛇显然是他从被窝里拿出来的。

这已是第五次有人想要他的命了。

陆小凤已忍不住叹了口气，道："你究竟做了些什么事？是抢了人家的饭碗？还是偷了人家的老婆？"

岳洋冷冷地看着他，挡在门口，好像已决心不让他进去。

陆小凤也挡住了门，决心不让他关门："别人想要你的命，你一点都不在乎？"

岳洋还是冷冷地看着他，不开口。

陆小凤道："你也不想知道暗算你的人是谁？"

岳洋忽然道："我只在乎一件事。"

陆小凤道："什么事？"

岳洋道："若有人总喜欢管我的闲事，我就会很想让他以后永远管不了别人的闲事。"

他忽然出手，仿佛想去切陆小凤的咽喉，可是手一翻，指尖已到了陆小凤眉心。

陆小凤只有闪避,刚退后半步,房门"砰"的一声关起。

接着屋里也发出"砰"的一响,他好像将窗子都关上了。

陆小凤站在门口怔了半天,忽然转过身,从地上把那条死蛇拿了起来,就着走廊上的一盏灯笼看了半天,又轻轻地放了下去。

蛇的七寸已断,是被人用两根手指捏断的,这条蛇不但奇毒,而且蛇皮极坚韧,连快刀都未必能一下子斩断。这少年两根手指上的功夫,居然也好像跟陆小凤差不多。

陆小凤只有苦笑:"幸好他也有二十左右了,否则别人岂非要把他当作我的儿子?"

也许连他自己都会认为这少年是他的儿子。

02

夜终于静了。

刚才外面还有人在拍门,陆小凤只有装作已睡着,坚持了很久,才听见那热情的小姑娘狠狠在门上踢了一脚,恨恨地说:"原来两个人都是死人。"然后她的脚步声就渐渐远去。

现在外面已只剩下海涛拍岸声,对面房里男人的打鼾声,左面房里女人的喘息声。

右面岳洋的房里却连一点声音都没有。

这少年不但武功极高,而且出手怪异。不但出手怪,脾气更怪。

他究竟什么来历?为什么有那些人要杀他?

陆小凤的好奇心已被他引了起来,连睡都睡不着。

睡不着的人,最容易觉得饿,他忽然发觉肚子饿得要命。

虽然夜已深，在这种地方总算可以找到点东西吃，谁知房门竟被牛肉汤反锁住。

幸好屋里还有窗户。

这么热的天气，他当然不会像那少年一样把窗子关上睡觉。

屋里既然没有别的人，他也懒得一步步走到窗口，一拧身就已蹿出窗户。

一弯上弦月正高高地挂在天上，海涛在月下闪动着银光。

他忽然发现岳洋的窗外竟有一个人蹲在那里，手里拿着个像仙鹤一样的东西，正对着嘴往窗里吹气。

陆小凤从十来岁时就已闯江湖，当然认得这个人手里拿的，就是江湖中只有下五门才会用的鸡鸣五鼓返魂香。

这个人也已发现旁边有人，一转脸，月光正好照在脸上。

一张又长又狭的马脸，却长着个特别大的鹰钩鼻子，无论谁只要看过一眼就很难忘记。

陆小凤凌空翻身，扑了过去。

谁知这个人不但反应奇快，轻功也高得出奇，双臂一振，又轻烟般掠过屋脊。

一个下五门的小贼，怎么会有如此高的轻功？

陆小凤没有仔细去想，现在他只担心岳洋是不是已被迷倒。

岳洋没有被迷倒。他落下地时，就发现窗子忽然开了，岳洋正站在窗口，冷冷看着他。

有人在窗外对着自己吹迷香，这少年居然还能沉得住气，等人走了才开窗户。

陆小凤实在不明白他究竟是怎么样的一个人。

岳洋忽然冷笑道："我实在不明白你究竟是怎么样的一个人，三更半夜的，为什么还不睡觉？"

陆小凤只有苦笑:"因为我吃错了药。"

这一夜还没有过去,陆小凤的麻烦也还没有过去。

他回房去时,才发现牛肉汤居然已坐在床上等着他!

"你吃错了什么药?春药?"她瞪着陆小凤,"就算你吃了春药,也该来找我的,为什么去找男人?你是不是有什么毛病?"

陆小凤也只有苦笑:"我的毛病还不止一种。"

"你还有什么病?"

"饿病!"

"这种病倒没关系。"她已经在笑,"我刚好有种专治这种病的药。"

"牛肉?"

"馒头夹牛肉,再用一大壶吊在海水里冻得冰凉的糯米酒送下去,你看怎么样?"

陆小凤叹了口气:"我看天下再也找不出比这种更好的药了。"

03

喝得太多,睡得太少,陆小凤醒来时还觉得肚子发胀,头疼如裂。

还不到中午,前面的厅里还没有什么人,刚打扫过的屋子看来就像是口刚洗过的破锅,油烟煤灰虽已洗净,却更显得破旧丑陋。

他想法子找了壶开水,泡了壶茶,刚坐下来喝了两口,就看见岳洋和另外一个人从外面新鲜明亮的阳光下走了进来。

两个人正在谈着话,岳洋的神情显得很愉快,话也说得很多。

令他愉快的这个人，却赫然竟是昨天晚上想用鸡鸣五更返魂香对付他的。那张又长又狭的马脸，陆小凤还记得很清楚。

陆小凤傻了。真正有毛病的人究竟是谁？事实上，他从来也没有见过任何人的毛病比这少年更大。

看见了他，岳洋的脸立刻沉下，两个人又悄悄说了几句话，岳洋居然走了过来，在他对面坐下。

陆小凤简直有点受宠若惊的样子，忍不住问道："那个人是你朋友？"

他问的当然就是那长脸，现在正沿着海岸往西走，走得很快，仿佛生怕陆小凤追上去。

岳洋道："他不是我朋友。"

陆小凤吐出口气，这少年总算还能分得出好坏善恶，还知道谁是他朋友，谁不是。

岳洋道："他是我大哥。"

陆小凤又傻了，正想问问他，知不知道这位大哥昨天晚上在干什么？

岳洋却不想再谈论这件事，忽然反问道："你也要出海去？"

陆小凤点点头。

岳洋道："你也准备坐老狐狸那条船？"

陆小凤又点点头，现在才知道这少年原来也是那条船的乘客。

岳洋沉着脸，冷冷道："你最好换一条船。"

陆小凤道："为什么？"

岳洋道："因为我付了五百两银子，把那条船包下来了。"

陆小凤苦笑道："我也很想换条船，只可惜我也付了五百两银子把那条船包下了。"

岳洋的脸色变了变，宿醉未醒的老狐狸正好在这时出现。

他立刻走过去理论，问老狐狸究竟是怎么回事。

在老狐狸口中说来，这件事实在简单得很："那是条大船，多坐一个人也不会沉的，你们两位又都急着要出海。"

他又用那只长满了老茧的大手，拍着少年的肩："船上的人愈多愈热闹，何况，能同船共渡，也是五百年修来的，你若想换条船，我也可以把船钱退给你，可是最多只能退四百两。"

岳洋一句话都没有再说，掉头就走。

老狐狸眯着眼睛，看着陆小凤，笑嘻嘻地问："怎么样？"

陆小凤抱着头，叹着气道："不怎么样。"

老狐狸大笑："我看你一定是牛肉汤喝得太多了。"

午饭的时候，陆小凤正准备勉强吃点东西到肚子里，岳洋居然又来找他，将一大包东西从桌上推到他面前："这是五百两银子，就算我赔你的船钱，你一定要换条船。"

他宁可赔五百两给陆小凤，却不肯吃一百两的亏，收老狐狸的四百两，这是为什么？

陆小凤不懂："你是不是一定要坐老狐狸那条船？却一定不让我坐？"

岳洋回答得很干脆："是的。"

陆小凤道："为什么？"

岳洋道："因为我不喜欢多管闲事的人。"

陆小凤看看他，伸出一根手指，又把包袱从桌上推了回去。

岳洋变色道："你不肯？"

陆小凤的回答也很干脆："是的！"

岳洋道："为什么？"

陆小凤笑了笑，忽然道："因为那是条大船，多坐一个人也不会沉下去!"

岳洋瞪着他,眼睛里忽然露出种奇怪的表情:"你不后悔?"

陆小凤淡淡道:"我这一辈子从来也没有后悔过一次。"

他做事的确从不后悔,可是这一次,他倒说不定真会后悔的。只不过当然也是很久以后的事了。

从中午一直到晚上,日子都过得很沉闷,每件事都很乏味。

头一天晚上喝多了,第二天总会觉得情绪特别低落的。

整整一天中,唯一令人值得兴奋的事,就是老狐狸忽然宣布:"货已装好,明天一早就开船。"

04

第二天凌晨,天还没亮陆小凤就已起来,牛肉汤居然一晚都没有来找他麻烦,倒是件很出他意外的事。

这一晚上他虽然也没有睡好,可是头也不疼了,而且精神抖擞,满怀兴奋。

多么广阔壮观的海洋,那些神秘的、绮丽的海外风光,正等着他去领略欣赏。

经过那么多又危险、又可怕、又复杂的事后,他总算还活着,而且总算已摆脱了一切。

现在他终于已将出海。

他要去的那扶桑岛国,究竟是个什么地方?岛国上的人,和中土有什么不同?是否真的是为秦皇去求不死药的方士徐福,从中土带去的四百个童男童女生下的后代?

听说那里的女孩子，不但美丽多情，对男人更温柔体贴，丈夫要出门的时候，妻子总是跪在门口相送，丈夫回家时，妻子已跪在门口等着替他脱鞋。

一想到这件事，陆小凤就兴奋得将一切烦恼忧愁全都抛到九霄云外。

一个崭新的世界正等着他去开创，一个新的生命已将开始。

天虽然还没有亮，可是他推门出去时，岳洋已在海岸上，正面对着海洋沉思。

这少年究竟有什么心事？为什么要出海去？

第一线阳光破云而出，海面上金光灿烂，壮阔辉煌。

他忽然转过身，沿着海岸慢慢地走出去。

陆小凤本来也想追过去，想了想之后，又改变了主意。

反正他们还要在一条船上漂洋过海，以后的机会还多得很。

风中仿佛有牛肉汤的香气。

陆小凤嘴角不禁露出微笑，上船之前，能喝到一碗热热的牛肉汤，实在是件令人愉快的事。

岳洋沿着海岸慢慢地向前走，海涛拍岸，打湿了他的鞋子，也打湿了他的裤管。

他好像完全没有感觉到。他的确有心事，他的心情远比陆小凤更兴奋、更紧张。

这一次出海，对他的改变更大，昨天晚上他几乎已准备放弃，连夜赶回家去，做一个安分守己的孝顺儿子，享受人间的荣华富贵。

只要他听话，无论他想要什么，都可以得到。

可惜他要的并不是享受，而是一种完全独立自主的生活，完全独立自主的人格。

想到他那温柔贤惠、受尽一生委屈的母亲,他今晨醒来时眼中还有泪水。

可是现在一切都已太迟了。

他决心不再去想这些已无法改变的事,抬起头,就看见胡生正在前面的一块岩石下等着他。

胡生一张又长又狭的马脸,在旭日下发着光。

看着这少年走过来,他心里有种说不出的得意和骄傲。

这是个优秀的年轻人,聪明、坚强、冷静,还有种接近野兽般的本能,可以在事先就嗅得出灾难和危险在哪里。

他知道这少年一定可以成为完美无瑕的好手,这对他和他的朋友们都极有价值。

现在的少年们愈来愈喜欢享受,能被训练成好手的已不多了。

他目中带着赞许之色,看着这少年走到他面前:"你睡得好不好?"

岳洋道:"不好,我睡不着。"

他说的是实话,在他这大哥面前,他一向都只说实话。人们都通常只因尊敬才会诚实。

对这点胡生显然也很满意:"那个长着四条眉毛的人还有没有来找你麻烦?"

岳洋道:"没有。"

胡生道:"其实你根本就不必担心他,他根本就是个无足轻重的人。"

岳洋道:"我知道。"

在别人眼中,陆小凤变成了无足轻重的人,这只怕还是第一次。

胡生从怀中拿出个密封着的信封,交给了岳洋:"这是你上船之前的最后一次指示,做完之后,就可以上船了。"

岳洋接过来,拆开信封,看了一眼,英俊的脸上忽然露出种恐惧的表情,一双手也开始发抖。

胡生问道:"指示中要你做什么事?"

岳洋没有回答,过了很久,才渐渐恢复镇定,将信封和信纸撕得粉碎,一片片放在嘴里咀嚼,再慢慢地吞下去。

胡生目中又露出赞许之色,所有的指示都是对一个人发出的,除了这个人和自己之外,绝不能让任何第三者看见。

这一点岳洋无疑也确实做到。

胡生又在问:"这次是要你做什么?"

岳洋直视着他,又过了很久,才一字字道:"要我杀了你。"

胡生的脸突然扭曲,就好像被抽了一鞭子:"你能有今天,是谁造成的?"

岳洋道:"是你!"

胡生道:"但你却要杀我!"

岳洋目中充满痛苦,声音却仍冷静:"我并不想杀你,可是我非杀不可!"

胡生道:"反正也没有人知道的,你难道就不能抗命一次?"

岳洋道:"我不能。"

胡生看着他,眼色已变得刀锋般冷酷,缓缓道:"那么你就不该告诉我。"

岳洋道:"为什么?"

胡生冷冷道:"你若是趁机暗算,也许还能得手,现在我既然已知道,死的就是你。"

岳洋闭上嘴,薄薄的嘴唇显得更残酷,忽然豹子般跃起。

他知道对方的出手远比他更凶狠残酷,他只有近身肉搏,以体力将对方制伏。

胡生显然没有想到这一招,高手相搏,本来绝不会用这种方式。

等到他警觉时,岳洋已扑到他身上,两人立刻滚在一起,从尖锐峥嵘的岩石上滚入海中,像野兽般互相厮咬。

胡生已开始喘息。他年纪远比这少年大得多,体力毕竟要差些,动作看来也不比这少年野蛮。

他想去扼对方脖子时,岳洋忽然一个肘拳撞在他软胁上,反手猛切他的咽喉,接着就翻身压住了他,挥拳要痛击他的鼻梁。

这一拳还没有打下去,胡生忽然大呼:"等一等,你再看看我身上的另一指示!"

岳洋微一迟疑,这一拳还是打了下去,等到胡生脸上溅出了血,无力再反抗时,他才从胡生怀中取出另一封信,身子骑在胡生身上,用一只手拆开信来看了看。

他神色又变了,慢慢地站起来,脸上的表情也不知是欣慰还是悲伤。

胡生也挣扎着坐起,喘息着道:"这不过是试探你的,看你是不是能绝对遵守命令。"

他满面鲜血,鼻梁已破裂,使得他的脸看来歪斜而可怕。

但是他却在笑:"现在你已通过了这一关,已完全合格。快上船去吧。"

岳洋立刻转过身,大步向前走。

他转过身的时候,目光中似乎又有了泪光,可是他勉强忍耐住。

他发誓绝不再流泪。这一切都是他自己选择的,他既不能埋怨,也不必悲伤。

对他来说,"感情"已变成了件奢侈的事,不但奢侈,而且危险。危险得足以致命!

他一定要活下去，如果一定有人要死，死的一定是别人！

开船的时候又改了，改在下午，因为最后一批货还没有完全装上。

本已整装待命的船夫水手们，又开始在赌钱，喝酒，调戏女人，把握着上船前的最后机会，尽情欢乐，然后就要开始过苦行僧的日子，半夜醒来发现情欲勃起时，也只有用手解决。

陆小凤肚子里的牛肉汤也已快消化完了，正准备找点事消遣消遣，就看见衣服破碎、满身鲜血的岳洋，从海岸上走回来。

他怎么会变成这样子的？刚才他干什么去了？是不是去跟别人拼命？去跟谁拼命？是不是他那长着张马脸的大哥？

这次陆小凤居然忍住了没有问，连一点惊讶的样子都没有露出来，就好像什么都没有看见。

岳洋正在找水喝。无论谁干吞下两个信封和两张信纸后，都会忍不住想喝水的。

屋里的柜台上，恰巧有壶水，那里本来就是摆茶杯水壶的地方，只不过一向很少有人光顾，这里的人宁可喝酒。

这壶水还是刚才一个独眼的老渔人提来的，一直都没有人动过。

现在岳洋正需要这么样满满一壶水，甚至连茶杯都没有找，就要对着壶嘴喝下去。

一个人在刚经过生死的恶斗后，精神和体力都还在虚脱的状况中，对任何的警戒都难免松懈，何况他也认为自己绝对安全了。

陆小凤却忽然想到一件事。

那个独眼的老渔人，这两天来连一滴水都没有喝过，为什么提了壶水来？

这个想法使得陆小凤又注意到一件事。

在狐狸窝里喝水的，本就只有这少年一个人，他喝水并不是件值得看的事，那个独眼的老渔人却一直在偷偷地看着他，脸上的表情，就好像恨不得他赶快将这壶水完全喝光。

岳洋的嘴已对上了水壶的嘴，陆小凤突然从怀中伸出手，两根手指一弹，将一锭银子弹了出去，"当"的一声，打在壶嘴上。

壶嘴立刻被打斜，也被打扁了。

岳洋只觉得手一震，水壶已掉在地上，壶水倾出，他手上也溅上几滴水珠，凑近鼻尖嗅了嗅，脸色立刻改变。

陆小凤用不着再问，已知道水中必定有毒。

那个独眼的老渔人转过身，正准备悄悄地开溜，陆小凤已蹿过去。

老渔人挥拳反击，出手竟很快，力量也很足，只可惜他遇着的是陆小凤。

陆小凤更快，一伸手，就拧住了他的臂，另一只手已将他整个人拿了起来，送到岳洋面前："这个人已经是你的了！"

岳洋看着他，竟似完全不懂，冷冷道："我要这么样一个人干什么？"

陆小凤道："你难道不想问是谁想害你？"

岳洋道："我用不着问，我知道是谁想害我！"

陆小凤道："是谁？"

岳洋道："你！"

陆小凤又傻了。

岳洋冷冷道："我想喝水，你却打落我的水壶，不是你害我，是谁害我？"

那老渔人慢吞吞地站了起来，道："你不但害了他，也害了我，我这条膀子已经快被你捏断了，我得要你赔。"

陆小凤忽然笑了:"赔,我赔,这锭银子就算我给你喝酒的!"

老渔人居然一点都不客气,从地上捡起银子就走,连看都没看岳洋一眼。

岳洋居然也没有再看他,狠狠地盯着陆小凤,忽然道:"你能不能帮我一个忙?"

陆小凤道:"你说。"

岳洋道:"离我远一点,愈远愈好。"

岳洋坐下来,现在陆小凤已离他很远,事实上,他已连陆小凤的影子都看不到。

这个天生喜欢多管闲事的人,不知道又去管谁的闲事了。

那个独眼的老渔人,也走得踪影不见。

岳洋忽然跳起来,冲出去。

他一定要阻止陆小凤,绝不能让陆小凤去问那老渔人的话。

他没有猜错,陆小凤的确是在找那老渔人,他们几乎是同时找到他的。

因为他们同时听见了海岸那边传来一声惊呼,等他们赶过去时,这个一辈子在海上生活的老渔人竟活活地被淹死了。

善泳者溺于水,每个人都会被淹死的。

可是他明明要去喝酒,为什么忽然无缘无故,穿得整整齐齐地跳到海水里去?

陆小凤看着岳洋,岳洋看着陆小凤,忽听远处有人在高呼!

"开船了,开船了。"

第三章

海上惊魂

01

"起锚!"

"扬帆!"

"顺风!"

嘹亮的呼声此起彼落,老狐狸的大海船终于在满天夕阳下驶离了海岸。

船身吃水很深,船上显然载满了货,狐狸唯一的弱点就是贪婪,所以才会被猎人捕获。

看来老狐狸也一样。

陆小凤也很想抓住这条老狐狸来问问,船上究竟载了些什么货?又会不会因为载货太重而发生危险?他没有抓住老狐狸,却险些撞翻了牛肉汤。

主舱的门半开,他想进去的时候,牛肉汤正从里面出来。

陆小凤吃惊地看着她:"你怎么会上船来的?"

牛肉汤眨了眨眼:"因为你们上船来了。"

陆小凤道:"我们上了船,你就要上船了?"

牛肉汤反问道:"我问你,你们在船上,是不是也一样要吃饭?"

当然要，人只要活着，随便在什么地方都一样要吃饭，要吃饭就得有人煮饭。

牛肉汤指着自己的鼻子，道："我就是煮饭的，不但烧饭，还煮牛肉。"

陆小凤道："你什么时候改行的？"

牛肉汤笑了，笑得很甜："我本来就是烧饭的，只不过偶尔改行做做别的事而已！"

主要的舱房一共有八间，雕花的门上嵌着青铜把手，看来豪华而精致。

牛肉汤道："听说乘坐这条船的，都是很有身份的人。"

陆小凤叹了口气，苦笑道："这点我倒能想得到，否则怎么付得起老狐狸的船钱。"

牛肉汤用眼角瞟着他，道："你有没有身份？"

陆小凤道："没有！"

牛肉汤道："你只有钱？"

陆小凤道："也没有，付了船钱后，我就已几乎完全破产。"

他说的是实话。

牛肉汤又笑了："没有钱也没关系，如果你偶尔又吃错了药，我还是可以偶尔再改一次行的。"

陆小凤只有叹气，他实在想不出这么样一个女孩子，怎么会烧饭。

牛肉汤指着左面的第三间舱房道："这间房就是你的，只吃鸡蛋的那个混蛋住在右面第一间。"

陆小凤道："我能不能换一间？"

牛肉汤道："不能！"

陆小凤道:"为什么?"

牛肉汤道:"因为别的房里都已住着人。"

陆小凤叫了起来:"那老狐狸劝我把这条船包下来,可是现在每间房里都有人?"

牛肉汤淡淡道:"不但这里八间房全都有人,下面十六间也全都有人,老狐狸一向喜欢热闹,人愈多他愈高兴。"

她带着笑,又道:"只不过住在这上面的才是贵客,老狐狸还特地叫我为你们烧几样好菜,今天晚上你想吃什么?"

陆小凤道:"我想吃烤狐狸,烤得骨头都酥了的老狐狸。"

晚饭虽然没有烤狐狸,菜却很丰富,牛肉汤居然真的能烧一手好菜。

"因为我外婆常说,要得到男人的心,就得先打通他的肠胃,只有会烧一手好菜的女人,才能嫁得到好丈夫。"

她这么样说的时候,贵客们都笑了,只有陆小凤笑不出。

他实在想不通老狐狸从哪里把这些贵客们找出来的,竟一个比一个讨厌。

而且岳洋也一直没有露面,他进了舱房后,就没有出来过。

好容易等到夜深人静,陆小凤一个人站在船舷上,辽阔的海洋,灿烂的星光,天地间仿佛只剩下他一个人,他才觉得比较自在些。

"孤独"有时本就是种享受,却又偏偏要让人想起些不该想的事。

太多伤感的回忆,不但令人老,往往也会令人改变。

幸好陆小凤并没有变得太多。陆小凤还是那个热情、冲动,有时傻得要命,有时却又聪明绝顶,自己对什么事都不在乎,却偏偏喜欢管别人闲事的陆小凤。

岳洋是个什么样的人呢？他的衣着不但质料很好，而且裁剪亦很考究，对于银钱并不在乎，随随便便就可以给人五百两银子。他的一双手虽然长而有力，却绝不像做过一点粗事的样子，一举一动气派都很大，好像别人天生就应该受他指挥。

从这几点看来，他应该是个生在豪门的世家子，可是他又偏偏太精明，太冷酷，世家子通常都不会这样的。

他连连遭人暗算，都几乎死于非命，可是他自己非但一点都不在乎，而且也不想追究。

那独眼的老渔人明明想毒死他，他明明知道，却偏偏要装糊涂。

这是不是因为他本就在逃亡中，早已知道要对付他的是些什么人？

但是他偏偏又没有掩饰自己的行藏，并不像在逃避别人追踪的样子。他反而像是在逃避陆小凤，一定不愿和陆小凤同船，可是陆小凤却连一点伤害他的意思都没有，只不过想跟他交个朋友。

这些疑问陆小凤都想不通。

他正在想的时候，突听"咯嚓"一响，一根船板向他压了下来，接着又是一阵劲风带过，又有一条船橹横扫他的腰。

他的人在船舷上，唯一的退路就是往下面逃。

下面就是大海。等到他自己再听到"扑通"一声响的时候，他的人已落在大海里。

冰冷的海水，咸得发苦。

他踩着水，想借力跃起，先想法子攀住船身再说。可是上面的长橹又向他没头没脸地打了下来。

船舷很高，他看不见上面的人，海水反映星光，上面的人却能看得见他。

他只有向后退，船却在往前走，人与船之间的距离愈来愈远，他就算有水上飞那样的水性，也没有法子再追上去，就算暂时还不会淹死，也一定支持不了多久，明天太阳升起时，他一定已沉了下去。

一向无所不能、无论什么困难都能解决的陆小凤，怎么会忽然就糊里糊涂地被淹死？

他当然不会这么容易就被淹死的。一个人掉进大海里，并不一定非淹死不可。

就在这一瞬间，他已想到了好几种法子来度过这次危机。

——尽量放松全身，让自己漂浮在海上，只要能挨过这一夜，明天早上，很可能还有出海的船只经过，这里离海口还不太远，又在航线上。

——想法子抓鱼，用生鱼的血肉来补充体力，再用鱼泡增加浮力。

这些法子虽未必能行得通，可是他至少要试试，只要还有一线希望，他就绝不放过。

他相信自己对于痛苦的忍受力和应变的力量，总比别人强些。

最重要的是，他有种不屈不挠的求生意志，也许就因为这种坚强的意志，才能使他度过无数次危机，活到现在。他还要活下去。

谁知这些法子他还都没有用出来，水面上又有"啪嗒"一声响，一样东西从船舷上落下来，竟是条救生的小艇。

将他打落水的人，好像并不想要他死在海里，只不过要迫他下船而已。

除了岳洋外，还有谁会做这种事？

小艇从高处落下来，并没有倾覆，将小艇抛下来的人，力量用得很巧妙。

陆小凤从海水中翻上去，更确定了这个人就是岳洋。

艇上有一壶水，十个煮熟了的鸡蛋，还有很沉重的包袱，正是那天岳洋从桌上推给他的，里面包着的当然是补偿他的五百两船钱。

这少年做出来的事真绝，非但完全不想隐瞒掩饰，而且还好像特地要告诉陆小凤："我就是不要你坐这条船，你能怎么样？"

陆小凤叹了口气，又不禁笑了。

他喜欢这年轻人，喜欢这种做法，但是现在看起来，他很可能已永远见不到他了。

大海茫茫，四望无际，是拼命去追赶老狐狸的大海船，还是从原来的方向退回去？

计较远近，当然是从原来的方向退回去，比较聪明。

他们的船出海才不过三四个时辰，若是肯拼命地划，再加上一点运气，天亮前后，他就又可以坐在狐狸窝里喝酒了。

只可惜他忘了两点：

船出海时是顺风，两条桨的力量，绝不能和风帆相比。

而且他最近的运气也不太好。

还在太阳露出海面之前，他两条手臂已因用力划船而僵硬麻木，这种单调而容易的动作，做起来竟比什么事都吃力。

他就着白水吃了几个蛋，只觉得嘴里淡得发苦，想躺下去休息片刻，谁知一倒下去就睡着了，等他醒来时，阳光刺眼，太阳已升得好高，那壶比金汁还贵重的水，竟已被他在睡梦中打翻，被太阳晒干。

他的嘴唇也已被晒得干裂。陆小凤一眼望过去，天连着海，海连着天，还是看不见陆地的影子。

但是他却看见了一点帆影，而且正在向他这个方向驶过来。

他几乎忍不住要在小艇上连翻八十七个跟斗表示庆祝，就算乞儿忽然看见天上掉下个大元宝来，也绝没有他现在这么高兴。

船来得很快，他忽又发现这条船的样子看来很面熟，船头上迎面站着个人，样子看起来更面熟，赫然竟是老狐狸。

老狐狸也有双利眼，远远就在挥动着手臂高呼，海船与小艇之间的距离，已近得连他脸上的皱纹都可以看得见。

陆小凤忽然发觉这个老狐狸这张饱经风霜的脸，实在比小姑娘还可爱。

他几乎忍不住要跳起来大叫，可是他偏偏忍住，故意躺在小艇上，作出很悠闲的样子。

老狐狸却在大叫："我们到处找你，你一个人溜到这里来干什么？"

陆小凤悠然道："我受不了牛肉汤做的那些菜，想来钓几条鱼下酒。"

老狐狸怔住："你钓到几条？"

陆小凤道："鱼虽然没钓着，却钓着条老狐狸。"

他还是忍不住要问："你们明明已出海，又回来干什么？"

老狐狸也笑了，笑得就正像是条标准的老狐狸："我也是回来钓鱼的。"

陆小凤道："那边海上没有鱼？"

老狐狸笑道："那边虽然也有鱼，却没有一条肯付我五百两船钱的。"

陆小凤立刻道："我这条鱼也不肯付的，我上次已经付过了。"

老狐狸道："上次是上次，这次是这次，上次是你自己要走的，我又没有把你推下去，所以这次若是还想上船，就得再付我五百两！"

陆小凤忍不住叫了起来："你这人的心究竟有多黑？"

老狐狸又笑了，悠然道："只不过比你钓起来的那条狐狸黑一点。"

他当然不是回来钓鱼的。

船上的货装得太多，竟忘了装水，在大海上，就连老狐狸也没法子找到一滴可以喝的淡水。

他们只有再回来装水。

也许这就是命运，陆小凤好像已命中注定非坐这条船不可。这究竟是好运？还是坏运？

谁知道！

02

船已靠岸。陆小凤和老狐狸一起站在船头，不管怎么样，能够再看到陆地，总是愉快的。

远处的岩石旁，有个人正在向这边眺望，一张又长又狭的马脸上，带着种很惊讶的表情。

陆小凤假装没有看见，从另一边悄悄地溜下船，岩石旁的人一直都在注意这船的动静，没有注意他。

陆小凤绕了个圈子，悄悄地溜过去，忽然在这人面前出现，大声道："你好。"

他以为这个人一定会大吃一惊的，谁知这人只不过眼睛眨了眨，目光还是同样镇定冷酷，冷冷地看着他，道："你好！"

这人全身上下每一根神经都好像是铁丝。

陆小凤反而有点不安了，勉强笑道："你是不是在奇怪，我们为什么又回来了？"

胡生并不否认。

陆小凤道："我们回来找你的。"

胡生道："为什么找我？"

陆小凤道:"因为你要运的那批货太重,我们怕翻船,只有回来退给你!"

他虚放了一枪,想刺探刺探这个人的虚实。

谁知这次胡生连眼睛都没有眨,冷冷道:"货不是我的,船也不是你的,这件事跟你和我都没有关系,你找我干什么?"

陆小凤这一枪显然是刺到石壁上了,但他却还不死心,又问道:"如果货不是你的,你是到这里来干什么的?特地来用鸡鸣五更返魂香对付你的兄弟?"

胡生冷酷的目光刀锋般盯在他脸上,身子却忽然跃起,旱地拔葱,鹞子翻身,鱼鹰入水,眨眼间换了三种轻功身法,"扑通"一声,跃入了海水中,一身轻功竟不在名满天下的独行侠盗司空摘星之下。

无论谁身怀这样的绝顶轻功,都一定是个大有来头的人。

陆小凤看着一层层卷起又落下的浪涛,心里想了几百个问题,转过头,就发现岳洋一双冷酷的眼睛也在刀锋般瞪着他。

他索性走过去,微笑道:"奇怪吧?我们居然又碰面了。"

岳洋冷冷道:"我奇怪的只不过是连十个蛋你都吃不完。"

陆小凤道:"所以你下次若还想打我落水时,最好记住一件事。"

岳洋道:"什么事?"

陆小凤道:"我不喜欢吃白水煮蛋,我喜欢黄酒牛肉。"

岳洋道:"下次你再落水时,恐怕已只有一样东西可吃。"

陆小凤道:"什么东西?"

岳洋道:"你自己的肉。"

陆小凤大笑,海岸上却有人在惊呼,有个人被浪涛卷起来,落在岸上,赫然发现竟是个死人。

他们赶过去,立刻发现这死人竟是刚才跃入水中的那位朋友。

他的轻功那么高,水性竟如此糟,怎么会一下就淹死了?

"这个人不是淹死的。"发现他的尸身的渔人说得很有把握,"因为他肚子里还没有水。"

可是他全身上下连一点伤痕血迹都找不到。

"他是怎么死的?"

陆小凤转脸去看岳洋:"他死得好像跟那个独眼老头子差不多。"

岳洋却已转身走了,低着头走了,显得说不出的疲倦悲伤。

要杀胡生并不容易。

杀他的当然不是岳洋。

这附近一定还有可怕的杀人者,用同样可怕的手法杀了胡生和那老渔人。

这两个人之间唯一相同之处,就是他们都曾经暗算过岳洋。

难道这就是他们致死的原因?

那么这杀人者和岳洋之间又有什么关系?

陆小凤叹了口气,拒绝再想下去,现在他只想痛痛快快地洗个澡。

无论谁在咸水里泡过一阵子之后,都一定会想去洗个澡的。

无论他是不是杀过人都一样。

03

洗澡的地方很简陋,只不过是用几块破木板搭成的一排三间小屋,倘若存心想偷看人洗澡,随便在哪块木板上都可以找出好几个洞来。

除了这些大洞小洞之外,里面就什么都没有了,想洗澡的人,还得自己提水进去。

陆小凤提了一桶水进去,隔壁居然已有人在里面,还在低低地哼着小调,竟是个女人。

平时到这里洗澡的人并不多,有勇气来的女人更少,知道自己洗澡的时候随时都可能有人偷看,这种滋味毕竟不好受。

幸好陆小凤并没有这种习惯,令他想不到的是,木板上的一个小洞竟有一双眼睛在偷看他。

他立刻背转身,偷看他的人扑哧一声笑了,笑声居然很甜。

"牛肉汤!"陆小凤叫了起来,他当然听得出牛肉汤的声音。

牛肉汤吃吃地笑道:"想不到你这人还蛮喜欢干净的,居然还会自己来洗澡。"

陆小凤道:"不自己来洗,难道还去找个人抱着洗?"

牛肉汤道:"你是不是为了想偷看我洗澡,才来洗澡的?"

陆小凤道:"喜欢偷看别人洗澡的,好像并不是我。"

牛肉汤道:"我可以偷看你,你可不能偷看我——"

这句话还未说完,木板忽然垮了,牛肉汤的身子本来靠在木板上,这下子就连人带板一起倒在陆小凤身上,两个人身上可用来遮掩一下的东西,加起来还不够做一块婴儿的尿布。

所以他们现在谁也用不着偷看谁了。

过了很久,才听见牛肉汤轻轻地叹了口气,道:"你实在不是好东西。"

"你呢?"

"我好像也不是!"

两个不是好东西的人,挤在一间随时都会倒塌的小屋里,情况实在不妙。

更不妙的是,这时远处又有人在高呼:"开船了,开船了!"

04

船行已三日。这三天日子居然过得很太平，海上风和日丽，除了每天跟那些贵客吃顿饭是件苦差外，陆小凤几乎已没有别的烦恼。

所有的麻烦都似已被海风吹得干干净净，血腥也被吹干了。

岳洋好像已没有再把他打下水的意思，他也不会再给岳洋第二次机会。

船上的货，只不过是些木刻的佛像和念经用的木鱼。他已问过老狐狸，而且亲自去看过。

"扶桑岛的人，近来笃信佛教，所以佛像和木鱼都是抢手货。"老狐狸解释道，"他们那里虽然也有人刻佛像，却没有这么好的手艺。"

佛像的雕刻的确很精美，雕刻本就是种古老的艺术。当然不是那些心胸偏狭、眼光短浅的倭儿们能够领会的。

他们喜欢这些精美的艺术品，也许只不过因为一种根深蒂固的民族自卑感，只要能从炎黄子孙手里拿去一点东西，无论是买、是偷、是抢，他们都会觉得光荣愉快。

这种事陆小凤并不太了解，也并不太想去了解，因为在那时候，还没有人将那些缩肩短腿、自命不凡的暴发户看在眼里。

这些佛像和木鱼的货主，就是那几位俗不可耐的"贵客"，愿意和暴发户打交道的人，本身当然也不会很讨人喜欢。幸好陆小凤可以不理他们，他想聊天的时候，宁可去找老狐狸和牛肉汤。

他不想聊天的时候，就一个人躺在舱房里，享受他很少能享受的孤独宁静。

就在他心情最平静的时候，这条船忽然变得很不平静。

他本来好好地躺在床上，忽然一下子被弹了起来，然后就几乎撞上船板。

这条船竟然忽然变得像个筛子，人就变得像是筛子里的米。

陆小凤好不容易才站稳，一下子又被弹到对面去，他只好先抓稳把手，慢慢地打开门，就听见了外面的奔跑惊呼声。

平静无波的海面上，竟忽然起了暴风雨。

没有亲身经历过的人，实在很难想象到这种暴风雨的可怕。

海水倒卷，就像是一座座山峰当头压下来，还带着凄厉的呼啸声，又像是一柄巨大的铁锤在敲打着船身，只要有一点破裂，海水立刻倒灌进去，人就像是在洪炉上的沸汤里。

庞大坚固的海船，到了这种风浪里，竟变得像是孩子们的玩具！

无论怎么样的人，无论他有多大的成就，就在这种风浪里，也会变得卑贱而脆弱，对自己完全失去了主意和信心。

陆小凤想法子抓紧每一样可以抓得到的东西，总算找到了老狐狸。

"这条船还挨得过去？"

老狐狸没有回答，这无疑是他第一次回答不出别人问他的话。

可是陆小凤已知道了答案，老狐狸眼中的绝望之色，已经说明了一切。

"你最好想法子抓住一块木板。"这就是他最后听到老狐狸说的话。

又是一阵海浪卷来，老狐狸竟被弹丸般地抛了出去，一转眼就连影子都看不见了。

也可惜陆小凤并没有好好记住他的话。

陆小凤现在抓住的不是木板，而是一个人的手，他忽然看见岳洋。

岳洋也在冷冷地看着他，眼睛里却又带着很难明了的表情，忽然说了句很奇怪的话："你现在总该知道，我为什么一定不让你坐这条船了吧？"

"难道你早就知道这条船要沉？"

岳洋也没有回答，因为这时海船上的主桅已倒了下来。

一层巨浪山峰般压下来，这条船就像玩具般被打得粉碎。

陆小凤眼前忽然什么都看不见了，然后他才发现自己竟已沉入海水中。

漆黑的海水。

第四章

劫后余生

01

暴风雨终于过去，海面又恢复平静，就像是什么都没有发生过，但却已不知有多少无辜的生命被它吞了下去。

海面上漂浮着一块块破碎的船板，还有各式各样令人想象不到的东西，却全都像是它吐出来的残骨，看来显得说不出的悲惨绝望。

又过了很久，才有一个人慢慢地浮了上来，正是陆小凤，他还活着。

这并不是因为他运气特别好，而是因为他这个人早已被千锤百炼过，他所能忍受的痛苦和打击，别人根本无法想象。

一样闪闪发光的东西从他眼前漂过，他伸手抓住，竟是个青铜铸成的夜壶。

他笑了。在这种时候居然还能笑得出，实在也是件令人无法想象的事。

可是不笑又能怎么样？哭又能怎么样？若是能救活那些和他同患难的人，他宁愿从现在一直哭到末日来临的时候。

现在海上却连一个人都看不见，连死人也看不见，就算所有人都已死在这次灾祸中，他们的骸骨还应该漂浮在附近的。

"也许他们还没有浮上来！"

陆小凤也希望他还能找到几个劫后余生的人，希望找到老狐狸、牛肉汤、岳洋……

可是他找不到。海船上的人都像是已完全被大海吞没，连骨头都吞了下去。

刚才他的身子恰巧撞在船身残存的木板上，而且还曾经昏迷过一阵，难道就在那短短的片刻中，所有的人都已被救走？

他希望如此，他宁愿一个人死，只可惜他也知道这是绝不可能的事。

没有人会预料到暴风雨的来临，更没有人能预料到这条船会遇难。

在那样的风雨中，也没有人能停留在附近的海面，等着救人。

陆小凤忽然想起了岳洋，想起他眼睛里那种奇怪的神情。

"现在你总该已明白，我为什么一定不让你坐这条船了。"

难道他真的早已知道这条船会翻？所以要救陆小凤，因为陆小凤也救过他？可是他为什么偏偏要坐这条船？难道他本来就在找死？他若是真的想死，早就可以死了，至少已死过八次。

这些疑问只怕已永远没有人能回答了，陆小凤只有自己为自己解释："那小子一定是故意这么说来气我的，他又不是神仙，怎么能在三天前就已知道这条船会翻？"

现在陆小凤能够思考，只因为他已坐在一样完全可靠的东西上。他坐在一尊佛像上。

一丈高的佛像，恰巧是仙佛中块头最大的弥勒佛，倒卧在海面，就像是条小船。

只可惜这条船上非但没有黄酒牛肉，连白水煮蛋都没有。

"下次你若再掉下海，唯一能吃到的，就是你自己的肉。"

陆小凤真想把自己身上的肉割一块来尝尝,他忽然发现自己饿得要命。

放眼望过去,海天相接,一片空蒙。

这种意境虽然很美,只可惜无论多美的意境都填不饱肚子。

经过了那场暴风雨后,附近的海面上,连一条鱼都没有。

他唯一能看见的一种鱼,就是木鱼,大大小小,各式各样的木鱼,也在顺着海流向前漂动。

只可惜他并不想念经。

——若是和尚们看见这些木鱼,心里不知会有什么感觉?是不是同样希望这些木鱼是有血有肉的活鱼?

海洋中仿佛有股暗流,带动着浮在海面上的木鱼和佛像往前走。

前面是什么地方?

前面还是海,无边无际的无情大海,就算海上一直这么样平静无波,就算这笑口常开的弥勒佛能渡到彼岸,陆小凤也不行了。

他不是用木头刻成的,他要吃,不吃就要饿死,不饿死也要渴死。

四面都是水,一个人却偏偏会渴死,这岂非也是种很可笑的讽刺?

陆小凤却已连笑都笑不出,他的嘴唇已完全干裂,几乎忍不住要去喝海水。

黄昏过去,黑夜来临,漫漫长夜又过去,太阳又升起。

也不知过了多久,他的人已几乎完全昏迷,忍不住喝了口海水,然后就开始呕吐,又不知吐了多久,好像连肠子都吐了出来。

昏昏迷迷中,仿佛落入一面大网中,好大好大的一个,正在渐渐收紧,吊起。

他的人仿佛也被悬空吊了起来，然后就真的完全晕了过去。

他实在无法想象，这次昏迷后，他会不会再醒，更不可能想象自己万一醒来时，人已到了哪里。

02

陆小凤醒来时已到了仙境。

阳光灿烂，沙滩洁白柔细，海水湛蓝如碧，浪涛带着新鲜而美丽的白沫轻拍着海岸，晴空万里无云，大地满眼翠绿。

这不是仙境是哪里？人活着怎么会到仙境？

陆小凤还活着，人间也有仙境，但他却没法子相信这是真的，从他在床上被弹起的那一刻，直到此刻发生的事，现在想起来都像是场噩梦。

那笑口常开的弥勒佛也躺在沙滩上，经过这么多灾难后，还是双手捧着肚子，呵呵大笑。

陆小凤恨恨地瞪着它："跟你同船的人都已死得干干净净，你躺在这里大笑，你这算是哪一门的菩萨？"

菩萨虽然是菩萨，却只不过是用木头刻出来的，别人的死活，它没法子管，别人要骂它，它也听不见。

陆小凤又叹了口气："你对别人虽然不义，却总算救了我，我不该骂你的。"

灾难已过去，活着的却只剩下他一个人，他心里是欣慰还是悲伤？别人既不知道，他自己也无法诉说，竟仿佛将这木偶当作了唯一曾经共过患难的朋友。

你若经历过这些事，也一定会变成这样子的。

现在他虽然还活着，以后是不是还能活得下去，却连他自己都没有把握。

天地茫茫，一个人到了这完全陌生的地方，就算这里真是仙境，他也受不了。

他挣扎着，居然还能站起，第一件想到的就是水，若是没有水，仙境也变成了地狱。

他拍了拍弥勒佛的大肚子，道："你一定也渴了，我去找点水来大家喝。"

看来这地方无疑是个海岛，岛上的树木花草，有很多都是他以前很少见到的，芭蕉树上果实累累，看起来就像是一个个大馒头。

吃了根芭蕉后，渴得更难受，拗下根树枝，带着把芭蕉再往前走，居然找到一湾清泉。

直到现在他才知道，原来水的滋味竟是如此甜美，远比最好的竹叶青还好喝。

吃饱了喝足了之后，他才想到一件可怕的事——

"若是没有船只经过，难道我就要在这荒岛上过一辈子？"

没有船只经过。

他在海岸边选了块最大的岩石，坐在上面守望了几天，也没看见一点船影。

这荒岛显然不在海船经过的路线上，他只有看着弥勒佛苦笑。

"看来我们已只有在这地方待一阵子了，我们总不能就这么样像野狗一样活下去，我们好歹也得像样子一点。"

他身上从不带刀剑利器，幸好那个铜夜壶居然也跟着他漂来了，将夜壶剖开，用石头打平，夹上两片木头做柄，再就着泉水磨上一两个时辰，居然变成了一把可以使用的刀。

他并不想用这把刀去杀人。

现在他才知道,除了杀人外,原来刀还有这么多别的用处。

他砍下树枝作架,用棕榈芭蕉的叶子作屋顶,居然在泉水旁搭了间还不算太难看的屋子,再去找些柔软的草叶铺在地上,先让他唯一的朋友弥勒佛舒舒服服地躺下去。

然后他自己躺在旁边,看着月光从蕉叶间漏下来,听着远处的海涛拍岸声,忽然觉得眼睛湿湿的,一滴眼泪沿着面颊流了下来。

两年来,这还是他第一次流泪。

无论遇着什么样的灾祸苦难他都不怕,他忽然发现世上最可怕的,原来是寂寞。

他决心不让自己再往这方面去想,他还有很多事要做。

第二天一早他就沿着海滩去找,将一切可以找得到的东西都带回来,其中有佛像,有木鱼,还有各式各样的贝壳。

下午他的运气比较好,潮退的时候,他在沙滩上找到个樟木箱子。

他小心翼翼地扛回去,先吃了几根芭蕉,喝饱了水,才举行开箱大典。

打开箱子看时,他只觉得自己的一颗心像小鹿般乱撞,从来也没有这么兴奋紧张过。

箱子里还有个小小的珠宝箱,装满了珍珠首饰,只可惜现在却一点用都没有。最有用的是一把梳子、几根金簪,还有两本坊间石刻的通俗小说,一本是《玉梨娇》,一本是《侠义风月录》。

箱子里当然还有衣服,却全是花花绿绿的女人衣服。

这些东西平时陆小凤连看都不会看一眼,现在却兴奋得像个孩子刚得到最心爱的玩具,兴奋得连觉都睡不着。

木鱼剖开可以当作碗,用不着用手捧水喝;金簪可以当作针,再用麻搓一点线,就可以把这些衣服改成窗帘、门帘;乱得像稻草一样的头发，也可以梳一梳了；还有那两本书，若是慢慢地看，也可以打发很多空虚寂寞的日子。

他躺在用草叶做成的床上，翻来覆去，想着这些事，忽然跳起来，用力给了自己两个耳刮子。

笑口常开的弥勒佛若有知，一定会认为这个人又吃错了药。

他打了自己两耳光还嫌不够，噼噼啪啪，又给了自己四下，指着自己的鼻子大骂。

"陆小凤，陆小凤，你几时变成这样没出息的？只会像女人一样盘算这些婆婆妈妈的事，难道你真想这么样过一辈子？"

天还没有亮，他就选了个最大的木鱼，在上面打了个洞，装满了水，再用一条花绸长裙，包了两扎芭蕉，一起系在身上，拍了拍弥勒佛的肚子，道："我可不像你一样，整天躺在这里，从今天开始，我也不能整天陪着你了。"

他已决定去探险，去看看岛上有没有人，有没有出路。

就算他明知那些浓密的丛林到处都有危险，也改变不了他的决心。

他每天早上出去，晚上回来，脚底已走破，身上也被荆棘刺伤。

丛林里到处都有致命的毒蛇虫蚁，甚至还有会吃人的怪草。

有几次他几乎送了命，可是他不在乎。

他相信一个人只要有决心，无论在什么地方，都可以打出一条出路来的。

时光易逝，匆匆一个月过去，他几乎将这个岛上每一片地方都找遍了。

除了一双又痛又肿的脚，和满身伤痕外，他什么都没有找到。

这岛上非但没有人，连狐兔之类的野兽都没有，若是别的人，一定早已绝望。可是他没有。

他虽已筋疲力尽,却还是绝不灰心,就在第三十三天的黄昏,他忽然听见一面长满了藤萝的山崖后,仿佛还有流水声。

拨开藤萝,里面竟有条裂隙,仅容一人侧身而过。可是再往里走,就渐渐宽了。

山隙后仿佛有光,本已几乎听不见的流水声,又变得很清晰。

他终于找到一条更清澈的泉水,沿着流泉往上走,忽然发现一样东西从泉上流了下来,却只不过是一束已枯萎了的兰花。

他还是将兰花从水中捞了起来,他从来没有在这里看见过兰花,只要有一点不寻常的现象,他就绝不肯放过。这次他果然没有失望。

兰花虽已枯萎,却仍然看得出叶子上有经过人修剪的痕迹。

他兴奋得连一双手都在发抖,这岛上除了他之外一定还有人,他忽然想起了陶渊明的《桃花源记》。

一口气再往前走了半个时辰后,山势竟真的豁然开朗,山谷里芬芳翠绿,就像是个好大好大的花园,其间还点缀着一片亭台楼阁。

他倒了下去,倒在柔软的草地上,心里充满了欢愉和感激,感激老天又让他看见了人。

只要还能看得见人,就算被这些人杀了,他也心甘情愿的。住在这种世外桃源中的当然不会是杀人的人!

03

现在无论谁都已想到这岛上是一定有人的了,但是无论谁只怕都想不到,陆小凤在这岛上第一个看见的人竟是岳洋。

岳洋非但没有死,而且衣着华丽,容光焕发,看来竟比以前更得意。

绿草如茵的山坡下,有条彩石砌成的小径,他就站在那里,冷冷地看着陆小凤。

陆小凤一看见岳洋就跳了起来,就好像看见了个活鬼一般的惊奇,尖声道:"你怎么也会在这里的?"

岳洋冷冷道:"我不在这里在哪里?"

陆小凤道:"翻船的时候你到哪里去了?我怎么找不到你?"

岳洋道:"翻船的时候你到哪里去了?我怎么找不到你?"

他问的话,竟和陆小凤问他的一模一样,翻船的时候,陆小凤的确没有立刻浮上来。

陆小凤只好问别的:"是谁救了你?"

岳洋道:"是谁救了你?"

陆小凤道:"这些日子来,你一直都在这里?"

岳洋道:"这些日子来,你一直都在这里?"

他还是一字不改,将陆小凤问他的话反问陆小凤一遍。

陆小凤笑了。

岳洋却没有笑,他们大难不死,劫后重逢,本是很难得的事,但是他却连一点愉快的样子都没有,竟好像觉得陆小凤死了反而比较好。

幸好陆小凤一点都不在乎,他早就知道这少年是个怪物。

"你是不是本就要到这里来的?根本就没有打算要到扶桑去?可是你怎么会知道老狐狸的船会在那里遇难?怎么会来到这里?"

这些话就算问了出来,一定也得不到答复的,陆小凤索性连提都不提。

现在他最关心的只有一件事:"这里还有什么人?老狐狸、牛肉汤他们是不是也到了这里?"

岳洋冷冷道:"这些事你都不必问。"

陆小凤道:"我既然已经来了,怎么能不问?"

岳洋道:"你还可以从原路退回去,现在还来得及。"

陆小凤笑道："你就算杀了我，我也绝不会退回去的！"

岳洋沉下脸，道："那么我就杀了你！"

他右掌上翻，左掌斜斜画了个圈，右掌突然从圈子里穿出，急砍陆小凤左颈。

他的出手不但招式怪异，而且又急又猛，就在这短短三十多天里，他的武功竟似又有了精湛的进步。

武学一道，本没有侥幸，但他却实在进步得太快，简直就像是奇迹。

就只这一招，已几乎将陆小凤逼得难以还手。

陆小凤这一生中也不知遇见过多少高手，当真可以算是身经百战，久经大敌，却还很少见到武功比这少年更高的人。

这种变化诡异的招式，他以前居然也从来没有见到过。

他凌空一个翻身，后退八尺。

岳洋居然没有追击，冷冷道："你退回去，我不杀你。"

陆小凤道："你杀了我，我也不退。"

岳洋道："你不后悔？"

陆小凤道："我早就说过，我这一辈子从来也没有后悔过。"

岳洋冷笑，再次出手，立刻就发现陆小凤的武功也远比他想象中高得多。

无论他使出多怪异的招式，也沾不到陆小凤一点衣袂，有时他明明已将得手，谁知陆小凤身子一闪，就躲了开去！

陆小凤本来明明有几次机会可以击倒他的，却一直没有出手，仿佛存心要看看他武功的来历，又仿佛根本就不想伤害他。

岳洋却好像完全不懂，出手更凌厉，突听花径尽头一个人带着笑道："贵客光临，你这样就不是待客之道了。"

花径尽头是花，一个人背着双手，站在五色缤纷的花丛中，圆圆的脸，头顶已半秃，脸上带着很和气的笑容，若不是身上穿的衣服质料极好，看来就像是个花匠。

一看见这个人，岳洋立刻停手，一步步往后退，花径的两旁也是花，他退入花丛中，身子一转，忽然就无影无踪。

那和和气气的小老头却慢慢地走了过来，微笑道："青年人礼貌疏慢，阁下千万莫要怪罪。"

陆小凤也微笑道："没关系，我跟他本就是老朋友。"

小老头抚掌道："老友重逢，那是再好也没有的了，少时我一定摆酒为两位庆贺。"

他又笑道："山居寂寞，少有住客，只要有一点小事可以庆贺，我们都不会错过的，何况是这种事？"

他轻描淡写地说着，一种安乐太平满足的光景，不知不觉地从言语之间流露出来，听在饱经忧患的陆小凤耳里，真是羡慕得要命。

小老头又问道："却不知贵客尊姓大名？"

陆小凤立刻说出了姓名，在这和和气气的小老头面前，无论谁都不会有戒心。

小老头点点头，道："原来是陆公子，久仰得很。"

他嘴里虽然在说久仰，其实却连一点久仰的意思都没有。

陆小凤少年成名，名满天下，可是在他听起来，却和张三李四，阿猫阿狗全无分别，这倒也是陆小凤从来没有遇见过的。

小老头又笑道："今天我们这里恰巧也有小小的庆典，却不知贵客是否愿意光临？"

陆小凤当然愿意，却还是忍不住要问："今天你们庆贺的是什么？"

小老头道："今天是小女第一次会自己吃饭的日子，所以大家就聚起来，将那天她吃的菜饭再吃一次。"

连这种鸡毛蒜皮的事都要庆贺,世上值得庆贺的事也未免太多了。

陆小凤心里虽然在这么想,嘴里却没有说出来,只希望他女儿那天吃的不是米糊稀粥,这些日子来他嘴里实在已淡得出鸟来。

小老头笑道:"陆公子心里一定好笑,连这种鸡毛蒜皮的事都要庆贺,世上值得庆贺的事也未免太多了,可告慰的是,小女自幼贪吃,所以自己第一次吃饭,就要人弄了一大桌酒菜。"

他虽然说出了陆小凤的心事,陆小凤倒也并不惊奇,他的想法本是人情之常,无论谁听到这种事,都难免会这么样想的。

小老头又笑道:"这里多年未有外客,今日陆公子忽然光临,看来倒是小女的运气。"

陆小凤笑道:"等我吃光了你们的酒肉时,你们就知道这是不是运气了。"

小老头大笑,拱手揖客。

陆小凤道:"主人多礼,我若连主人的尊姓大名都未曾请教,岂非也不是做客之道?"

小老头道:"我姓吴,叫吴明,口天吴,日月明。"

他大笑又道:"其实我最多只不过有张多嘴而又好吃的口而已,说到日月之明,是连一点都没有的。"

他笑,陆小凤也笑。

经过了那些艰苦的日子后,能遇见这么好客多礼、和气风趣的主人,实在是运气。

陆小凤心里实在愉快得很,想不笑都不行。

走出花径又是条花径,穿过花丛还是花丛,四面山峰滴翠,晴空一碧如洗,前面半顷荷塘上的九曲桥头,有个朱栏绿瓦的水阁。

他们去的时候,小阁里已经有十来个人,有的站着,有的坐着,年纪有老有幼，性别有男有女，有的穿着庄肃华丽的上古衣冠，有的却只不过随随便便披着件宽袍。

大家的态度都很轻松，神情都很愉快，仿佛红尘中所有的烦恼和忧伤，都早已被隔绝在四面的青山外。

这才是人生，这才是真正懂得享受生命的人，陆小凤心里又是感慨，又是羡慕，竟似看呆了。

小老头道："这里大家都漫不拘礼，陆公子也千万莫要客气才好。"

陆小凤道："既然大家都漫不拘礼，为什么要叫我陆公子？"

小老头大笑，拉起他的手，走上九曲桥。

一个穿着唐时一品朝服、腰缠白玉带、头戴紫金冠的中年人，手里拿着杯酒，摇摇晃晃地走过来，将手里金杯交给陆小凤，又摇摇晃晃地走了。

小老头笑道："他姓贺，只要喝了点酒，就硬说自己是唐时的贺知章转生，所以大家就索性叫他贺尚书，他却喜欢自称四明狂客。"

陆小凤也笑道："难怪他已有了醉意，既然是饮中八仙，不醉就不对了。"

他嘴里说话的时候，眼睛却在注意着一个女人。

值得注意的女人，通常都不会难看的。

她也许太高了些，可是修长的身材线条柔和，全身都散发着一种无法抗拒的魅力，脸部的轮廓明显，一双猫一般的眼睛里闪动着海水般的碧光，显得冷酷而聪明，却又带着种说不出的懒散之意，对生命仿佛久已厌倦。

现在她刚刚离开水阁中的一群人，向他们走过来，还没有走得太近，陆小凤就已觉得喉头发干，一股热力自小腹间升起。

她仿佛也看了他一眼，猫一样的眼睛中充满轻蔑讥诮的笑意。

然后她就立刻转过脸，直视着小老头，慢慢地伸出手。

小老头在叹息，道："又输光了？"

她点点头，漆黑柔软的长发微微波动，就像是黑夜中的海浪。

小老头道："你还要多少？"

她伸出五根手指，纤长有力的手指，表现出她内心的坚强。

小老头道："你什么时候还给我？"

她说："下一次。"

小老头道："好，用你的首饰做抵押，还给我的时候再付利息。"

她立刻同意，用两根手指从小老头手中抽出张银票，头也不回地便走了，连看都不再看陆小凤一眼。

小老头却在看着陆小凤微笑，道："我们这里并没有什么规矩，可是大家都能谨守一个原则。"

陆小凤眼睛还盯在她后影上，随口问道："什么原则？"

小老头道："自食其力。"

他又解释着道："这里有世上最好的酒和最好的厨子，无论哪一种享受都是第一流的，可是收费也很高，没有能力赚大钱的人，很难在这里活得下去。"

陆小凤的目光已经从她身上移开了，他忽然想到自己身上唯一的财产就是那把用夜壶改成的刀。

小老头又笑道："今天你当然是客人，只要不去跟他们赌，完全用不着一文钱。"

今天是客人，明天呢？

陆小凤忽然问道："他们在赌什么？"

小老头道："在赌骰子，他们喜欢赌得痛快。"

陆小凤道："我可不可以看看？"

小老头道："当然可以。"

他笑得更愉快："只不过你若要赌，就一定要小心沙曼。"

沙曼，多么奇怪的名字。

陆小凤道："沙曼就是刚才来借钱的那个？"

小老头笑道："她输得快，赢得也快，只要一不小心，你说不定连人都输给她。"

陆小凤也笑了。

若是能将人输给那样的女孩子倒也不坏，只不过他当然还是希望赢的。

04

桌子上堆满了金珠和银票，沙曼的面前堆得最多，陆小凤一走过去，她就赢了。

他们赌得果然简单而又痛快，只用三粒骰子，点数相同的"豹子六"当然统吃，"四五六"也不小，"幺二三"就输定了。

除去一对外，剩下的一粒骰子若是六点，就几乎已可算赢定。

她居然一连掷出了五次六点，猫一样的眼睛已发出绿玉般的光。

输钱的庄家是个开始发胖的男人，看来和你平日在茶楼酒馆看见的那些普通人完全没什么两样，但却出奇镇定，一连输了五把，居然还是面不改色，连汗珠都没有一滴。

他们赌得比陆小凤想象中还要大，但是赌得并不太精，既不会找门子，更不会用手法。

只要懂得最起码的一点技巧，到这里来赌，就一定可以满载而归。

陆小凤的手已经开始痒了。

第五章

满载而归

01

最近几年来陆小凤都没有赌过钱,他本是个赌徒,六七岁的时候已经会玩骰子。

到了十六七岁时,所有郎中的手法,他都已无一不精,铅骰子、水银骰子,碗下面装磁石的铁骰子,在他眼中看来,都只不过小孩玩的把戏。

普普通通的六粒骰子,到了他手里,就好像变成了活的,而且很听话,他若要全红,骰子绝不会现出一个黑点来。

赌就跟酒一样,对浪子们来说,不但是种发泄,也是他们谋生方法的一种。

最近他没有赌,并不是因为他赢得太多,已没有人敢跟他赌,而是因为他自己觉得这种事对他已完全没有刺激!

他当然也用不着靠这种方法来谋生,所以他能去寻找更大的刺激。

可是现在的情况却不同了,他想留在这里,就得要有赚大钱的本事。

现在他好像已不能不留在这里,而这里唯一能赚到大钱的机会好像就在这三粒骰子上。

庄家反抓起骰子,在大碗边敲得"当当"直响,大声叫:"快下注,下得愈大愈好。"

陆小凤忽然道:"这一注我押五百两。"

他虽然没有五百两,可是他有把握一定不会输的。

可惜别人对他却没有这么大的信心,庄家冷冷地瞟了他一眼,道:"我怎么还没有看见你的五百两?"

陆小凤道:"因为我还没有拿出来。"

庄家道:"我们这里的规矩,要看见银子才算数。"

陆小凤只有拿出来了,拿出了那柄用夜壶改成的刀。

庄家道:"你用这把刀押五百两?"

陆小凤道:"嗯。"

庄家道:"我好像看不出这刀能值五百两。"

陆小凤道:"你看不出,只因为你从来没有看见过这样的刀。"

庄家道:"这把刀很特别?"

陆小凤道:"特别极了。"

庄家道:"有什么特别?"

陆小凤道:"这把刀是用夜壶改成的。"

他自己忍不住笑了,别的人却没有笑,在这里赌钱的六个人,身份性别年纪虽然都不同,却有一点相同的地方:每个人都显得出奇地冷静,连笑都不笑。

大家都冷冷地看着他,眼色就像是在看着个小丑一样。

羞刀难入鞘,陆小凤再想将这把刀收回去也很难了。

他正不知道该怎么下台,忽然看见一只手,推着五百两银子过来,拿起了他的刀。

一只很好看的手,手指纤长而有力,虽然有点像男人的手,却还是很美。

陆小凤吐出口气，感激地看了她一眼，笑道："总算有人识货的。"

沙曼冷冷道："我若识货，就不会借这五百两给你了。"

她脸上全无表情："我借给你，只不过你好像替我带来点运气，这一注我又押得特别多，所以不想让你走而已。"

赌徒们本是最现实的，她看来正是个标准的赌徒。

庄家低喝一声："统杀！"

骰子掷在碗里，两个都是六点，还有一点仍在不停地滚。

庄家叫"六"，别的人叫"幺"，陆小凤却知道掷出来的一定是三点。

因为他已将两根手指按在桌面下，他对自己这两根手指一向很有信心。

他实在希望庄家输一点。这个人看来输得起。

骰子停下来，果然是三点。

三点已不算太少，居然有两个人连三点都赶不出，轮到沙曼时，掷出来的又是六。

她输不起，她已经连首饰都押了出去。

陆小凤这两根手指，不但能夹住闪电般刺来的一剑，有时也能让一粒滚动的骰子在他想要的那个点子上停下来。

他对自己这种做法并不觉得惭愧！让能输得起的人，输一点给输不起的人，这并没有什么不对。

现在骰子已到了他手里，他只想要一对三，一个四。

四点赢三点，赢得恰到好处，也不引人注意。

他当然用不着别人的手在桌下帮忙，虽然他已久疏练习，可是骰子一定还会听他话的。

他有把握，绝对有把握。

叮当一声响，骰子落在碗里，头一粒停下的是三，第二粒也是三，第三粒当然是四。

他看着这粒滚动的骰子，就好像父母们看着一个听话的孩子。

现在他已经可以看见骰子面上的四点了，红红的，红得又娇艳，又好看，就像是五百两白花花的银子那么好看。

骰子已将停下来，银子已将到手。

谁知就在这最后的节骨眼上，骰子突又一跳，停下来竟是两点。

陆小凤傻了。他做梦也想不到，这赌桌上居然还有高手，很可能比他还要高些。

沙曼冷冷地看了他一眼："你虽然为我带来点运气，你自己的运气却不好。"

在那粒骰子上做手脚的人当然不会是她，她本来已经输了很多，是陆小凤帮她赢回来的。

庄家正在收钱。

这个人不但输了，而且输得不少，若是能够控制骰子的点数，就不会输了。

别的人看来也不像，陆小凤实在看不出谁是这位高手。

他就好像哑巴吃了黄连，有苦也说不出，又像是瞎子在吃馄饨，肚里有数。

只要再来一次，他就一定可以看出来了，只要注意一点，就绝不会输。

他还是很有把握。只可惜他已没有赌本了，那个又客气、又多礼的小老头，忽然已踪影不见，就好像生怕陆小凤要找他借钱一样。

一个年纪还很轻，却留着两撇小胡子的人忽然笑道："我们都是小胡子，我们交个朋友。"

他居然"仗义勇为",真的捡出张五百两银票。

陆小凤大喜,正想接过来,谁知道这小胡子的手又收了回去,道:"刀呢?"

"什么刀?"

"像你刚才那样的刀。"

没有刀,没有银子,所以陆小凤只有苦笑:"像那样的刀,找遍天下恐怕也只有一把。"

小胡子叹了口气,又将银票压了起来,庄家骰子已掷出来,竟是"幺二三",统赔。

陆小凤只觉得嘴里发苦,正想先去找点酒喝再说,一回头,就发现那小老头正站在摆着酒菜的桌子旁,看着他微笑。

桌上有各式各样的酒,陆小凤自己选了樽竹叶青,自斟自饮,故意不去看他。

小老头却问道:"手气如何?"

陆小凤淡淡道:"还不算太坏,只不过该赢的没有赢,不该输的却输了。"

小老头叹了口气,道:"世上有很多事都是这样子的,倘若是对一样事情太有把握了,反而会疏忽,所以该赢的会输,但是只要还有第二次机会,就一定可以把握住了。"

这正是陆小凤心里的想法,又被他说中。

陆小凤眼睛亮了,道:"你若肯投资,让我去赌,赢了我们对分。"

小老头道:"若是输了呢?"

陆小凤道:"输了我赔。"

小老头道:"怎么赔?用你那把天下无双的夜壶刀来赔?只可惜夜壶刀现在也已不是你的。"

陆小凤道:"不管怎么样,我反正一定不会输的,你借给我一万两,这场赌散了之后,我一定还你一万五千两。"

他本不是这种穷凶极恶的赌鬼,卖了老婆都要去赌,可是他实在太不服气,何况这区区一万两银子,在他看来,根本就不算什么。他一向挥金如土,从来也没有将钱财看在眼里。

奇怪的是,愈是这种人,借钱反而愈容易,连小老头都有点心动了,迟疑着道:"万一你还不出怎么办?"

陆小凤道:"那么就把我的人赔给你。"

小老头居然什么话都不再说,立刻就给了他一万两银子。

陆小凤大喜道:"你放心,我绝不会让你后悔的。"

小老头叹了口气,道:"我只怕你自己会后悔。"

庄家还没有换人,陆小凤走了后,他连掷了几把大点,居然又扳回去一点。

沙曼却每况愈下,几乎又输光了,看见陆小凤去而复返,那张冷若冰霜的脸上,居然露出了微笑来:"老头子借了赌本给你?他信得过你?"

陆小凤道:"他倒并不是相信我这个人,只不过相信我这次一定会转运的。"

沙曼道:"我也希望你转运,把你的刀赎回去,这把刀五两银子别人都不要。"

庄家已经在叫下注,陆小凤道:"等我先赢了这一把再说。"

他本想把银票叠个角,先押一千两的,可是到了节骨眼上,竟忽然一下子将整张银票都押下去。

赌鬼们输钱,本就输在这么一下子。

庄家冷冷地看了他一眼,随手一掷,掷出了个两点,居然还是面不改色。

几个人轮流掷过去，有的赢，有的输，沙曼一掷成六，忍不住看着陆小凤一笑，道："你好像又替我带来了运气。"

她不笑的时候陆小凤都动心，这一笑陆小凤更觉得神魂颠倒，忽然握住她的手，道："我带给你的好运气，你能不能借给我一点？"

她想挣脱他的手，怎奈陆小凤握得太紧，她立刻沉下脸道："我的手又不是骰子，你拉住我干什么？"

这句话虽然是板着脸说的，其实谁都看得出她并没有真的生气。

陆小凤慢慢地松开她的手，一把抓起骰子，本来也许只有八分信心的，现在已变成了十分，大喝一声："豹子。"

要杀两点根本用不着豹子，真正的行家要杀两点，最多也只不过掷出个四点就够了，就算不用手法，要赢两点也不难。可是陆小凤现在却好像忽然变成了个孩子，只要有自己喜欢的人在旁边看着，孩子们无缘无故也要去翻两个跟斗的。

现在陆小凤的心情也差不多，一心要在她面前卖弄卖弄，掷出个三个六的豹子来。

叮铃铃一声响，骰子掷在碗里，他的手已伸入桌下。

这一次就算有人想弄鬼，他也有把握可以把点子再变回来。

两粒骰子已停下，当然是两个六点，第三粒骰子却偏偏还在碗里打转。

庄家眼睛瞪着骰子，冷冷道："这骰子有鬼。"

陆小凤笑道："鬼在哪里，我们大家一起找找看。"

他的手一用力，桌子忽然离地而起。

刚才想跟陆小凤交个朋友的小胡子，一双手本来按在桌上，桌子离地，只听"噗"的一响，两块掌形木板落在地上，他的一双手竟嵌入桌面。

碗却还在桌上，骰子也还在碗里打转。

一阵风吹过，落在地上的那两块木板，竟变成了一丝丝的棉絮，眨眼就被风吹走。

陆小凤眼睛本该盯着那粒骰子的，却忍不住去看小胡子两眼，他实在看不出这个打扮得像花花大少一样的年轻人，手上竟有武林中绝传已久的"化骨棉掌"功夫。

"棉掌"是武当绝技，内家正宗，可是"棉掌"上面再加上"化骨"二字，就大大不同了。

这种掌力不但阴毒可怕，而且非常难练，练成之后，一掌打在人身上，被打的人浑如不觉，可是两个时辰后掌力发作，全身骨骼就会变得奇软如棉，就算神仙也万万救不活，比起西藏密宗的"大手印"、西方星宿海的"天绝地灭手"，都要厉害得多。

自从昔年独闯星宿海，夜入朝天宫，力杀黄教大喇嘛的化骨仙人故去后，江湖中就已没有再出过这种掌力，却不知这小胡子是怎么练成的。

陆小凤想不出，也没空去想。

那粒骰子竟然还在碗里打转，每当快要停下来时，坐在陆小凤身旁的一个白发老翁手轻轻一弹，骰子就转得更急。

这人满头白发，道貌岸然，看来就像是个饱读诗书的老学究，一直规规矩矩地坐在陆小凤身旁，在座的人，只有他从未正视过沙曼一眼。

陆小凤平生最怕跟这种道学先生打交道，也一直没有注意他。

直到这次骰子又将停下，陆小凤忽然听见"咪"的一响，一缕锐风从耳边划过，竟是从这老人的中指发出来的。

他的手枯瘦蜡黄，留着一寸多长的指甲，想必用药水泡过，十根指甲平时都是卷起来的，可是只要他手指一弹，卷成一圈的指甲就突然伸得笔直，晶莹洁白，闪闪发光，就像是刀锋一样。

难道这就是昔年和张边殷氏的"一阳指"、华山"弹指神通"并称的"指刀"？

这也是武林中绝传已久的武功，甚至连陆小凤都没有见过。

他自己的灵犀指也是天下无双的绝技，忽然伸出两根手指来，隔空往那粒骰子上一夹，滚转不息的骰子竟然停下，上面黑黝黝的一片点子，看来最少也有五点。

谁知就在这一刹那间，大家没有看清上面的点子，庄家忽然撮唇作势，深深吸了口气，骰子就忽然离碗而起。

白发老翁中指又一弹，"啪"的一声，这粒骰子竟变得粉碎，一片粉末落下来，还是落在碗里，却已没有人能看得出是几点了。

陆小凤大赌小赌，也不知赌过多少次，这件事倒还是第一次遇见，这一来是算不分输赢？还是算庄家输的？连他也不知道如何处理。

沙曼忽然转脸看着陆小凤道："两个六点，再加上一个点，是几点？"

陆小凤道："还是一点。"

沙曼道："为什么还是一点？"

陆小凤道："因为最后一粒骰子的点数，才算真正的点子。"

沙曼道："最后一粒骰子若是没有点呢？"

陆小凤道："没有点就是没有点。"

沙曼道："是没有点大，还是一点大？"

陆小凤道："当然是一点大。"

沙曼道："两点是不是比一点大？"

陆小凤叹了口气，道："两点当然比一点大，也比没有点大。"

其实她一开口问他第一句，他已明白是什么意思了，若是别人问他，他至少有几十种法子可以对付。

陆小凤的机智伶俐花样之多，本是江湖中人人见了都头疼的，可是在这个长着双猫一般眼睛的女孩子面前，他却连一点也使不出来。

因为他根本就不愿意在她面前使出来，她若一定要他输这一把，他就是输了又何妨！

区区一万两银子，又怎能比得上她的一笑？

沙曼果然笑了："两点既然比没有点大，这一万两银子你就输了。"

陆小凤道："我本来就输了。"

沙曼道："你输得心不心疼？"

陆小凤笑道："莫说只输了一万两，就算输上十万八万，我也不会心疼的。"

这句话本来并不是吹牛，他说出来之后，才想起自己现在连十两八两都输不起。

只可惜，庄家早已将他的银票扫了过去，居然还是面不改色，冷冷道："有银子的下注，没有银子走路。"

陆小凤只好走路。

那小老头子好像完全没有注意到这边的赌局，还坐在那里低斟浅啜，一脸自得其乐的样子，好像正在等着收陆小凤的一万五千两。

陆小凤只有硬着头皮走过去，搭讪着问道："你在喝什么？"

小老头道："竹叶青。"

陆小凤道："你也喜欢喝竹叶青？"

小老头道："我本来不常喝的，现在好像受了你的传染。"

陆小凤道："好，我敬你三杯。"

小老头道："三杯只怕就醉了。"

陆小凤道："一醉解千愁，人生难得几回醉，来，喝。"

小老头道："你年纪轻轻的，有什么愁？"

陆小凤苦笑道："我输的虽然是别人的钱财，心里还是难免有点难受。"

小老头笑了笑，道："那可不是别人的钱财，是你的。"

陆小凤又惊讶、又欢喜，道："真是我的？"

小老头道："我既然已将银子借给了你，当然就是你的。"

陆小凤大喜道："想不到你竟是个如此慷慨的人。"

小老头笑道："慷他人之慨，本就算不了什么，只不过……"

他慢吞吞地接着道："银子虽然是你的，你的人却已是我的。"

陆小凤叫了起来："我姓陆，你姓吴，你既不是我儿子，我也不是你老子，我怎么会是你的？"

小老头淡淡道："因为你还不出一万五千两，就只好将你的人赔给我，丈夫一言，快马一鞭，为了成全你的信誉，我想不要都不行。"

陆小凤又傻了，苦笑道："我这人又好酒，又好色，又好吃，又好赌，花起钱财来像流水一样，我若是你的，你就得养我。"

小老头道："我养得起。"

陆小凤叹了口气，道："可是我倒想不通，你要我这样一个大混蛋干什么？"

小老头笑道："我的银子太多，正想找个人帮我花花，免得我自己受罪。"

陆小凤道："你认为花钱是在受罪？"

小老头正色道："怎么不是受罪？若是喝得太多，第二天头疼如裂，就像生了场大病；若是赌得太凶，非但神经紧张，如坐针毡，手气不来时，说不定还会被活活气死；若是纵情声色……"

他叹了口气，接道："这种对身体有伤的事，像我这种年纪的人，更是连提都不敢提。"

陆小凤道："除了花钱外，你还准备要我干什么？"

小老头道:"你年纪轻轻,身体强健,武功又不错,我可以要你做的事,也不知有多少。"

他说到了"武功又不错"这句话时,口气里仿佛带着种说不出的轻蔑之意,不管他是真有此意也好,是陆小凤疑心也好,反正总有这么点意思。

陆小凤少年成名,纵横江湖,虽然不能说天下无敌,真能击败他的人,他倒也从来没有遇见过,就好像他赌骰子从来没有输过一样,若有人说他不行,他当然一万个不服气。可是今天他掷了两把骰子,就输了两把,若说那只不过因为别人在玩手法,他自己又何尝没有玩手法?

那小胡子的"化骨棉掌",白发老翁的"指刀",本都已是江湖罕见的武功绝技,最后庄家撮口一吸,就能将七尺外的一粒骰子吸起,旁边的两粒骰子却还是纹风不动,这一手气功更是不可思议。

这看来一片祥和的世外桃源,竟是个藏龙卧虎之地。

还有这和和气气的小老头,看来好像诚恳老实,其实别人的心事,他一眼就可看透,正是大智若愚、扮猪吃老虎的那种人。说不定这赌局本就是他早就布好的圈套,现在陆小凤已一跤跌了下去,还不知道他有什么稀奇古怪的事要陆小凤去做。

无论那是什么事,都一定不会是什么好事。

陆小凤想来想去,愈想愈不是滋味,心里已经开始觉得自己根本不该来的。

小老头笑道:"现在你心里一定已经在后悔,觉得自己不该来的,却又偏偏猜不出我们究竟在玩什么花样,难免动了好奇,所以又舍不得走。"

他又一语道破了陆小凤的心事,陆小凤却笑了,大声道:"不对不对,完全不对。"

小老头道:"什么事不对?"

陆小凤道："你说的完全不对。"他将酒一饮而尽，拈起块牛肉，开怀大嚼，又笑道："这里有酒有肉，又有天仙般的美女，还有准备给银子让我花的人，我还有什么不满意的？为什么要后悔？"

小老头含笑看着他，道："因为你心里还在嘀咕，猜不透我究竟要你干什么。"

陆小凤大笑道："像我这样的人，还有什么不能干的？就算要我去杀人，我也一刀一个，而且还绝不管埋。"

小老头道："真的？"

陆小凤道："当然是真的！"

小老头看着他，眼睛里忽然露出种奇怪的表情，微笑着道："只要你能记住今天的话，我保证你一辈子平安快乐。"

他虽然在笑，口气却很认真，就好像真想要陆小凤替他杀人一样。

可是这里藏龙卧虎，高手如云，"化骨棉掌"和"指刀"更都是绝顶阴毒的功夫，用这种功夫去杀人，本是再好也没有的了，又何必舍近求远，再去找别人？

陆小凤总算又想开了，他已尝过三样菜，一盘切得薄薄的牛肉片子，一碗炖得烂烂的红烧牛腩，一碟炒得嫩嫩的蚝油牛肉，谁知一筷子夹下去，第四样还是牛肉，是样带点辣味的陈皮牛肉。

汤是用整个牛腩清蒸出来的，一味焖牛肚丝细软而不烂，火候恰到好处，还有样水铺牛肉，是用稍带肥甘的薄头回片，用作料拌好，放在汤里一搅，撒上胡椒即吃，汤鲜肉嫩，更是少见的好菜。

其余红烧牛舌、生炒毛肚、火爆牛心、牛肉丸子、红焖牛头、清炖牛尾、枸杞牛鞭，还有鸡蛋炒脑花，味道也全都好得很。只不过每样菜都是牛身上的，滋味再好，也会吃得厌烦。

陆小凤道："这里的牛是不是也跟你的银子一样多？"

小老头道:"今天做的本是全牛宴,因为小女特别喜欢吃牛肉。"

陆小凤终于想起,今天这些菜,都是他女儿第一天会自己吃饭时吃过的。

那时她最多也只不过三五岁,就弄了这么大一桌子牛肉吃。

陆小凤心里叹了口气,看来这小老头的女儿,无疑也是个怪物。

小老头道:"其实她别的地方也并不怪,只不过每饭非牛肉不欢,吃了十几年,也吃不腻,若有人认为她是怪物,那就错了。"

陆小凤瞪着他,忍不住问道:"我心里在想什么,你都知道?"

小老头笑道:"这种察言观色的本事,我倒也不敢妄自菲薄。"

陆小凤眼珠子转了转,道:"你知道我现在心里在想什么?"

小老头道:"你本来想故意去想些稀奇古怪的事,好来难倒我,可是你又偏偏忍不住想要看看我那专吃牛肉的女儿。"

陆小凤大笑道:"不对不对,你女儿又不嫁给我,我去看她干什么?"他嘴里虽然在说不对,其实心里却不能不佩服,忍不住又问道:"今天她是主客,为什么反而一直踪影不见?"

小老头道:"她是谁?"

陆小凤道:"她就是你女儿。"

小老头道:"你既然连看都不想看她,问她干什么?"

陆小凤说不出话来了。

原来这小老头外表虽然和气老实,其实却老奸巨猾,比那老狐狸还厉害几百倍。

小老头道:"只可惜你就算真的不想看见她,迟早还是会看见她的。"

陆小凤道:"我不想看见她都不行?"

小老头道:"不行。"

陆小凤道:"为什么?"

小老头道:"因为你现在只要一回头,就已看见她了。"

陆小凤一回头,就看见了牛肉汤。

现在牛肉汤脸上当然已没有牛肉汤。若不是因为陆小凤看她看得比别人都仔细,现在也绝对看不出她就是可怜兮兮、到处受人欺负的牛肉汤。

她现在已完全变了个样子,从一个替人烧饭的小丫头,变成了个人人都想找机会替她烧饭的小公主。而且是公主中的公主,无论谁看见她,都会觉得自己只要能有机会替她烧饭,就是天大的光荣。

人都会变的。

陆小凤认识的人之中,有很多变了,有的从赤贫变成豪富,从君子变成小人,从英雄变成狗熊,也有的从豪富变成赤贫,从小人变成君子,从狗熊变成英雄,但却从来没有任何人变得像她这么快、这么多。

她简直好像已完全脱胎换骨。

陆小凤若不是因为看她看得特别仔细,连她身上最不能被人看见的地方都看过,简直不能相信她就是那个牛肉汤。

牛肉汤冷冷地盯着他,却好像根本从来都没有见过这个人。

小老头道:"你认得她?"

陆小凤道:"本来我以前是认得她的。"

小老头道:"现在呢?"

陆小凤叹道:"现在看起来,她也不认得我,我也不认得她。"

牛肉汤既不承认,也不否认,这些话她似已听见,又似根本没听见。

小老头也不再理睬陆小凤,走过去拉起她的手,目中充满慈爱,道:"我叫你早点去睡的,你怎么偏偏又要溜出来?"

牛肉汤道:"我听丫头说,刚才外面有人回来,却不知有没有九哥的消息？"

小老头眨了眨眼道："你猜呢？"

牛肉汤眼睛里立刻发出了光，道："我知道一定有，九哥绝不会忘了我的。"

小老头道："我本来想明天早上再告诉你，老九不但有消息带回来，还叫他新收的随从木一半带了些礼物回来给你。"

牛肉汤笑靥如花，眼睛发光，好像又变了个人，道："这个木一半的人呢？赶快叫他来，把九哥的礼物也带来。"

小老头微笑挥手，手指一弹，九曲桥上就有十六个赤膊秃顶、只穿着条牛皮裤的昆仑奴，抬着八口极大的箱子走过来。

走在他们前面的还有个人，独臂单足，拄着根铁拐，右腿齐根而断，右臂也被人连肩削掉，脸上一条刀口，从右眼上直挂下来，不但右眼已瞎，连鼻子都被削掉一半，耳朵也不见了。

这个人本来也不知是丑是俊，现在看起来，却显得说不出的诡秘可怖。

牛肉汤看见他却好像很开心，带着笑道："我听九哥说起过，你一定就是木一半了。"

木一半左腿弯曲，恭恭敬敬地行了个大礼，道："小人木一半，参见公主。"

他还没有跪下去，牛肉汤已伸手扶起了他，对这个又丑又怪的残疾人，远比对陆小凤客气得多，想必是看在她九哥的面子上爱屋及乌。

陆小凤远远地看着，心里实在有点不是滋味，只见她的手在阳光下看来洁白柔美，和以前手上满是油垢的样子已大不相同，想到那天在狐狸窝冲凉房里发生的事，又不禁有点心动。

木一半已监督那些满身黑得发光的昆仑奴打开了五口箱子，箱子里装满了绫罗绸缎、胭脂花粉。第五口箱子打开来，珠光宝气，耀眼生花，里面竟装满了各式各样的翡翠玛瑙、金珠宝玉。

这些东西没有一样不是女人们最心爱的，平常的姑娘看见，只怕早已欢喜得晕了过去。

牛肉汤却连正眼都没有去看一眼，反而噘起了嘴，道："九哥又不是不知道我不稀罕这些东西，为什么巴巴地叫你送来？"

木一半笑道："公主再看看这三口箱子里面是什么？"

他笑得仿佛很神秘，连陆小凤都不禁动了好奇心，怎么想也想不出，世上还有什么能比珠宝首饰更能讨女孩子欢心的东西。

等到这三口箱子打开，陆小凤简直忍不住要叫了起来。

箱子里面装的竟是人，一口箱子里装着一个人，三个人之中陆小凤倒认得两个。

第一个人头发花白，相貌威武，虽然被装在箱子里面关了很久，一站起来腰杆仍然笔直，竟是群英镖局的总镖头"铁掌金刀"司徒刚。这人的铁砂掌力已练得颇有火候，一柄金背砍山刀，施展着五虎断门刀法，江湖中更少有对手，怎么会被人装进箱子的？

第二个人精悍瘦削，两边太阳穴高高凸起，看来无疑也是个内外兼修的武林高手。

真正让陆小凤吃惊的，还是第三个人。

这人赤足草鞋，穿着件旧得发腻的破布袈裟，圆圆的脸居然还带着微笑，赫然竟是"四大高僧"中名排第三的老实和尚。

谁也不知道这和尚究竟是真老实还是假老实，但是人人都知道，他武功之高，确是一点不假，若有什么江湖匪类惹到了他，他虽然总是笑嘻嘻的一点都不生气，可是这个人却往往会在半夜里不明不白地送掉性命。

所以近来江湖中敢惹这和尚的人已愈来愈少了，就连陆小凤看见他也头疼得很。

最近半年来他忽然踪影不见，谁也不知道他干什么去了，却想不到会在这口箱子里忽然出现，能把他装进箱子的这个人，武功之高，简直已骇人听闻，陆小凤若非亲眼看见，简直无法相信。

老实和尚好像并没有看见他，双手合十，笑嘻嘻地看着牛肉汤。

看见这三个人，牛肉汤果然开心极了，也笑道："怪事年年有，今年特别多，箱子里怎么会忽然钻出个和尚！"

老实和尚道："小姑娘受了气，大和尚进箱子，阿弥勒佛！善哉善哉！"

木一半道："九少爷知道这三个人得罪过公主，所以要小人赶紧送来，好让公主出气。"

他一口一声公主，牛肉汤居然也受之无愧，就好像真的是公主一样。

木一半又道："却不知公主想怎么样出气？"

牛肉汤眨了眨眼睛，道："我一时倒还没有想起来，你替我出个主意怎么样？"

木一半道："这就要看公主是想大出气，还是小出气了。"

牛肉汤仿佛觉得他这名词用得很有趣，吃吃地笑道："小出气怎么样？"

木一半道："脱下他们的裤子来，重重地打个七八十板，也就是了。"

牛肉汤道："大出气呢？"

木一半道："割下他们的脑袋来，腌干了赏给小人下酒。"

牛肉汤笑道："好主意，真是好主意，难怪九哥喜欢你。"

木一半的主意确实阴毒，脑袋被割下倒也罢了，知道自己的脑袋被割下来还要被人腌干下酒，已经很不是滋味，若是真的被脱掉裤子打屁股，那更是比死还难受。

高瘦精悍的黑衣人脸上已全无血色，老实和尚却还是笑嘻嘻的满不在乎。

司徒刚性如烈火，脾气最刚，厉声道："我们既然已落在你手里，要杀要剐，绝不皱一皱眉头，你若是故意羞侮我，我……我死了也不饶你！"

司徒刚纵横江湖，本不是那种轻易就会示弱认输的人，可是这句"我死了也不饶你"，却说得泄气得很，显然已自知他不是牛肉汤的对手，情愿认命了。

牛肉汤嫣然道："你活着也不能对我怎么样，死了又能怎么样不饶我？难道想变成个大头鬼，半夜来扼我脖子？"

司徒刚咬紧牙齿，满头冷汗雨点般落下，忽然大吼一声，反手一掌重重地向自己天灵拍下。

他的手五根手指几乎同样长短，指甲全秃，掌心隐隐发黑，铁砂掌至少已练就到八成火候，这一掌拍下，虽然是拍在自己头顶上，也同样致命。

谁知牛肉汤身子一闪，纤长柔美的手指兰花般轻轻一拂，司徒刚的手臂立刻垂了下去，连动都不能动了。

木一半立刻大声喝彩："好功夫！"

牛肉汤淡淡道："这只不过是如意兰花手中最简单的一招，算不了什么好功夫！"

她说得轻描淡写，陆小凤听了却大吃一惊，这如意兰花手名字虽美，却是武林中最可怕的几种功夫之一，分筋错脉，伤人于无形，司徒刚现在看来好像伤得并不重，其实这条手臂已永远废了，一个对时后伤势发作，更是痛苦不堪，除了把这条手臂齐根砍断，绝没有第二种解救的法子。

司徒刚面如死灰，大声道："你……你连死都不让我死？"

他虽然在大声呼喝，声音还是不免发抖，显见心里恐惧已极。

牛肉汤叹了口气，道："好死不如歹活，你为什么偏偏想死？就算你自知得罪了我，犯了死罪，也可以找个人来替你死的。"

司徒刚怔了怔，忍不住问道："怎么替我死？"

牛肉汤道："这里的人你可以随便挑一个，只要能胜得了他一招半式，我就要他替你死。"

木一半道："这里的人我看他连一个都不敢找。"

牛肉汤笑道："一个人他不敢找，半个人呢？"

木一半叹了口气，道："我算来算去，他最多也只能找我这半个人。"

司徒刚大喝道："不错，我正是要找你。"

喝声中他已出掌。

群英镖局威名远播，总镖头的年俸五万石，几乎已经跟当朝的一品大员差不多。

他的妻子温柔贤惠，临行的晚上还跟他亲密宛如新婚；他的子女聪明孝顺，长女已许配给他舅父中原大侠熊天健的长孙，门当户对，亲上加亲。只要能活着，他当然不想死，他虽然右臂已不能动，幸好他练的本就是双掌，这一掌击出，招沉力猛，不愧是金刀百胜，铁掌无敌。

木一半却已只剩下半个人，身子斜斜一穿，胁下铁拐斜刺，竟以这根铁拐当作了长剑，一招"笑指天南"，正是嫡传的海南派剑法。

海南剑术专走偏锋，他只剩下半个人，恰巧将海南剑术的精髓发挥得淋漓尽致，只听"哧、哧、哧"三声响，一声惨呼，四尺长的铁拐自司徒刚左胁刺入，右背穿出，一股鲜血箭一般飙了出来，化作了满天血雨。

牛肉汤拍手笑道："好剑法。"

木一半笑道："这只不过是天残十三式中简单的三招，算不了什么好剑法。"

他学着牛肉汤刚才的口气，故意说得轻描淡写，陆小凤却又吃了一惊。

天残十三式本是海南派镇山剑法，可惜三十年前就已绝传，连海南派当代的掌门人也只练成其中两式，这半个人却随随便便就使出了三招，将司徒刚立毙于拐下。

这半个人究竟是从哪里来的？以他的武功剑法，为什么要屈身为奴，做那位九少爷的随从？

那高瘦精悍的黑衣人显然也认出了他的剑法，正吃惊地看着他，目中充满恐惧。

木一半笑道："罗寨主的'燕子飞云纵'和一招'飞燕去来'，纵横天下，杀人无数，我也久仰得很了，却不知罗寨主是否也看上了我这半个人？"

这黑衣人竟是十二连环坞第一寨的寨主黑燕子罗飞，此人以轻功成名，一招"飞燕去来"，的确是武林少见的杀手绝技。

他眼睛看着木一半，脚下却在往后退，突然转身掠起，向醉卧在九曲桥头栏杆下的一个人扑了过去。这一招正是他的绝技"飞燕去来"，身法巧妙，姿势优美，就算一击不中，也可以全身而退。

栏杆下这个人却已烂醉如泥，头上一顶紫金冠也几乎掉了下来，口水沿着嘴角往下直滴，看来简直就像是个死人。死人当然比半个人更好对付，罗飞显然早就看准了他。

陆小凤在心里叹了口气，不管怎么样，这位贺尚书刚才总算给了他一杯酒，现在若是糊里糊涂地在醉梦中死了，他倒有些不忍。

只听一声惨呼，接着又是"扑通"一响，水花四溅，一个人落入池水中，踪影不见，过了很久，才有一缕血水从荷花绿叶间浮起，一个人的脸就像是花瓣般在荷叶间露出，却是罗飞。

贺尚书翻了个身，又睡着了，头上的紫金冠终于落下。

木一半立刻走过去，恭恭敬敬地将这紫金冠又为他戴在头上，道："醉卧流云七杀手，唯有饮者得真传，贺尚书真好功夫。"

牛肉汤笑道："木一半真好眼力，连绝传已八十年的醉中七杀手都能看得出。"

老实和尚叹了口气，道："一杀就已要了命，又何必七杀？"

牛肉汤道："和尚也想试试？"

老实和尚道："和尚还清醒得很，为什么要去跟醉鬼纠缠？"

牛肉汤道："你准备找谁？"

木一半道："是不是想找我？"

老实和尚道："和尚至少还是一个人，不跟半个人斗。"

牛肉汤道："我是一个人。"

老实和尚道："和尚至少还是个大男人，不跟女人斗。"

牛肉汤道："我爹爹是个男人。"

老实和尚道："和尚还年轻力壮，不跟老头子斗。"

那边几个人还在聚精会神地掷着骰子，这里人已死了两个，他们却连看都没有往这里看过一眼，这种事他们好像早已司空见惯。别人的性命，在他们眼中看来，好像还不及一粒骰子重要。

牛肉汤道："你看那几个人怎么样？"

老实和尚道："和尚四大皆空，看见赌鬼们就害怕。"

牛肉汤笑道："你左挑右选都看不中，倒不如让我来替你选一个。"

老实和尚道："谁？"

牛肉汤随手向前一指，道："你看他怎么样？"

她的纤纤玉手，指着的正是陆小凤。

陆小凤的心一跳，老实和尚已回头看着他，笑道："和尚说老实话，和尚若是想活命，好像也只有选他了。"

牛肉汤大笑，道："原来和尚的眼力也不差。"

陆小凤立刻摇头，大声道："差差，简直差上十万八千里。"

牛肉汤道："差在哪里？"

陆小凤道："我跟这和尚是朋友，他绝不会想要我的命，我也不想要他的命。"

老实和尚道："和尚本来的确不想要你命的，可是现在……"

他叹了口气，道："别人的性命再珍贵，总不如自己的性命重要，和尚这条命再不值钱，好歹总是和尚自己的。"

这确实也是老实话，老实和尚说的都是老实话。

陆小凤道："可是和尚既然四大皆空，若连朋友的命都要，岂非大错特错，大差特差？"

老实和尚道："好死不如歹活，活狗也能咬死狮子几口，到了性命交关时，就算差一点，也说不得了。"

陆小凤叹了口气，道："你为什么不去找别人，偏偏要找上我？"

老实和尚道："因为你差。"

陆小凤道："我差在哪里？"

老实和尚道："你既不会'天残十三式'，又不会'如意兰花手'，岂非大差特差？"

陆小凤道："可是我并不想要你的命。"

老实和尚道："你不想要和尚的命，和尚却想要你的命，所以你更差得厉害，非死不可。"

牛肉汤冷冷道："他这样的人，多死一个少一个，你还不动手？"

老实和尚道："姑娘说的是，和尚这就动手。"

他居然说动手就动手，破布袈裟的大袖一卷，一股劲风直卷陆小凤的面目。

原来陆小凤那两根手指他还是害怕的，生怕自己身上一样东西被捏住，就算不被捏死，也是万万受不了的。

可是一只破布袈裟的袖子，随便他怎么捏，都没关系了，何况衣袖上真力贯注，利如刀锋，能捏住他这一招的人，江湖中已不多。

小老头一直袖手旁观，忽然道："陆小凤，你是要替这和尚死，还是要替自己留着这条命，你可得仔细想清楚。"

其实这问题陆小凤早已想过无数遍，他虽然不忍看着老实和尚死在这里，却也不愿让老实和尚看着他死。

小老头这句话刚说完，只听"嘶"的一声，老实和尚一只衣袖已被撕了下来，露出条比女人还白的手臂，显然已多年没有晒过太阳。

人影闪动间，仿佛有无数只蝴蝶飞舞，他身上一件破布袈裟，转眼间已被撕得七零八落。

陆小凤大声道："和尚若是再不住手，小和尚只怕就要露出来了。"

这句话说得实在不雅，可是要想让老实和尚住手，就只有说这种话让他听了难受。

谁知老实和尚居然一点也不在乎，嘴里喃喃道："小和尚露面，总比大和尚挺尸好。"

一句话没说完，脚下忽然被司徒刚的尸体一绊，几乎跌倒。

这正是陆小凤的大好机会，陆小凤却似还在考虑，是不是应该趁机出手。

老实和尚却不考虑，乘着这一绊之势，忽然抱住了陆小凤的腰，自己先在地上一滚，忽然间已压到陆小凤身上。

牛肉汤拍手笑道："想不到和尚还会蒙古人摔跤的功夫。"

老实和尚道："这不是蒙古摔跤，这是扶桑岛上的柔道，除了和尚外，会的人倒真还不多，陆小凤只怕连见都没有见过，所以才会被和尚制住。"

这也是老实话，陆小凤的确已被压得死死的，连动都不能动。

小老头却道："这句话不老实。"

"老实和尚从来不说不老实的话。"

小老头道："他就算没见过这种功夫，本来也不会被你制住的，若不是因为他不忍杀你，现在和尚只怕连老实话都不能说了。"

老实和尚想了想，道："就算他真的让了和尚一手，和尚也可以装作不知道。"

小老头叹了口气，道："这倒真是老实话。"

陆小凤伏在地上，腰眼被他膝盖抵住，手臂也被反扳过去，想到自己刚才痛失良机，再听见这种老实话，几乎要被活活气死。

真的被气死倒也痛快，现在他还不知道自己要怎么个死法。

那边的赌局终于散了，仿佛有人在问。

"我输了七万两，你呢？"

"我比你只多不少。"

既然有人输了这么多，当然也有人要满载而归了。只可惜这个满载而归的并不是他。

他非但早已将自己的人输了出去，连这条命都要赔上！

第六章

木头人阵

01

几个人从那边走过来，只有一个人的脚步声比较重，身上想必已装满了金珠银票。

陆小凤很想看看这人是谁，却连头都抬不起，只听牛肉汤道："你们都来见见九哥这位新收的随从，他叫木一半，好像是海南孤雁的门下，九哥还特地要他带了好多好多礼物回来给我。"

她的声音中充满欢悦，立刻就有人问："这几天老九又到哪里去了？什么时候回来？最近他身子可还安好？有没有喝醉过？"

木一半立刻恭恭敬敬地一一答复，可是这位九少爷的行踪，却连他都不清楚。

听见九少爷归期无定，大家都仿佛很失望，听见他身体康健，大家又很开心。

对这个远在天涯、行踪不定的浪子，大家都显得说不出的关怀；可是对这个刚刚还跟他们赌过钱，而此刻就躺在他们面前的陆小凤，却根本没有人问。这个人的死活，他们根本就不放在心上。

就连沙曼也没有看他一眼，牛肉汤正在问她："九哥这次有没有送你什么？"

沙曼淡淡道:"他知道我对这些身外之物一向没有兴趣,又何必多此一举?"

牛肉汤道:"你对他的身外之物没兴趣?是不是只对他的人有兴趣?"

沙曼居然默认。

牛肉汤冷笑道:"只可惜他也绝不会把自己的人送给你的。"

两个人言来语去,仿佛都带着很浓厚的醋意,陆小凤听了更不是滋味。

他一向是江湖中的宠儿,认得他的人都以他为荣,无论走到哪里都极受欢迎,卧云楼主人珍藏多年的名酒,只有他才能喝得到,就连孤僻高傲的苦瓜大师,看见他来了,都会亲自下厨房烧几样素菜给他吃。

女孩子们见到他,简直完全无法抗拒,连冰山都会融化。

可是到了这里,他却好像忽然变得不值一文,连替那位九少爷擦鞋都不配。

一个人活到这种地步,倒真的不如死了算了,老实和尚却偏偏还不动手。

牛肉汤似已不愿再跟沙曼说话,回头瞪着老实和尚,道:"你还不动手?"

老实和尚道:"动手干什么?"

牛肉汤道:"动手杀人。"

老实和尚道:"你们真的要杀他?"

牛肉汤道:"当然不假。"

老实和尚道:"好,你们随便找个人来杀吧,和尚只要赢了一招半式就够了,和尚不杀人。"

他拍了拍手,站起来就走,转眼间就走出了九曲长桥,居然没有人拦阻,看来这里的人虽然行事诡秘,倒还都是言而有信的好汉。

牛肉汤冷笑道:"要找杀人的还不容易,你们谁杀了这个人,我给他一万两。"

陆小凤躺在地上,索性连站都懒得站起来,要杀这么一个人,看来并非难事,牛肉汤却出手就是一万两,也不知是因为她的银子来得太容易,还是因为在这里要人杀人,本就得付这种价钱。

随随便便杀个人就有一万两,陆小凤本来以为会有很多人抢着动手。

谁知大家连一点反应都没有。

沙曼冷冷道:"你要杀人,为什么不自己杀?难道你没有杀过人?"

牛肉汤也不理她,瞪着那些抬箱子来的昆仑奴道:"你们辛辛苦苦抬几天箱子,最多也只不过赚个百儿八十的,杀个人就有一万两,这种好事你们都不干?"

一个个昆仑奴还是像木头人般站在那里,原来竟完全听不懂她的话。

牛肉汤道:"木一半,你怎么样?"

木一半叹了口气,道:"我本来是想赚这一万两的,只可惜九少爷吩咐过我,每天最多只能杀一个人,我可不敢不听九少爷的话。"

牛肉汤显然也不敢不听九少爷的话,冷冷道:"我知道你们嫌太少,我出五万两,先付后杀。"

陆小凤忽然一跃而起,道:"我来。"

牛肉汤道:"你来干什么?"

陆小凤道:"不管谁杀了我,你都肯先付他五万两?"

牛肉汤道:"不错。"

陆小凤道:"我来赚这五万两。"

牛肉汤道:"你要自己杀自己?"

陆小凤道:"自己杀自己并不是难事,五万两银子却不是小数目。"

牛肉汤道:"你的人已死了,还要银子干什么?"

陆小凤道:"还债。"

他叹了口气,道:"现在我已欠了一屁股债,若不还清,死了做鬼也不安心。"

牛肉汤冷冷地看着他,忽然冷笑道:"好,这五万两让你赚了。"

她随随便便从怀里抓出一把银票,面额最小的也有五千两。

陆小凤选了几张,正好五万两,先交给小老头一张,道:"这里是一万五千两,一万两还给你,五千两算利钱。"

小老头喜笑颜开,道:"这利钱倒真不小。"

陆小凤道:"所以你本该多借点给我的,我这人出手一向大方。"

小老头叹道:"实在大方,大方得要命。"

陆小凤又在找沙曼,道:"这里是五千五百两,五百两赎刀,五千两算利钱!"

沙曼道:"五百两的利钱也有五千两?"

陆小凤道:"反正五百两和一万两都是一把就输了,利钱当然一样!"

沙曼看着他,冷漠的眼睛里似有了笑意,道:"现在我才知道你为什么这么穷了,像你这么样花钱,怎么会不穷!"

陆小凤笑道:"反正这钱也来得容易,现在我才知道,天下间只怕再也没有比杀人更容易赚钱的事。"

沙曼脸上又变得冰冰冷冷,全无表情,拿出了他那把夜壶刀,道:"你是不是准备用这把刀杀你自己?"

陆小凤立刻摇头,道:"这把刀不行,这把刀上有点骚气。"

他看了看手上的银票,喃喃道:"还了两万零五百,还剩两万九千五,银子还没有花光,死了岂非冤枉?"

牛肉汤道:"那么你就快花!"

陆小凤想了想,又去找小老头,道:"刚才你说这里有天下最好的酒,只不过价钱很高?"

小老头道:"我也说过,今天你是我的客人,喝酒免费。"

陆小凤冷笑道:"你女儿出钱要杀我,我还喝你的酒?来,这九千五百两拿去,我要最好的酒,能买多少就买多少。"

那小胡子忽然笑了笑,道:"又花了九千五,好像还剩两万?"

陆小凤道:"刚才你输了多少?"

小胡子道:"我是大赢家。"

陆小凤道:"我们再来赌一把怎么样?索性输光了反而痛快。"

小胡子大笑道:"好,我就喜欢你这样的痛快人。"

牛肉汤冷冷道:"他不但痛快,而且很快就要痛了,无论抹脖子还是砍脑袋,都很痛的。"

陆小凤笑道:"我倒知道有种死法一点都不痛。"

牛肉汤道:"怎么死?"

陆小凤道:"输死。"

骰子又摆在碗里,酒也送来了,整整十大坛酒,有女儿红,也有竹叶青。

九千五百两买了十坛酒,价钱未免太贵了些,陆小凤却不在乎,先开了坛竹叶青,对着嘴灌下了小半坛,大声道:"好酒。"

小胡子笑道:"像这么样牛饮,居然还能分得出酒的好坏,倒真不容易。"

陆小凤道:"其实我也未必真能分得出,只不过价钱贵的酒,总是好的,好酒无论喝多少,第二天头都不会痛。"

牛肉汤冷冷道:"头若是已经掉下来了,还管它痛不痛。"

陆小凤不理她了,拿起骰子,在碗边敲了敲,道:"你赌多少?"

小胡子道:"一万两如何?"

陆小凤道:"一万太少,最好两万,咱们一把就见输赢。"

小胡子道:"好,就要这么样才痛快。"

他的银票还没有拿出来,陆小凤的骰子已掷了下去,在碗里只滚了两滚,立刻停住,三粒骰子都是六点,庄家统吃,连赶的机会都没有。

陆小凤大笑道:"一个人快死的时候,总会转运的。"

小胡子手里拿着银票,大声道:"可是我的赌注还没有押下去。"

陆小凤笑道:"没关系,我信得过你,反正我已快死了,你当然绝不会赖死人账的。"

小胡子心里虽然一万个不愿意,嘴里却连一个字都说不出。

陆小凤接过他的银票,又问:"还赌不赌?"

小胡子道:"赌当然还要赌的,只不过这一把却得让我来坐庄。"

陆小凤道:"行,大家轮流坐庄,只要你能掷出三个六,见钱就吃,用不着客气。"

他将刚赢来的两万银票也押了下去,笑道:"反正我看你也掷不出三个六来。"

小胡子眼睛亮了,一把抓起骰子,却回头去问站在他身旁的白发老学究:"你看我这把能不能掷得出三个六?"

白发老人微笑道:"我看你是应该掷得出的,若是掷不出,就是怪事了。"

小胡子精神抖擞,大喝一声,骰子一落在碗里,就已经看得出前面都是六点,谁知其中却有粒骰子突然跳起,在空中打了个转,又弹起好几尺,落下来时,竟变成了一堆粉末。

碗里的骰子已停下来，正是两个六点。

陆小凤忽然问沙曼："两个六点，再加上个一点，是几点？"

沙曼道："还是一点，因为最后一粒骰子的点数，才算真正的点数。"

陆小凤道："最后一粒骰子若是没有点呢？"

沙曼道："没有点就是没有点。"

陆小凤道："是没有点大，还是一点大？"

沙曼道："当然是一点大。"

陆小凤道："既然连一点都比没有点大，庄家掷出个没有点来怎么办？"

沙曼道："庄家统赔。"

陆小凤大笑，道："三十年风水轮流转，想不到你这次也掷出个没有点来。"

小胡子一句话都不说，立刻赔了他四万两，把碗推给了陆小凤道："这次又轮到你坐庄，只希望你莫要再掷出个没有点来。"

他嘴里虽然这么说，心里却在想："这次你掷的不是没有点才怪。"

别人的想法当然也跟他一样，就算陆小凤换上三粒铁打的骰子，他们要捏毁其中一粒，也比捏倒只蚂蚁还方便。

赌钱弄鬼，本是偷偷摸摸，见不得人的事，现在却好像已经变得光明正大。

那白发苍苍的老学究抢着先押了三万两，道："可惜庄家的赌本只有八万。"

小胡子道："我是输家，他赔完了我的，你们才有份。"

他已将身上银票全部掏出来，一个人押的已不止八万两，这一把除非他没有输赢，才能轮得到别人，可是大家都看准陆小凤是非输不可的。

那老学究叹了口气,道:"看来我们这一把都只有喝汤了。"

轮到要赔自己时,庄家无钱可赔,就叫作喝汤,在赌徒们眼中看来,天下只怕再也没有比喝汤更倒霉的事了。

他正想把三万两收回来,突然一个人道:"这一把我帮庄,有多少只管押上来,统杀统赔。"

说话的竟是那小老头,将手里拿着的一大沓银票,"叭"地摔在陆小凤面前,道:"这里有一百三十五万两,就算我借给你的,不够我还有,要多少有多少。"

陆小凤又惊又喜,道:"你几时变得这么大方的?"

小老头笑道:"你借钱不但信用好,付的利息又高,我不借给你借给谁?"

陆小凤道:"这一把我若输了,人又死了,你到哪里要债去?"

小老头道:"无论做什么生意,都得要担些风险的!"

牛肉汤道:"这一次的风险未免太大些,只怕要血本无归了。"

小老头淡淡道:"我的银子早已多得要发霉,就算真的血本无归,也没什么关系。"

赌本骤然增加了一百三十五万两,不但陆小凤精神大振,别的人更是眉开眼笑,就好像已经将这沓银票看成了自己的囊中物,七八只手一起伸出来,金珠银票立刻押满了一桌子,算算至少也已有百把万两。

旁边一个纸匣里,整整齐齐地摆着几十粒还未用过的骰子。

陆小凤抓起了三粒,正要掷下去,忽然又摇摇头,喃喃自语:"这里的骰子有点邪门,就像是跳蚤一样,无缘无故地也会跳起来,再大的点子也禁不起它一跳,我可得想法子才好。"

他忽然从后面拿起个金杯,将杯中酒一饮而尽,右手的骰子掷下去,左手的金杯也盖了下去,只听骰子在金杯下骨碌碌地直响,陆小凤道:"这次看你还跳不跳得起来?"

老学究、小胡子,你看着我,我看着你,谁也没有提防到他这一招。

等到金杯掀起,三粒骰子已停了下来,果然又是三个六点。

陆小凤大笑,道:"三六一十八,统杀!"

七个字说完,桌上的金珠银票已全都被他扫过去了。

小胡子叹了口气,苦笑道:"这一次你倒真的统杀了,我连本带利已被你杀得干干净净。"

陆小凤道:"有赌不算输,再来。"

小胡子又叹了口气,道:"今天我们连赌本都没有了,怎么赌?"

他用眼角瞟着陆小凤,叹气的声音也特别重,虽然没有说下去,意思却已很明显。

一个像陆小凤这样慷慨的人,在这种情况下,本该把赢的钱拿出来,每个人借一点,让大家可以再继续赌下去。

谁知陆小凤却完全不通气,一把扫光了桌上的银票,立刻就站起来,笑道:"今天不赌,还有明天,只要我不死,你们总有机会翻本的。"

小胡子道:"你若死了呢?"

陆小凤也叹了口气,道:"我若死了,这些银票只怕就得跟我进棺材了。"

他先抽出一百四十万两,还给小老头,算算自己还剩下九十多万两。

小老头眉开眼笑,道:"一下子就赚了五万两,这种生意下次还可以做。"

陆小凤把剩下的银票又数了一遍,忽然问道:"你若有了九十三万,还肯不肯为了五万两银子杀人?"

小老头道："那就得看杀的是谁？"

陆小凤道："杀的若是你自己呢？"

小老头道："这种事谁也不会干的。"

陆小凤道："所以我也不会干！"

他又将已准备好的一张五万两银票还给牛肉汤："你还是另请高明吧！"

这句话还没有说完，他的人已到了桥头，大笑道："不管你们是想要我的钱，还是想要我的命，随时都可以找得到，反正我也跑不了的。"

这句话说完，他的人早已钻入花丛里，连看都看不见了。

大家眼睁睁地看着他扬长而去，居然都没有阻拦。

夕阳满天，百花灿烂。

陆小凤心里实在愉快得很，不管怎么样，今天他总算还是满载而归了。

至于以后别人是不是还会去找他，他是不是能跑得了，那已都是以后的事，就算吃烙饼还难免会被噎死的，以后的事谁管得了那么多？

他本已看准了出路，可是在花丛中七转八转，转了十来个圈子，还是没有找到他进来的那条花径，抬起头一看，暮色却已很深。

夕阳早已隐没在西山后，山谷里一片黑暗，连刚才那九曲桥都找不着。

他停下来，定定神，认准了一个方向，又走了半个时辰，还是在花丛里，跃上花丛，四面一看，花丛外还是花，除了花之外，什么都看不见，就连花影都已渐渐模糊。

山谷里竟连一点灯光都没有，也没有星光月色，花气袭人；虽然芬芳甜美，可是他已被熏得连头都有点发晕。

这地方的人晚上难道都不点灯？

如果就这么样从花丛中一路掠过去,那岂非等于盲人骑瞎马,不知道什么时候一下子掉进个陷阱去,死了也是白死。

无论谁都应该看得出,这地方绝不是随便让人来去自如的。

他要走,别人就让他走,那也许只不过因为别人早就算准他根本走不了。

这地方的人,除了那小老头外,每个人都是身怀绝技的武林高手,却偏偏都从来没有在江湖中露过面。

就算他们在江湖中走动过,一定也没有人能看出他们的武功来。

陆小凤的眼力一向不错,可是这一次他遇见牛肉汤的时候,就看走了眼。

那独眼的老渔翁和那个马脸的人,很可能都是死在牛肉汤手下的!

马脸人死在海水里之后,陆小凤去洗澡的时候,牛肉汤岂非也正好在那里洗澡?

老狐狸的船随时都可能要走,船上的人就算有空下来遛遛,也绝不会在那种时候去洗澡的,除非她恰巧刚在海水里杀过人。

那独眼的老渔人淹死时,也恰巧只有牛肉汤有机会去杀人。

陆小凤现在虽然总算已明白了很多事,却还是有很多事不明白。

她为什么要杀那两个人?那两人为什么暗算岳洋?岳洋和她之间又有什么关系?又怎么会知道老狐狸那条船一定会翻?

陆小凤叹了一口气,只觉得武当后山那柴房里腌萝卜的味道,都比这里的花香好嗅些。

他心里已经开始有点后悔了,也许他真该听岳洋的话,不要上老狐狸的船,那么他现在很可能已经在扶桑岛上,搂着那里又温柔、又听话的女孩子们喝特级清酒了。

听说那里的"月桂冠"和"大名"这两种酒都不错,就像那里的女孩子一样,入口甜丝丝的,后劲却很足。

陆小凤又不禁叹了口气,正准备在花丛里找个地方先睡一觉再说,忽然看见前面亮起了一盏灯。

在无边无际的黑暗中,忽然亮起的一盏灯,实在比骰子上的六点还可爱得多。

陆小凤立刻就像是只飞蛾般朝灯光扑了过去,就算要被灯上的火焰烧死,他也不在乎。

能死在光明中,至少总比永远活在黑暗里好得多。

02

灯光是从一扇雕花的窗户里露出来的!

有窗户,当然就有屋子。

一栋三明两暗的花轩,朱栏回廊,建筑得极华美精致。

一扇窗户斜斜支起,远远看过去,就可以看见屋里有九个人。

一个人坐着,八个人站着。

坐着的人白面微须,锦袍珠冠,正在灯下看一幅画。

站着的八个人神态恭谨,肃立无声,显然是他的门下侍从。

这九个人刚才都不在那水阁里,装束风范,看来都比那里的人高贵得多。

陆小凤却还是看不出他们的来历,当然也不敢随便闯进去。

院子有个水池,水清见底,灯光照过来,水波反映,池底竟似有个人动也不动地躺在那里。

陆小凤忍不住走过去看看,下面果然有个人,两眼翻白,也在直乎乎地朝上看。

除了死鱼外,谁也不会这么样看人的!

陆小凤先吃了一惊,又松了口气,这个人已是个死人!

"他是什么人?怎么会死在这里的?"

陆小凤想了想,忽然又发觉不对了,人死了之后,一定会浮起来,怎么会一直沉在水底?

看来这地方的怪事实在不少。

"不管他是活人也好,是死人也好,跟我又有什么关系?"

陆小凤决定不管这件事,正准备走开,突听"扑通"一声,一样东西远远飞过来,落入池水中,竟是只黑猫。

水花刚激起,池底下的人也突然游鱼般蹿起来,手里竟拿着把薄刀,无声无息地划开水波。

刀光一闪,已刺入了黑猫的腹下。

这只猫"喵呜"一声还没有叫出来,就已送了命,这个人又沉入池底,动也不动地躺着,看来又完全像是个死人!

杀条猫虽然并不是什么了不起的事,可是这人的出手实在太快,而且形迹太怪异、太诡秘,看得陆小凤都忍不住激灵灵打了个寒噤。

池水中一双死鱼般的眼睛又在瞪着他,好像也将他看成条黑猫。

陆小凤忽然转身,掠入窗户。

不管怎么样,坐在灯下看画的人,总比躺在池底等着杀猫的人可爱些。

灯光并不太亮,这个人还是聚精会神地坐在那里,还是在看那幅画!

陆小凤实在也早就想去看看画上究竟画的是什么,能让一个人聚精会神看这么久的画,多少总有些看头的。

他早已算准了部位,一掠进窗户,凌空翻身,刚好落在这个人的案前。

他也早就想好了几句让人听了愉快的客气话，只希望这个人一高兴起来，非但不赶他走，还拿出好酒来招待招待他。

谁知道这些话他连一句都没有说出来，他根本没有机会开口。

就在他身子落地的一刹那间，站着的八个人已同时向他扑了过来。

这八个人动作虽然并不十分敏捷，可是配合得却天衣无缝，滴水不漏。

八个人有的挥拳，有的踢腿，有的劈掌，有的横臂，四面八方地扑过来，眨眼间就将陆小凤围在中央，八招齐击，都是致命的杀手。

陆小凤让过了六招，接着了一拳一掌，正想解释解释，叫他们且慢动手。

可是他刚接住其中一个人的手掌，就发现无论怎么解释都一定没有用的，因为这八个人一定听不见他的说话！

这八个人竟赫然全都是木头人。

木人也有很多种，有一种木人甚至比人还可怕。

陆小凤虽然没有打过少林寺的木人巷，可是在木人巷中受伤残废的少林弟子，他却是见过的，其中有的武功也练得很不错。

他一直很奇怪，为什么活生生的人竟会伤在木人手里？

若不是铁肩大师再三劝阻，他早就想去少林寺领教领教那些木人的厉害。

现在他总算领教到了。

这八个人，无疑也是根据少林木人巷的原理造出来的，比诸葛征蛮时所用的木牛流马更精巧，也更霸道，不但铜臂铁骨，招猛力沉，而且机括一发动，竟施展出少林神拳，布下了罗汉阵。

这种罗汉阵本就是少林的镇山绝技，昔年魔教血神子独上嵩山，连败少林七大高僧，却被困在罗汉阵中，苦斗三日三夜都没有闯出去，到最后竟精疲力竭，被活活地累死。

自此之后，罗汉阵的威名天下皆知，江湖中也不再有人敢轻犯少林。

这种阵法在木人手中施展开来，威力甚至更大，因为木人是打不死的，你就算打断它一条手臂，拗断它一条大腿，它也不会倒下去，对阵法也毫无损伤。

可是它一拳打在你身上，你却是万万受不了的，所以它出拳发招之间，可以全无顾忌，你既难闪避，也不能硬拆硬拼，若想闯出去，更是难如登天。

陆小凤忽然发现自己竟只有挨打的份，打死为止。

你打它，它一点也不疼，它打你，你却疼得要命，你打不死它，它却可以打死你。

这种打法实在不是生意经，就好像强盗们打官司，有输无赢。

何况他就算打赢了，也算不了什么本事，就算把这八个木人都打得七零八落，劈成一片片做柴烧也没有什么意思。

这种愚蠢的事，陆小凤一向不肯做的，只可惜现在他想不打都不行。

木人的拳风虎虎，桌上的灯火被震得闪烁不定，随时都可能熄灭。

在黑暗中跟几个木头人拼命，更是愚蠢之极。

那锦袍珠冠的白面书生，一双眼睛转来转去，好像也忍不住要笑出来了。

这人也是个木头人，木头人的眼珠子怎么会转来转去？而且竟像是跟着它八个侍从的拳脚在转，难道它也看得懂少林的拳法？

陆小凤看得发呆，想得出神，一双眼睛也不由自主跟着打转，突听"砰"的一声，脑袋上已挨了一拳，几乎连脑浆都被打了出来。

他脑浆虽然没有被打出来，灵机却被打了出来。

拳头打在他头上的时候，木头书生的眼珠子竟停了一停，拳头再动时，它眼珠子就又跟着动了。

这八个人的拳脚和它的眼珠之间，竟似有根看不见的线串连着。

陆小凤忽然出手，用他的两根手指，夹断了木头人的两节手指。

只听"哧"的一声，两节木指从他手指上弹出去，"噗噗"两响，已打在木头书生的两眼上。

木头人当然不会叫痛的，它还是四平八稳地坐在那里动也不动，另外八个木人却忽然全都倒了下去。

陆小凤掠出了窗户。

八个木人稀里哗啦倒成一片，他却绝不回头去看一眼。

他并不想欣赏自己的辉煌战绩，就算打倒了八千八万个木头人，脸上也不会增半分光彩，只要能完完整整地走出这间屋子，已经是上上大吉了。

这一架打下来，他身上总算没有缺少什么，却多了几样东西——肩头背后多了几块青肿，头上多了个大瘤。

除此之外，这件事还给了他一个很好的教训——

就在他从窗口掠出来的这一瞬间，他已自己对自己发了几百次誓，以后就算非跟人打架不可，至少也得先看清楚对方是什么人才动手，若是活人，还可以招呼一阵，若是木头人，就赶紧落荒而逃。

他心里在想着这个教训的时候，第二个教训已跟着来了。

他忽然发现自己脚下就是那荷池。

被木头人打得鼻青脸肿固然不好受，被人像杀猫一样地一刀刺入胸膛岂非更冤枉？

即使他没有往下看，也可以感觉到那双死鱼般的眼睛正在瞪着他。

还有那柄比纸都薄的快刀。

一个人若是已经在往下堕，不管是身子往下堕，还是灵魂在往下堕，再想拔起来，都不是件容易事。

现在他一口气已用完了，再换气时一定已落入池水中。

就在他换气的那一瞬间，那柄刀一定已刺入他肺叶里。刀锋拔出来时，他一定已像死猫般浮起，也就像那个独眼的老渔翁和马脸一样，全身上下一定连一点血迹都没有，别人一定还会以为他是喝醉了掉下池塘淹死的。

这种死法虽然又快，又不痛，却还是冤枉得很。

谁知他还没有掉进水里，水里已先有个人冒了出来。手中寒光闪动，赫然正是一柄短刀，锋薄如纸的短刀。

这个人不但出手迅速狠毒，而且可以动也不动地躺在水底瞪着眼睛看人，水性之好，可想而知。

若是在陆地上，陆小凤也许还能对付他这把刀，到了水里，陆小凤就完全不行了。

只可惜他这次动作太快了些。

陆小凤虽然没法子再腾身跃起，要快点沉下去，沉得深些，就不是太困难的事了，只听"扑通"一声，他的人一落入水池，就沉了下去，在水中一个鲤鱼打挺，用力抱住了这个人的腿。

这个人居然完全没有挣扎，那把刀也没有回手刺下来。

陆小凤在水里的动作虽然慢些，也不能算太慢，就在这瞬息间，已捏住了这个人双腿关节上的穴道，将他拖入了水底。

灯光从水面上隐隐透下来，这个人的脸痉挛扭曲，眼睛凸起，竟早已被人活活扼死。

刚才陆小凤以为他是个死人，谁知他却是活的，现在陆小凤以为他是活人，谁知他却已死了。

他花了这么多力气，对付的竟只不过是个死人，这实在令他有点哭笑不得。

幸好池下没有别人看见，他赶紧放开了这个人的腿，一头钻出水面，突听有人拍手大笑，道："好功夫，居然连死人都被你淹死了，佩服佩服。"

一个人坐在池旁，光光的头颅，赤着双足，竟是老实和尚。

他光头上还带着水珠，破烂的僧衣也是湿淋淋的，显然也刚从水底出来。

陆小凤狠狠瞪了他一眼，道："原来和尚也一样会杀人的。"

老实和尚笑道："和尚不杀人，只不过错把他当作了一条鱼，所以才失了手。"

陆小凤道："这也是老实话？"

老实和尚叹了口气，道："好像不是的。"

陆小凤也笑了，跃出水池，在他身旁坐下，问道："和尚为什么还没有走？"

老实和尚道："你为什么还没有走？"

陆小凤道："我走不了。"

老实和尚叹道："连你都走不了，和尚怎么走得了？"

陆小凤道："和尚为什么要来？"

老实和尚道："和尚不入地狱，谁入地狱！"

陆小凤道："你知道这里是地狱？你是到地狱里来干什么的？那位九少爷又是个什么样的人？怎么会把你装进箱子的？"

老实和尚不说话了。

陆小凤道："你既然知道，为什么不说？"

老实和尚摇着头，喃喃道："天机不可泄露，佛云：不可说，不可说。"

陆小凤急了，忽然跳起来，出手如电，捏住了他的鼻子，道："你真的不说？"

老实和尚鼻子被捏住，既不能摇头，也说不出话来，只有指着自己的鼻子喘气。

陆小凤冷笑道："你贪生怕死，出卖朋友，做的本来就是些不要鼻子的事，我不如索性把你这鼻子捏下来算了。"

他嘴里说得虽凶，手下却留了情。老实和尚总算吐出口气，苦笑道："和尚虽然怕死，出卖朋友的事，却不敢做的。"

陆小凤道："你为什么要我替你死？"

老实和尚道："因为我知道你一定死不了的。"

陆小凤道："为什么？"

老实和尚道："我看得出大老板已有心收你做女婿。"

陆小凤道："大老板是谁？"

老实和尚道："你看站在那边的不是大老板是谁？"

他随手往前面一指，陆小凤不由自主随着他手指往前面看过去，他的人却已箭一般往后蹿出，凌空翻身，没入黑暗中。

老实和尚的轻功，本就是江湖中数一数二的。

不过陆小凤也不是省油的灯，一拧腰就追了过去。

夜色虽然很黑暗，他虽然迟了一步，可是依稀还能看得见老实和尚的人影在前面飞掠。

其实他也并不是真想捏老实和尚的鼻子，只不过在这种人地生疏的地方，能抓住个熟人在身旁总比较安心些，就像是掉下水里的人，看见块破木板，也要紧紧抓住。

老实和尚逃得虽快，他追得也不慢，两个人之间的距离已愈来愈近。

前面居然又有了灯光。

灯光是从一栋很高大的屋子里透出来的，高脊飞檐，像是庙宇道观，又像是气派很大的衙门。

这地方当然不会有衙门，老实和尚忽然一个飞燕投林，竟蹿入了这庙宇中。

陆小凤心里好笑："这下子你就真的跑了和尚，跑不了庙了。"

他不管三七二十一，也追了进去，院子里冷冷清清，大殿里灯火却明亮，一个气派很大的高官贵吏坐在一张气派很大的桌子后，两旁的肃静牌下，垂手肃立着好几个旗牌卫士，还有戴着红缨帽、挎着鬼头刀的捕快差役。

这地方竟不是庙宇，竟是衙门。

可是在这种地方怎么会有朝廷的贵官驻扎？这衙门当然是假的，这些人当然也都是木头人。

一看见木头人，陆小凤就已头大如斗，不管老实和尚是不是躲在里面，他都想溜了。

谁知公案后的那位高官却忽然一拍惊堂木，大声道："陆小凤，你既然来了，还想往哪里走？"

两旁的卫士差役也立刻呐喊助威："你还想往哪里走？"

原来这里的人竟没有一个是木头人。

陆小凤反而沉住了气，在他看来，活人还是不及木头人可怕的。

他居然真的不走了，大步走进去，仔细看了看，堂上的高官穿着身唐时的一品朝服，头戴着紫金冠，竟是那位好酒贪杯的贺尚书。

只不过此刻他手里拿着的已不是酒杯，而是块惊堂木。

陆小凤笑了："原来是四明狂客贺先生，是不是又想请我喝酒？"

贺尚书的眼睛里虽然还有醉意，但表情却很严肃，板着脸道："你到了刑部大堂，竟还敢如此放肆？"

陆小凤道："这里是刑部大堂？"

贺尚书道："不错。"

陆小凤笑道："你不但错了，而且大错特错。"

贺尚书道："错在哪里？"

陆小凤道："贺知章是礼部尚书，怎么会坐在刑部大堂里？"

他对贺知章的事迹本来也不太清楚，只不过想唬唬人而已，谁知竟歪打正着。

其实贺知章活着的时候，官职最高只做到礼部侍郎兼集贤院学士，后来又坐从工部，肃宗为太子时，方迁宾客，授秘书监，老来时却做了千秋观的道士，连礼部尚书都是在他死后追赠的。

可是他一生未曾入过刑部，倒是千真万确的事。

这位冒牌的贺尚书脸色果然已有些尴尬，竟恼羞成怒，重重地一拍惊堂木，道："我这贺尚书就偏要坐在刑部大堂里，你能怎么样？"

陆小凤苦笑道："我不能怎么样，你爱坐在哪里，就坐在哪里，跟我连一点关系都没有。"

贺尚书道："有关系！"

陆小凤道："跟我有什么关系？"

贺尚书道："我到这里来，就是为了要审问你！"

陆小凤又笑了，道："我又没犯罪，你审什么？问什么？"

贺尚书又用力一拍惊堂木，厉声道："到了这里，你还不认错？"

陆小凤道："我只知道我唯一做错的事，就是走错了地方，交错了朋友。"

贺尚书怒道："你得人钱财，失约反悔，又聚赌行骗，拐款而逃，你难道还不知罪？"

陆小凤想了想，道："失约反悔的事，好像倒是有的。"

贺尚书道:"当然有,你收了别人五万两银子,就该完成合约,这件事铁证如山,你想赖也赖不了。"

陆小凤道:"我倒也不想赖,只不过唆使杀人的罪,岂非比我的罪更大?你为什么不先把她抓来审问审问?"

贺尚书道:"我偏偏就要先审你,你能怎么样?"

陆小凤苦笑道:"酒鬼坐刑堂,我当然是强盗打官司,有输无赢的了。"

贺尚书道:"你失约反悔,是第一大罪;串赌行骗,是第二大罪;咆哮公堂,是第三大罪。现在三罪齐罚,你是认打,还是认罚?"

陆小凤道:"若是认打怎么样?"

贺尚书道:"若是认打,我就叫人重重地打,打死为止。"

陆小凤道:"若是认罚呢?"

贺尚书道:"那么我就判你三十年苦役,我叫你干什么,你就得干什么!"

陆小凤道:"若是既不想认打,也不想认罚呢?"

贺尚书怔了怔,好像想不到他居然会有这么样的一问。

陆小凤却替他下了判决:"若是这么样,我当然只有赶快脚底抹油,溜之大吉。"

私设公堂,自封尚书,这些本都是很滑稽的事。

但陆小凤却知道,在这地方无论多滑稽的事,都可能变得很严重的,你若以为他们说要判你三十年苦役,只不过是说着玩的,你就错了。

可是他也看得出这些活人并不见得比木头人容易对付,这位四明狂客虽然有些装疯卖傻,无疑也是个身怀绝技的高手。

他唯一对付的法子,就是赶紧开溜,溜得愈快愈好,愈远愈好。

陆小凤的轻功,就连司空摘星都未必能比得上。在这方面,他也一向对自己很有信心。

几个起落后,他已掠出了公堂,掠出了二三十丈,刚想停下来喘口气,就听见后面有人冷冷道:"你的轻功很不错,只可惜你就算真的能长出双翅膀来,也万万跑不了。"

他听得出这是贺尚书的声音。

贺尚书竟一直都像影子般贴在他身后,距离他还不到一丈。

这位疯疯癫癫的四明狂客,轻功竟远比他想象中还要高得多。

他用尽身法,无论往哪里走,贺尚书还是像影子般在跟着他。

前面水波如镜,他忽然发现自己又回到了刚才那水池,水中的尸身却已不见了,也不知那个人是不是又死而复活,还是根本就没有死。

这地方的人,是活是死,是真是假,本来就不太容易分得清。

贺尚书忽然道:"就算你跳下水池去,我也一样会追下去,就算你进入龙宫去,也一样是逃不了的。"

陆小凤本来并不想跳下水去的,水里说不定又有个长双鱼眼的人,手里拿着把薄刀在等着他。

可是听了贺尚书这句话,他却反而跳下去了,一个鱼鹰入水式,就已沉入池底,等了半天,上面果然连一点反应都没有。

两个人吵架的时候,一个人若是说:"你有种就跟我打一架,看我怕不怕。"那么这个人心里一定怕得要命,若是不怕,就早已动手了,就因为怕,才会这么说。

贺尚书若是不怕他跳下水去,也绝不会忽然说那句话的。

这道理陆小凤当然明白得很。

他又等了半天,才敢伸头出水换口气,立刻就发现贺尚书还在池旁等着他,也不知从哪里弄了瓶酒来,正在那里喝得高兴,嘴里还在喃喃自语:"你泡在冷水里,我坐在上面喝酒,随便你想耗到什么时候,我都奉陪的。"

等到陆小凤第二次出水去换气的时候，他居然又找了条钓竿来，坐在那里一面喝酒，一面钓鱼，实在是件很风雅的事。

陆小凤虽然并不太有耐性，但是叫他坐在那里喝酒钓鱼，钓上个三天三夜，他也不反对的。

只可惜他并不是钓鱼的人，而是条迟早要被人钩上的鱼。

更遗憾的是，他又偏偏不能像鱼一样在水里呼吸。

等到他第三次出水换气的时候，就有条带着鱼钩的钓丝向他飞了过来，若不是他躲得快，就算不被钩走，脸上的肉也要被钩去一块。

看来这位贺尚书不但轻功高明，内力也极深厚，竟能将真力贯注在钓丝上，伤人于百步之外。

这水池既不太深，又不太大，陆小凤的头无论从哪里伸出去，钓丝都可能飞过来钩住他。

钓丝上的鱼钩闪闪发光，就等于是件极厉害的外门兵器。

这次他虽然躲了过去，下次就未必有这么好的运气了。

一个人若是只能将脑袋伸出水面，实在就像是个箭靶子一样，因为他整个人都在水里，只有头能动，随便怎么动都快不了的。

幸好他总算练过气功，一口气总憋得比别人长些，就在他又开始挺不住的时候，他忽然看见水池里又多了一个人。

水面上一直没有动静，也没有听见落水的声音，这个人绝不是从上面跳下来的。

那么这个人是从哪里来的？

陆小凤躲在水池边的一块石块后，这个人居然没有看见他，好像也根本没有想到水里还会有别人，双足一挺，已蹿出水面，动作轻快，姿势优美，看来也是水中的好手。

但是陆小凤却知道，只要他的头一伸出去，就有苦头吃了。

水波乍分，水面上果然立刻传来一声惊呼，这个游鱼般生猛活跃的人，一双腿忽然挺直，显然已被钓丝勒住了脖子。

陆小凤也没工夫同情他，立刻向他出现的那个地方游了过去，果然找到了一个可以容人钻进去的洞穴，洞穴上正有块石板在往下沉。

石板一关，这洞穴就不见了。

洞穴里究竟是什么地方？为什么做得如此隐秘？里面是不是还有别的人？

陆小凤也没工夫去考虑，用尽平生之力，一下子蹿了过去，钻入了洞里，只听"咯"的一声响。四面更黑暗，连自己的手都看不见了。

陆小凤本来以为自己总算找到条出路，谁知他虽然出了龙潭，却进了地狱。

现在他才真的后悔，只可惜现在后悔已太迟。

这地狱里虽然没有灼人的火焰，但四面却是水，无论他往哪边游，连换气的地方都没有，就这么样被活活地闷死在水里，倒不如索性烧死反而痛快些。

他正在急得发疯的时候，上面又是"咯"的一响，一道亮光射下来，竟露出扇门户。

就算这扇门是直达地狱的，他也不管了，一下子蹿上去，上面竟是条用石板砌成的地道，连一滴水都没有。

地道中虽然也很阴森可怕，在他说来，却已无异到了天堂。

这一夜间他遇见的事，简直就好像做梦一样，他看见的死人是活人，活人却是死人，真人是木头人，木头人却是真人。

他简直已晕头转向，现在才总算喘过一口气来。

地道里燃着灯，却没有人。

他拧干了身上的衣服，就开始往前走，走一步，算一步，不管走到哪里去，他都已只有听天由命。

地道的尽头，是道铁门。

门居然没有锁。

他试探着敲了敲门，没有响应，他就用力拉开门走进去，里面是间很宽阔的石室，竟堆了大大小小、各式各样的佛像和木鱼。

陆小凤傻了。

这么隐秘的地方，原来只不过是堆木鱼的地方，这种事说来有谁相信？

更令人难以相信的是，这些木鱼和佛像，竟都是老狐狸那条船运来的，他全都见过，船沉了之后，木鱼和佛像怎么会都到了这里？

陆小凤长长吐了口气，在心里警告自己，最好赶快走，走得愈远愈好，就当作从来也没有到过这里，从来也没有看过这些木鱼。

他已看出这些木鱼和佛像中，必定隐藏着一个极大的秘密。

他本来也许还能想法子活下去，别人若是知道他已发觉了这秘密，也许就不会再让他有开口说话的机会了。

他的想法很正确，只可惜他现在根本无路可退，何况他的好奇心早已被引起，叫他就这么样退出去，他实在也有点不甘心的。

木鱼里究竟有什么秘密？

他知道木鱼里面都是空的，他也曾从沙滩上捡过好几个，都被他剖成了两半，改成了木碗和木勺子。

可是只要有点头脑的人，都绝不会辛辛苦苦地从沉船中捞起这些空木鱼，再辛辛苦苦运来这里，藏到如此隐秘的地方，还派个人睁大眼睛躲在外面的水池里看守着，无论是人是猫，只要一进水池，就给他一刀。

这地方的人，看来都是很有头脑的人，为什么会做这种事？

陆小凤忍不住拾起个木鱼，敲了敲，里面也是空的，再摇了摇，这个木鱼竟好像发出了一连串很悦耳的响声。

那把夜壶刀还在他身上，他立刻掏出来，将这木鱼剖成两半。

只听哗啦啦的一声响，十几样东西从木鱼里掉下来，竟都是光华夺目的宝石和碧玉。

陆小凤又傻了。

他一向识货，当然看得出这些宝石和碧玉都是价值不菲的上等货色。

你随便从里面挑一块，随便送给哪个女孩子，她一定都会变得很听话的——像牛肉汤那种不喜欢珠宝的女孩子，世上毕竟不多。

他再剖开一个木鱼，里面竟全都是小指那么大的珍珠。

石室中至少有三四百个木鱼，里面若都是宝石珠玉，一共能值多少银子？

陆小凤简直连算都不敢去算。

他并不是财迷，可是这么大笔财富忽然到了自己面前，无论谁都难免会觉得有点心慌意乱的。

木鱼里是珠宝，佛像里是什么？

佛像也是空的，他找了个比人还大的佛像，先用他的夜壶刀将中间的合缝处撬开，心里只希望里面真是空的。

这么一尊佛像里，如果也装满了珠宝，那简直就比最荒唐的梦还荒唐了。

"咯"的一声，佛像已被他扳开了一条缝，里面并没有珠宝漏出来。

他叹了口气，也不知是庆幸，还是失望。

忽然听见佛像里仿佛也有人叹了一口气。

这佛像是木头做的，怎么会有人叹气？

今天一夜间他遇见的怪事虽然已比别人八十年遇见的还要多，听见了这声叹息，他还是不免大吃一惊。

就在这时，佛像中已有个人扑了出来，一下子扼住了他咽喉，一双手冰冰冷冷，也不知是妖怪，还是僵尸。

陆小凤就算有天大的胆子，也几乎被吓得晕了过去。

他没有晕过去，只因为这双手刚扼住他咽喉，就变得软软绵绵的，一点力气都没有。

他定定神，张开眼，就看见面前也有一双眼睛在看着他。

眼睛下面当然还有鼻子，鼻子下面当然还有嘴。

这个人的嘴唇动了动，忽然说了三个字："陆小凤。"

佛像里居然藏着个人，已经是不可思议的怪事。

这尊佛像被装上老狐狸的船，等到船沉，再被运到这里来，前后至少已有三四十天。

佛像里藏着这个人，居然还没有死，居然还能够说话，居然还认得他就是陆小凤！

陆小凤这一夜间遇见的怪事，加起来也没有这一件奇怪。

更奇怪的是，他居然也认得这个人。

这个人竟是镖局业中资格比"铁掌金刀"司徒刚更老、实力更大、名气也更响的大通镖局的总镖头"大力神鹰"葛通。

第七章

原来如此

01

淮南鹰爪的大力鹰爪功从来不传外姓,葛通却是唯一的例外。

因为他不但是第三代鹰爪王的义子,也是王家的乘龙快婿,为人诚恳朴实,做事循规蹈矩,十八岁入大通镖局,三十一岁已升为总镖头,在他手里接下的镖,从来没有一次差错。

"只要找到葛通,条条大路都通。"

有些人情愿多一倍价钱,也非要找葛通保镖不可。

陆小凤连做梦也想不到,这么样一个人竟会藏在佛像里。

葛通看见他却更吃惊,嘴唇动了好几次,仿佛有很多话说,怎奈体力太虚弱,嘴唇也已干裂,连一个字都没有说出来。

陆小凤也有很多话要问他。

被人藏在佛像里,为的是什么?

这些疑问陆小凤也连一句都没有说出来,因为葛通已完全虚脱。

虽然只要一大碗营养丰富、煮得浓浓的牛肉汤,就可让他元气恢复,可是此时此刻,要找一碗牛肉汤,也难如登天。

陆小凤看着他发了半天怔,心里忽又想到一件可怕的事。

这里至少有一百多尊佛像,假如每尊佛像里都藏着一个人,那怎么办？

这问题陆小凤连想都不敢想，再也没有勇气去看第二尊佛像。

就在这时，地道中忽然响起一阵很轻的脚步声，陆小凤一颗心又吊了起来。

来的人是谁？

他湿淋淋地走进来，地道中的足迹还没有干，不管来的是谁，想必都已发现这里有了不速之客，贺尚书当然知道这不速之客是谁。

这个人既然敢进来，当然已有了对付他的法子。

陆小凤叹了口气，索性坐下来等着。

脚步声渐近，一个人端着一大锅热气腾腾的牛肉汤进来，赫然是牛肉汤。

02

锅里的牛肉汤虽热，端着锅的牛肉汤脸上却冷冰冰的全无表情。

现在她非但好像完全不认得陆小凤，而且竟像是根本没看见石室中还有陆小凤这么一个人，慢慢地走进来，将一锅汤摆在地上，用一把长汤匙舀起了一勺，慢慢地倒入一尊伏虎罗汉的嘴里。

木头做的佛像居然也会喝牛肉汤！

牛肉汤喃喃道："牛肉汤不但好味，而且滋补，你乖乖地喝下，就可以多活些时候。"

一勺牛肉汤倒下去，佛像中竟发出了一声轻轻的呻吟。

牛肉汤道："我知道你嫌少，可是牛肉汤只有一锅，刚好每人一勺，连大肚的弥勒佛也只能分到一勺。"

刚好每人一勺，难道每一尊佛像里都有人么？

现在他当然已看出，佛像里活人的嘴，刚巧就对着佛像的嘴，所以不但能喝汤，还能呼吸。

这些人能够活到现在，就靠这每天一勺牛肉汤。

他们整个人都紧紧地被关在一尊钉得死死的佛像里，连一根小指都不能动，每天只靠一勺牛肉汤维持活命。这么样的日子，他们竟过了三四十天，想到他们受的这种罪，陆小凤再也忍耐不得，忽然跳起来冲过去，闪电般出手。

他实在很想将牛肉汤也关在佛像里去，让她也受这种罪。

牛肉汤没有回头，也没有闪避，突听"哧"的一响，风声破空，一根带着鱼钩的钓丝从外面飞进来，闪闪发光的鱼钩飞向他的眼睛，好像想把他的眼珠子一下钩出来。

幸好陆小凤此刻并不在水里，幸好他的手已经能够动。

他忽然回身，伸出两根手指一夹，就夹住了鱼钩。

牛肉汤冷冷道："这两根手指果然有点门道，我也赏你一勺牛肉汤吧！"

一柄长匙忽然已到了陆小凤嘴前，直打他唇上鼻下的"迎香穴"，匙中的牛肉汤已先激起，泼向陆小凤的脸。

这一招她轻描淡写地使出来，其实却毒辣得很，不但汤匙打穴，匙中的汤汁也变成一种极厉害的暗器，陆小凤要想避开已很难。

何况他虽然夹住了鱼钩，却没有夹住贺尚书的手，眼前人影一闪，贺尚书已撤开钓竿，轻飘飘地掠了过来。

那贺尚书的轻功身法如鬼魅，出手却奇重，一掌拍向陆小凤的肩头，他用的竟是密宗大手印的功夫。

陆小凤两方受敌，眼见就要遭殃，谁知他忽然张口一吸，将溅起的牛肉汤吸进嘴里，一下子咬住了汤匙。

贺尚书一掌拍下，突见一样闪闪发光的东西划向脉门，竟是他自己刚才用来钩陆小凤眼珠子的鱼钩。

　　这一招连消带打，机灵跳脱，除了陆小凤外，真还没有别人能使得出来。

　　可惜他的牙齿只不过咬住了汤匙，并没有咬着牛肉汤的手。

　　她一只兰花般的纤纤玉手，已经向陆小凤左耳拂了过去。

　　如意兰花手分筋错脉，不但阴劲狠毒，手法的变化更诡秘飘忽。

　　陆小凤一拧腰，她的手忽然已到了他脑后的"玉枕穴"上。

　　"玉枕穴"本是人身最重要的死穴要害，就算被普通人一拳打中，也是受不了的，陆小凤暗中叹了一口气，劲力贯注双臂，已准备使出只有在准备和人同归于尽时才用得上的致命杀手。

　　谁知就在这间不容发的瞬息之间，牛肉汤忽然一声惊呼，整个人都飞了出去，撞上石壁，贺尚书的人竟飞出门外，过了半晌，才听见"砰"的一响，显然也撞在石壁上，撞得更重。

　　陆小凤面前已换了一个人，笑容亲切慈祥，赫然竟是那小老头。

　　刚才他用的究竟是什么手法？竟在一瞬间就将贺尚书和牛肉汤这样的高手摔了出去，竟连陆小凤这样的好眼力都没有看清楚。

　　直到现在他才知道，这小老头竟是他平生未遇的高手。

　　牛肉汤已站直了，显得惊讶而愤怒。

　　小老头微笑着，柔声问道："你跌疼了没有？"

　　牛肉汤摇摇头。

　　小老头道："那么你一定也像贺尚书一样，喝得太醉了，否则怎么会忘记我说的话？"

　　他的声音更温柔，牛肉汤目中却忽然露出了恐惧之色。

　　小老头道："喝醉了的人，本该躺在床上睡觉的，你也该去睡了。"

　　牛肉汤立刻垂着头走出去，走过陆小凤面前时，忽然笑了笑，笑得很甜。

无论谁看见她这种笑容，都绝对想不到她就是刚才一心要将陆小凤置于死地的人。

陆小凤也想不到。

看着她走出去，小老头忽又问道："你知不知道她的外号是什么？"

陆小凤不知道。她的外号当然不叫牛肉汤。

小老头道："她叫蜜蜂！"

陆小凤道："蜜蜂？"

小老头道："就是那种和雄蜂交配过后，就要将情人吞到肚里去的蜜蜂。"

陆小凤的脸红了。

小老头却还是笑得很愉快，道："我也知道一个做父亲的人，本不该用这种话来批评女儿的，可是我一定要让你知道，她为什么一定要杀你。"

他拍了拍陆小凤的肩道："现在你当然已明白这并不是我的意思。"

陆小凤试探着问道："就因为这不是你的意思，所以我才能活到现在？"

小老头并不否认，微笑道："杀人并不是一件困难的事，但是如果要杀得很技巧，那就很不容易了。"

他的手轻按石壁，立刻又出现了一道门，里面的密室布置得精雅而优美。

他带着陆小凤走进去，从壁柜中取出个水晶酒樽，悠然道："葡萄美酒夜光杯，这就是我特地叫人从波斯带来的葡萄酒，你喝一点。"

他又拿出平底的方樽，里面装着一种暗黑的酱，微笑道："这是蝶鲨的卵，在昆仑以北，有很多人都称之为'卡维亚'，意思就是用鱼子做成的酱，用来佐酒，风味绝佳。"

陆小凤忍不住尝了一点，只觉得腥咸满口，并没有什么好吃的地方。

小老头道："蝶鲨就是鳣，盛产于千万年前，近来却已绝迹，《毛诗义疏》中曾说起：'大者王鲔，小者末鲔，今宜都郡自京门以上江中通出鳣之鱼。'《本草纲目》和《吕氏春秋》上也有关于此鱼的记载，你再尝尝就知道它的异味了。"

看来这小老头不但饮食极讲究精美，而且还是个饱读诗书的风雅之士。

陆小凤忍不住又尝了一点，果然觉得在咸腥之外，另有种无法形容的风味，鲜美绝伦。

小老头道："这还是我自己上次到扶桑去时带回来的，剩下的已不多，看来我不久又必有扶桑之行了。"

陆小凤道："你常到那里去？"

小老头点点道："现在扶桑国中是丰臣秀吉当政，此人一代枭雄，野心极大，对我国和朝鲜都久有染指之意。"他笑得更愉快，又道："外面的那批珠宝，本是朝中一位要人特地去送给他的，却被我半途接受了过来。"

陆小凤道："老狐狸那条船是你作翻的么？"

小老头正色道："我怎会做那种粗鲁事！我只不过凑巧知道那时海上会有风暴而已。"

海上的风暴，本就可以预测，这小老头对于天文气象之学，显然也极有研究。

陆小凤愈来愈觉得这个人实在是不世奇才，武功文才都深不可测，忍不住又试探着问道："所以你就故意延阻老狐狸装货的速度，好让他的船恰巧能遇上那场风暴？"

小老头道："只可惜我还是算错了半天，所以不得不想法子叫他再回去装一次水。"

老狐狸船上的船夫，都是经验丰富的老手，怎么会将食水那么重要的东西忘记装载？

陆小凤到现在才明白其中蹊跷。

小老头道："最难的一点是，要恰巧让那条船在一股新生的暖流中遇难。"

陆小凤道："为什么？"

小老头道："因为这股暖流是流向本岛的，风暴之后，就会将覆船中的货物载到这里来，根本用不着我们动手。"他微笑着，又道："也就因为这股暖流，所以你才会到这里来。"

陆小凤道："你为什么要费这么多事？自己劫船岂非反而方便些？"

小老头淡淡道："因为我不是强盗。劫货越船，乃市井匹夫所为，我还不屑去做。"

陆小凤叹了口气，这件本来仿佛绝对无法解释的事，现在他总算明白了一半。

岳洋当然也是他的门下，早已知道那条船会遇险，所以再三拦阻他，不让他乘坐那条船，甚至不惜将他打下船去。

小老头又笑道："这批珠宝若是运到扶桑，我国中土必将有一场大乱，我虽然久居化外，可是心存故国，做这件事，倒也并不是完全为了自己。"

陆小凤道："你怎么会知道这件事的？要勾结丰臣秀吉的朝中要员是谁？"

小老头浅浅地啜了口酒，又尝了点蝶鲨的卵子，才缓缓道："在我们这行业中，有四个字是绝不可忘记！"

陆小凤道："哪四个字？"

小老头道："守口如瓶。"

陆小凤终于问出句他一直想问的话："你做的是哪一行？"

小老头道："杀人！"

他说得轻松平淡，陆小凤虽然已隐约猜出，却还是不免吃了一惊。

小老头道："这本是世上第二古老的行业，却远比最古老的那一种更刺激，更多姿多彩，更令人兴奋！"他笑了笑，又道："这一行的收入当然也比较好些。"

陆小凤道："最古老的是哪一行？"

小老头道："卖淫。"他微笑着又道："自从远古以来，女人就学会了卖淫，用各式各样的方法卖淫，可是杀人的方法却只有一种。"

陆小凤道："只有一种？"

小老头道："绝对只有一种。"

陆小凤道："哪一种？"

小老头道："绝对安全的一种。"他又补充道："杀人之后，不但绝对能全身而退，而且要绝对不留痕迹，所以杀人工具虽多，正确的方法却绝对只有一种。"

他一连用了三次"绝对"来强调这件事的精确，然后才接道："这不但需要极大的技巧，还得要有极精密的计划、极大的智慧和耐心，所以近年来够资格加入这行业的人已愈来愈少了。"

陆小凤道："要怎么样才算够资格？"

小老头道："第一要身世清白。"

陆小凤道："杀人的人，为什么要身世清白？"

小老头道："因为他只要在人们心目中留下了一点不良的记载，出手的前后，就可能有人怀疑到他。万一他的行动被人查出来，我们就难免受到牵累。"

陆小凤叹了一口气，道："有道理。"

直到现在他才知道，原来只有身世清白的人才够资格杀人。

小老头道："第二当然要有智慧和耐心，第三要能刻苦耐劳，忍辱负重，喜欢出风头的人，是万万不能做这一行的。"

陆小凤道："所以做这一行的人，都一定是无名的人。"

小老头道："不但要是无名的人，而且还得是隐形的人。"

陆小凤动容道："隐形的人，人怎么能隐形？"

小老头道："隐形的法子有很多种，并不是妖术。"

陆小凤道："我不懂。"

小老头举起酒杯，道："你看不看得见这杯中是什么？"

陆小凤道："是一杯酒。"

他当然看得见这是一杯酒。

小老头道："你若已看不见，这杯酒岂非就已隐形了？"

陆小凤思索着，这道理他仿佛已有些明白，却又不完全明白。

小老头道："泡沫没入大海，杯酒倾入酒樽，就等于已隐形了，因为别人已看不到它，更找不出它，有些人也一样。"他微笑着道，"这些人只要一到人海里，就好像一粒米混入了一石米中，无论谁要想把他找出来，都困难得很，他不是也已等于隐形了？"

陆小凤吐出口气，苦笑道："平时你就算在我面前走来走去，我也绝不会看出你有什么特别的地方。"

小老头抚掌道："正是这道理，我就知道你一定会明白的。"

陆小凤道："除此之外，还有一种法子。"

小老头道："哦？"

陆小凤道："如果你有另外一种身份，譬如说，如果你就是江南大侠，那么你也等于隐形了，因为别人只看见你是大侠的身份，却看不见你是杀人的刺客。"

小老头道："举一反三，孺子果然可教！"他接着又道，"可是一个人就算完全具备这些条件，也还不够。"

陆小凤道："还得要什么条件？"

小老头道："要做这一行，还得要有一种野兽般的奇异本能，要反应奇快，真正的危险还没有来到，他已经有了准备，所以我看中一个人之后，还得考验他是不是有这种本事。"

陆小凤道："怎么考验？"

小老头道："一个人只有在生死关头中，才能将潜力完全发挥，所以我一定要让他遭受到各式各样的危险。"

陆小凤道："你的意思是不是说，你还要叫各式各样的人去暗算他？"

小老头道："不错。"

陆小凤终于明白了，道："去暗算岳洋那些人，就是你派去考验他的？"

小老头道："是的。"

陆小凤道："他若经不起考验，岂非就要死在那些人手里？"

小老头淡淡道："他若经不起那些考验，以后行动时还是要死，倒不如早些死了，也免得连累别人。"

陆小凤道："那个独眼的老渔翁，和那个马脸的人都是你门下？"

小老头道："他们不过是核桃外面的壳，果子外面的皮，永远也无法接触到核心的。"

陆小凤道："你女儿杀了他们，只因为他们已在我面前泄露了身份？"

小老头叹了口气，道："小女是个天才，唯一的毛病就是太喜欢杀人。"

陆小凤道："贺尚书呢？"

小老头道："我说过，她是个天才，尤其是对付男人。"

陆小凤终于明白，贺尚书要杀他，只不过为了讨好牛肉汤。

小老头苦笑道："只不过这种才能纯粹是天生的，有些地方她并不像我。"

陆小凤道："但她的'如意兰花手'却绝不会是天生的。"

如意兰花手，和化骨棉掌一样，都是久已绝传的武功秘技，近来江湖中非但没有人能使用，连看都没有人看见过。

小老头又啜了一口酒，悠然道："她练武的资质不错，只不过身子太弱了些，所以我只教了她这一两种功夫。"

陆小凤动容道："如意兰花手是你教给她的？"

小老头微笑道："这种功夫并不难，有些人虽然永远也练不成，可是只要懂得诀窍，再加上一点聪明和耐性，最多五年就可以练成了。"

陆小凤失声道："只要五年就练得成？"

小老头道："昔年和化骨仙人齐名的如意仙子练这功夫时，只花了三年工夫，小女好逸恶劳，也只练了五年。"

如意仙子本是武林中不世的才女，无论哪一门哪一派的武功，只要被她看过两遍，她就能使得上手，但是她的女儿练这如意兰花手，却整整练了三十年，最后竟心力交瘁，呕血而死。

牛肉汤只练了五年就练成了，已经可算是奇迹。

陆小凤忍不住问道："你自己练这种功夫时，练了多久？"

小老头道："我比较快一点。"

陆小凤道："快多少？"

小老头迟疑着，仿佛不愿意说出来，怎奈陆小凤却是不死心，偏要打破砂锅问到底，他只有笑了笑，道："我只练了三个月。"

陆小凤傻了。

小老头道:"化骨棉掌就难得多了,我也练了一年多才小有所成,指刀和混元气功力也不容易,至于那些以招式变化取胜的武功,就完全都是孩子们玩的把戏了。"

他轻描淡写地说出来,陆小凤已听得目瞪口呆。

一个人若真的能精通这些武功,简直是奇迹中的奇迹,简直不可思议。

陆小凤又忍不住道:"你自己说的这些武功,你自己全都已练成了?"

小老头道:"也说不上成不成,只不过略知一二而已。"

陆小凤道:"贺尚书和小胡子他们的功夫,都是你教出来的?"

小老头道:"他们只不过略略得到一点皮毛,更算不了什么。"

陆小凤叹了口气,苦笑道:"他们的功夫我见过,无论哪一个在江湖中都已是绝顶高手,若是连他们也算不了什么,江湖中那些成名的英雄岂非都变成了废物?"

小老头淡淡地道:"那些人本来就是废物了。"

这句话若是从别人嘴里说出来,陆小凤一定会以为他是个自大的疯子,可是从这小老头嘴里说出来,陆小凤只有闭着嘴。

小老头又替他斟了杯酒,道:"我知道你成名极早,现在更是已名满天下,有句话我一直想问你。"

陆小凤道:"我有问必答。"

小老头道:"在你看来,一个人若是只想成名,是不是很困难?"

陆小凤想也不想,立刻道:"不难。"

小老头道:"一个像你我这样的人,若是想永远无名呢?"

陆小凤道:"那就很难了。"

名声有时就像疾病一样,它要来的时候,谁也抵不住的。

小老头笑了笑，道："你是个聪明人，所以你才会这样说，求名的确不难，我若有此意，十六岁之前就可以名动天下。"陆小凤只有听着，他知道这不是假话。

小老头凝视着他："现在你当然也已明白我为什么要告诉你这些事。"

陆小凤深深吸了口气，道："你想要我加入你这一行？"

小老头的回答很干脆："是的。"

陆小凤苦笑："可是我不幸已经是个很有名的人。"

小老头道："你的名气，正好做你的掩护，正如你所说，别人只看得见你是陆小凤，就看不见你杀人了。"他不让陆小凤开口，又道："我要杀的人，都必定有他的取死之道，绝不会让他觉得问心有愧，你的才能和智慧，都远在岳洋之上，我正好需要你这样的人，可是我绝不愿勉强你。"

陆小凤吐出口气，道："我是不是还有选择的余地？"

小老头道："你当然可以选择，而且还不妨多考虑考虑，想通了之后再答复我。"他微笑着，又道："现在你已是个很有钱的人，在这里一定可以过得很愉快，我可以保证，从此之后，绝不会有人再找你麻烦。"

陆小凤道："随便我考虑多久都行？"

小老头道："当然随便你，我绝不限制你的时间，也不限制你的行动，你无论要干什么，无论到哪里去都行。"他站起来，忽又笑道："只不过我还要提醒你一件事。"

陆小凤道："什么事？"

小老头道："小心蜜蜂。"

第八章

美人青睐

01

六月初八，夜。

十二连环坞总舵的大厅里灯火辉煌，大厅外却警卫森严。

经过五月端午的那次事之后，这里的警卫和暗卡都已增加了一倍，尤其是今天，分头去查访的三批人都已回来，正集中在大厅里，分别报告他们查访的结果。

第一个站起来的是熊天健。

他率领第一批人再回到太行山下那小镇去，经过了三十三天的明察暗访，得到的结果是：

"镖师们投宿的那客栈叫悦来，因为地方偏僻，土地不值钱，所以客栈建造得很宽阔，一共有三十九间客房。

"我们已将三十九间客房内每一寸的地方都仔细搜查过，并没有血迹，也没有兵刃暗器留下来的痕迹，可以说完全没有可疑之处。

"当地一共有一百七十八户人家，大多是土生土长的，每一家我们都去问过，出事前后几天，附近都没有看见过可疑的人。

"唯一可疑的地方是，出事前的那天早上，有一批木匠到过那里，带着几大车木材，据说是为了要做佛像和木鱼用的。

"可是这些人在当天晚上就已走了,我们根据这条线索追下去,发现他们原来都是太平王府的木匠,也完全没有可疑之处。"

所以这次查访的结果,还是完全没有结果。

由叶星士率领的第二批人也一样,江湖中所有善于使刀的名家,在端午正午前那两个时辰中,都没有到过十二连环坞附近五百里的地面之内,而且,每个人都有人证。

王毅率领的第三批人总算比较有些收获,可是距离三千五百万两的目标仍很远。

所以大家的希望都寄托在鹰眼老七身上,现在距离世子的限期已只有七天。

鹰眼老七的回答却更令人泄气:"陆小凤已出海远行,只怕永远不会回来了。"

他离开卧云楼之后,就立刻赶到沿海一带的港口去查问。

他居然找到了狐狸窝。

可是这个远近驰名的风月地,在他去的那一天,却是冷冷清清的。

因为他们老板的那条船沉没的消息已经传来,据说船上的人已全部遇难,连一个活口都没有。

鹰眼老七却还不死心,又问:"你们有没有看见过一个长着四条眉毛的人?"

他们看见过,而且记得。

胡子长得和眉毛一样的人并不多,陆小凤一向是很容易就会让人留下深刻印象的人。

"那个人也在我们老板的那条船上。"

"就是遇难沉没的那条船?"

"是的。"

三批人得到的结果，竟同样都是完全没有结果。

那一百零三个精明干练的镖客，价值三千五百万两的镖银，也正如石沉大海，无影无踪。

七天的限期眨眼就过，大家面面相觑，也不知应该怎么办。

鹰眼老七忽然道："我们有个法子。"

大家立刻问："什么法子？"

鹰眼老七站起来，看着大厅外的石柱，缓缓道："大家都在这里一头撞死。"

02

陆小凤从小老头的密室中出来时，正是六月初八的清晨。

天气晴朗，阳光灿烂，海风虽然被四面山峰所阻，气候还是凉爽怡人。

他并不是从原来那条路出来的，所以并没有经过那堆满木鱼的地方，也不必再钻水池。

这条地道的出口处，就在那九曲桥下的荷塘附近，他出来之后，才想起刚才忘记问小老头一件事："假如我要睡觉，应该到哪里去睡？"

小老头显然认为这种事他一定可以解决的，所以也没有提，却不知睡觉正如吃饭一样，都是人生中最重要的大事。

现在陆小凤只希望能找到岳洋。

岳洋就算不会找地方给他睡觉，至少也会带他回到那小茅棚去。

金窝银窝，也不如自己的狗窝，何况那里还有个笑口常开的老朋友等着他。

想到这个老朋友,他忽然又想起了一件事:"老朋友那大肚子里,是不是也有个人?这个人没有牛肉汤喝,是不是已经死了?"

想到这一点,陆小凤更想赶快回去。

他居然在想家了,这连他自己也觉得滑稽。

只可惜他找不到岳洋,却看见了沙曼。

百花盛开,在阳光下看来更艳丽了,沙曼就站在花丛中,穿着件轻轻飘飘的袍子,脸上不着脂粉,百花在她身畔却已都失去了颜色。

她就这么样随随便便地站在那里,既没有动,也没有开口。

陆小凤却情不自禁走了过去。

她忽然转身走了,陆小凤也不由自主跟着她走,走过条铺满朱石的花径,前面一丛月季花掩映中有栋小小的屋子。

她就推开门走了进去,这栋小屋无疑就是住的地方。

陆小凤忽然想到了幽灵山庄。

看起来,这里的确有很多地方都和幽灵山庄相像,可是实质上却完全不同,陆小凤的遭遇也不一样。

到幽灵山庄去,他心里早已有了准备,早已知道那是个什么样的地方。

幽灵山庄中的人,都是死过一次,再隐姓埋名的。

这里的人根本就是无名的人。

老刀把子虽然是个了不起的角色,这小老头却更是个不世的奇人,惊才绝艳,深不可测,老刀把子跟他比来,只不过是海洋旁的一条小溪而已。

小屋的门还开着,屋里寂无人声。

陆小凤终于还是忍不住走了进去,沙曼就在门后,掩起了门,拥抱住他。

她的嘴唇灼热,身子火烫。

陆小凤醒来时,已近黄昏。

她正站在窗口,背着他,纤细的腰肢伸展为丰盈的臀部,双腿修长笔直。

陆小凤几乎看得痴了。

这又像是一场梦,荒唐而甜蜜,他永远想不到她为什么会这样对他。

他想坐起来,走去再次拥抱她,可是四肢酸软无力,连动都懒得动。

她没有回头,却已知道他醒来,忽然问了句很奇怪的话:"你杀了飞天玉虎?"

此时此刻,无论谁也想不到她会忽然问起这句话。

飞天玉虎狡猾残酷,在银钩赌坊那役中,陆小凤几乎死在他手里。

陆小凤也想不到她会提起这个人,忍不住问道:"你认得他?"

沙曼还是没有回头,可是肩头颤抖,心情仿佛很激动。

过了很久,她才缓缓道:"他的真名叫江玉飞,我本来叫江沙曼。"

陆小凤吃了一惊,道:"你们是兄妹么?"

沙曼应道:"是的。"

陆小凤的心沉了下去,忽然明白她为什么会这样对他了。

原来她是为了要替兄长复仇。

可是她没有把握能对付陆小凤,她只有用女人最原始的一种武器。

这种武器一向很有效。

现在他四肢酸软，想必已在销魂的睡梦中遭了她的毒手。

陆小凤只有在心里安慰自己："我能够活到现在，已经是运气，能够死在这样的女人手里，也算是运气，我还有什么好埋怨的？"

一个人只要能想得开，这世上本就没有什么值得苦恼埋怨的事。

陆小凤忽然笑了笑，道："我虽然没有亲手杀死他，他却是因我而死的，假如我有第二次机会，说不定会亲手杀了他。"

沙曼又沉默了很久，才缓缓道："我曾经不止一次发过誓，无论谁杀了他，我都要将自己的身体作为酬谢，我已没有什么别的法子能表达我的感激。"

她的声音里充满了悲哀和怨恨。

陆小凤又吃了一惊："为什么？"

沙曼的身子在颤抖，道："他虽然是我的哥哥，却害了我一生。"

陆小凤没有再追问下去。

他了解这种情形，像飞天玉虎那样的人，无论多卑鄙可耻的事，都能做得出的。

沙曼仍然没有回头，又道："我答应过自己的事，现在我做到了，你也可以走了。"

陆小凤道："我不走。"

沙曼忽然转身，苍白的脸上泪痕未干，美丽的眼睛却已因愤怒而变得利如刀锋，冷冷道："你还要什么？难道还要一次？"

这句话也说得利如刀锋。

陆小凤知道自己现在若是走了，以后再相见一定相逢如陌路，若是再去拥抱她，她纵然不会拒绝自己，以后只怕连见面的机会都没有。

若是既不走也不去拥抱她，却又怎么能在这里待得下去？

他又傻了，真的傻了。

沙曼看着他，目光渐渐温柔。

他若真的是传说中那样的薄幸登徒子,现在就算不走,也未必会趁机再拥抱她一次。

反正他已得到她,为什么还要再留以后相见的机会?

她看得到他心里多情软弱的一面,但是她一定要让他走。

外面忽然有人在高呼:"九少爷回来了,九少爷回来了。"

沙曼的脸上立刻起了种奇怪的变化,就像是个做错了事的孩子忽然被父母抓住。

陆小凤却笑了笑,道:"你不妨先走,我很快就会走的,今天的事,我一定也很快就会忘记。"

他在笑,只不过无论谁都应该看得出,他的笑是多么勉强。

沙曼没有走,反而坐了下来,坐在他的床头。

陆小凤道:"你一定要我先走?"

沙曼道:"你可以不必走。"

陆小凤道:"你……"

沙曼脸上的表情更奇怪,道:"我做的事并不怕别人知道,你随便在这里待多久都没关系。"

陆小凤看着她,轻轻握了握她的手,人却已下了床,披上了衣服,忽又笑道:"我有样东西送给你,不知道你肯不肯要?"

沙曼道:"你要送的是什么?"

陆小凤道:"我的夜壶刀。"

沙曼又在看着他,美丽的眼睛中有了笑意,终于真的笑了。

陆小凤从没有看过她笑。

她的笑容就像是冰河解冻,春回大地,新生的花蕾在阳光下开放。

陆小凤也笑了,两个人同时在笑,也不知笑了多久,忽然间,两滴晶莹的泪珠从她眼睛里流了下来,流过她苍白美丽的面颊。

她忽然也站了起来，用力拉住陆小凤的手，轻轻道："你不要走。"

陆小凤的声音已嘶哑，道："为什么？"

沙曼道："因为我……我不要你走。"

她又拥抱住他。

她的嘴唇冰冷，却柔软芬芳甜蜜如花蕾。

这一次他们已没有火焰般的欲望，却有一股柔情，温柔如水。

——很久很久以前就有位智者说过句令人永远难忘的话。

这位智者说：友情是累积的，爱情却是突然的，友情必定要经得起时间的考验，爱情却往往在一瞬间发生。

这一瞬间是多么辉煌，多么荣耀，多么美丽。

这一瞬间已是永恒。

风在窗外轻轻地吹，暮色已降临大地。

仲夏日的黄昏，又明亮，又朦胧，又浓烈……

多么奇妙的人生，多么奇妙的感情。

也不知是门没有闩，还是窗没有掩，一个人轻云般飘进来，又轻云般飘出去。

他们却没有看见他，也没有发觉到已有人来了又去了。

可是他们却看到了他留下的一朵花。

一朵冰花。

现在正是仲夏，这朵花却是用冰雕成的，透明的花瓣还没有开始融化。

要在多么遥远的地方才有窖藏的冬冰？

要费多么大的苦心才能将这朵冰花完完整整地运到这里来？

虽然是一朵小小的冰花，可是它的价值有谁能估计？

又有谁知道其中含蕴着多少柔情？多少爱心？

除了那神龙般的九公子外，还有谁能做得出这种事来？

他知道她从来不看重身外之物。

他知道她怕热，在这南海中的岛屿上，却终年看不见冰雪。

所以他特地将这朵冰花带回来，亲自来送给他心爱的人。

可是他来的时候，她却在别人的怀抱里，他只留下朵冰花，悄悄地走了。

第九章

惨遭暗算

01

陆小凤看着这朵冰花,心里忽然有种说不出的酸楚,却不知是为了这孤高而又多情的人,还是为了自己。

他没有去看她脸上的表情。

他不敢去看。

可是他却忍不住问道:"是他?"

沙曼慢慢地点了点头,苍白的脸上竟连一点表情都没有。

陆小凤道:"他究竟是个什么样的人?"

沙曼淡淡道:"我们为什么一定要说别人的事?你为什么不说你自己?"

她替陆小凤扣起了衣襟的纽子,嫣然一笑,道:"后面有个小小的厨房,我去烧点菜给你吃,柜子里还有点酒,我可以陪你喝两杯。"

陆小凤看着她,不但看见了她的美,也看见了她对他的感情。

他自己的心仿佛已将因太多的情感而爆裂,他忍不住又要去拥抱她。

外面却忽然响起了敲门的声音,有人轻轻地说道:"我是小玉,九少爷特地叫我来请曼姑娘去吃饭。"

沙曼脸上的笑容立刻不见了，冷冷道："我不去，我没空。"

小玉还不肯走，还在门外哀求："曼姑娘不去，九少爷会骂我的。"

沙曼忽然冲过去拉开门，道："你没有看见我这里有客人？"

小玉抬起头，吃惊地看着陆小凤，嗫嚅着道："我……我……"

沙曼沉着脸，道："你应该看得见的，其实他自己也看见了，他若真的要请我吃饭，刚才为什么不自己告诉我？"

小玉不敢说话，垂着头，悄悄地走了，临走时又忍不住偷偷看了陆小凤一眼，显得又惊讶，又好奇，好像从来也想不到会在曼姑娘的屋里看见别的男人。

可是沙曼做事，却真的不怕别人看见，也不怕别人知道的。

如果沙曼决心要做一件事，别人的想法和看法，她根本不在乎。

门掩上，她忽然转身问陆小凤："你能不能在这里等等我，我出去一下，很快就会回来的。"

陆小凤点点头。

——她本该去的，他们毕竟是多年的感情，何况他又刚从远方回来。

沙曼看得出他的心意，又道："我并不是去吃饭，可是有些话我一定要对他说。"

她很快地穿好衣服，拿起那朵已将融化的冰花，走出房门，又回头向陆小凤道："你一定要在这里等着。"

陆小凤在柜子中找到了酒，一个人坐下来，却连酒都喝不下去。

他只觉得这精雅的屋子，忽然已变得说不出的空虚寂寞，使得他忍不住要问自己："我究竟是个什么样的人？我这样做是不是在害人害己？"

小老头虽然说什么事都让自己决定，其实他的命运已完全被别人操纵在手里，现在他连保护自己的力量都没有，又怎么能保护她？

但是现在他一定已让她陷入困境，那位九公子在这里一定有操纵别人命运的权力。

他想走，又不忍走，站起来，又坐下，刚倒了杯酒想喝，突听一个人带着笑道："一个人喝酒多没意思？为什么不替我也倒一杯？"

他虽然已很久没有听见过她笑了，她的笑声他还是听得出的。

牛肉汤已银铃般娇笑着走进来，笑容焕发，她笑的时候实在比不笑时迷人得多。

陆小凤却只冷冷地看了她一眼，淡淡道："你几时又变得认识我了？"

牛肉汤道："你就算烧成灰，我也认得你的，只不过有别人在的时候，我怎么好意思跟你太亲热呢？"

她抢过陆小凤手里的酒杯，一下子就坐到了他大腿上，柔声道："可是现在我们就可以亲热了，随便你怎么亲热都行。"

陆小凤道："你的九哥已回来，你为什么不陪他喝酒去？"

牛肉汤又笑了："你在吃醋？你知不知道他是我的什么人？他是我嫡亲的哥哥。"

陆小凤显然也有点意外，忍不住问道："他究竟是个什么样的人？"

这句话他已问过老实和尚，也问过沙曼，他们都没有说。

牛肉汤轻叹了口气，道："其实我也说不出他究竟是个什么样的人。"

陆小凤道："为什么？"

牛肉汤道："因为他这个人实在太复杂，太奇怪，可是连我那宝贝的爸爸都说他是个了不起的天才。"

提起了这个人,她眼睛里立刻发出了光,又道:"他有时看来很笨,常常会迷路,甚至连方向都分不清,你若问他一百个人中若是死了十七个还剩几个,他说不定会去找一百个人来,杀掉十七个,再将剩下来的人数一遍,才能回答得出。"

她接着道:"可是无论多难练的武功,他全都一学就会;无论警卫多森严的地方,他都可以来去自如;你心里想的事,还没有说出来他就已经知道;假如你要他去杀一个人,不管那个人躲在什么地方,不管有多少人在保护,他都绝不会失手。"

陆小凤道:"绝不会?"

牛肉汤笑了笑,道:"也许你不相信,老实和尚却一定知道。"

陆小凤道:"他们交过手?"

牛肉汤道:"像老实和尚那样的武功,在他手下根本走不出三招。"

陆小凤不说话了。

他知道这并不完全是吹牛,老实和尚从箱子里出来的情况,他是亲眼看见的。

牛肉汤道:"他不赌钱,不喝酒,男人们喜欢的事他不喜欢。"

陆小凤冷冷道:"除了杀人外,他还干什么?"

牛肉汤道:"没事的时候,他就一个人坐在海边发呆,有时两三天都不说一句话,有时他在海边坐了三天,非但没吃过一点东西,连一滴水都没有喝。"

陆小凤道:"也许他偷偷吃了几条鱼,只不过你们没看见而已。"

牛肉汤道:"也许你不会相信,可是他的忍耐力的确是任何人都做不到的,他可以在海底待一天一夜不出来。"

陆小凤道:"难道他是鱼,可以在水里呼吸?"

牛肉汤道:"他简直好像可以不必呼吸一样,有次老头子也不知道为什么生了气，把他钉在棺材里，在地下埋了四五天，后来别人忍不住偷偷地把棺材挖出来，打开棺材盖一看。"她看着陆小凤道，"你猜他怎么样？"

陆小凤板着脸道："他已经变成了僵尸，也许他一直都是个僵尸。"

牛肉汤笑道："他居然站起来拍拍衣裳就走了，连一点事都没有。"

陆小凤嘴里虽然说得尖酸刻薄，其实心里也不禁对这个人佩服得很。

他也知道这并不是神话，一个人若是将天竺瑜伽术练好了，本来就可以做出一些令人不可思议的事。

他自己就亲眼看见过一个天竺的苦行僧被人装进铁箱，沉入海底，三天之后居然自己从铁箱里活生生地走了出来。

牛肉汤道："他虽然又古怪，又孤僻，可是每个人都很喜欢他，因为他常常会为别人做很多事，自己却一无所求；对于钱财，他更没有看在眼里，你只要向他开口，只要他有，不管你要多少他都拿给你。"

她又道："女孩子便没法子不为他着迷，只可惜除了我那位未来嫂子外，他从来也没有将别的女人看在眼里。"

陆小凤道："你未来的嫂子是谁？"

牛肉汤道："就是刚才跟你抱在一起的那个女人。"

陆小凤怔住，过了很久，才忍不住问道："他们已订了亲么？"

牛肉汤点点头，道："你猜我哥哥是从什么地方把她救出来的？"

陆小凤不愿猜。

牛肉汤道："从一家见不得人的妓院。"

她轻轻叹了口气，又道："那时她刚被她自己的哥哥卖到那家妓院里，若不是我哥哥，现在她不知已被糟蹋成什么样子了。"

陆小凤只觉胃在收缩，几乎忍不住要呕吐。

牛肉汤道："我哥哥这样对她，她至少也应该表示点感激才对，谁知她反而总是给气让我哥哥受，像我哥哥那样的男人，竟然会喜欢这么样一个女人，你说奇怪不奇怪？"

陆小凤道："不奇怪。"

牛肉汤瞪大了眼睛，看着他。

陆小凤冷冷道："她本来就是个可爱的女人，她至少不会在背后说人的坏话。"

牛肉汤叹了一口气，道："原来你也喜欢她，这就有点麻烦了，我本来以为你一心只想回去的，所以偷偷地替你找了条船。"

陆小凤叫了起来："你说什么？"

牛肉汤淡淡道："现在你既然喜欢她，当然一定会留在这里，我又何必再说什么。"

她慢慢地站起来，居然要走。

陆小凤一把拉住了她，道："你……你真的替我找了条船？"

牛肉汤道："那也不是多大的一条船，也没有什么了不起，只不过……"

陆小凤道："只不过怎么样？"

牛肉汤道："只不过像你这样的人，就算有二三十个，那条船也能把你们送得回去。"

陆小凤道："船在哪里？"

牛肉汤道："你既然不想走，又何必问？"

陆小凤道："我……"

牛肉汤道："你既然喜欢她，又何必走？"

她挣脱陆小凤的手，冷冷道："可是我却要走了，也免得别人回来看见吃醋。"

陆小凤只觉得满嘴又酸又苦，看着她已将走出门，忍不住又冲过去拉住她。

牛肉汤板着脸道："一个大男人，要留就留，要走就走，拉拉扯扯的干什么？"

陆小凤道："好，我跟你走！"

这句话说完，他抬起头，就看见沙曼正在门外看着他。

02

夜已深了，花影朦胧。

她静静地站在花丛中，苍白的脸仿佛已白得透明，美丽的眼睛里充满悲伤。

等到陆小凤看见她时，她就垂下头，从他们身旁走过，走进她自己的房子，连看都不再看陆小凤一眼。

她没有说话，连一句话都没有说。

陆小凤能说什么？

牛肉汤看着他们，道："你既然要走，为什么还不走？"

陆小凤忽然冲过去，拉住沙曼的手，大声道："走，我带你一起走！"

沙曼背对着他，没有回头，他却已能感觉到她的身子又在颤抖，忽然冷冷道："你走吧，快走，我……我明天就要成亲了，本就不能再见你。"

陆小凤的手忽然冰冷，过了很久，才慢慢地放开她的手，忽然大笑，道："这是喜事，恭喜你，只可惜我已喝不到你们的喜酒了。"

他将身上的银票全都掏出来，放在桌上："这点小意思，就算我送给你们的贺礼。"

沙曼道："谢谢你。"

谢谢你！

妙，妙极了。

一个刚刚已愿意将一切都交给你的人，现在却为了你送给她成亲的贺礼而谢谢你。

而你送给她的，正好是她平常从来也没有看在眼里的。

你说这是不是很妙？妙得简直可以让你一头活活撞死。

陆小凤没有撞死。

他跟牛肉汤来到海边。

这一次牛肉汤居然没有骗他。

海边果然有条船，船上还有六七个船夫。

牛肉汤拉住他的手，道："你知不知道我为什么让你走？"

陆小凤道："不知道。"

牛肉汤道："我本来不想让你走的，可是现在却不能不让你走了。"

陆小凤道："我知道。"

牛肉汤道："你究竟是知道？还是不知道？"

陆小凤道："我又知道，又不知道。"

牛肉汤叹了口气道："其实我是知道的。"

陆小凤道："你知道什么？"

牛肉汤道："我知道你心里一定很难受，可是你若一直待在这里，总有一天，你一定会死在我九哥手里。"

陆小凤道："我知道。"

牛肉汤道："回去之后，你就想法子打发点赏钱给船夫，他们都是很可靠的人。"

陆小凤道："我知道。"

牛肉汤道："老头子若是知道我让你走了，一定会生气的，说不定会活埋我，可是……"

她叹了口气，又道："可是我们总算有过一段感情，如果是我杀了你，我倒也甘心，如果是别人杀了你，我就一定会很伤心的。"

陆小凤道："我知道。"

牛肉汤笑了："现在你好像什么都知道了。"

陆小凤道："其实我什么都不知道。"

他真的什么都不知道。

因为他的心已乱了，完全乱了。

他聪明，洒脱，勇敢，坚强，果断。

他热爱生命，喜欢冒险。

他并不是别人想象中的那种混蛋，可是他有个最大的缺点。

他的心太软。

——为什么性格愈坚强的人，心反而会愈软？

为什么愈聪明的人，反而愈容易做出笨事来呢？

03

现在陆小凤又到了海上。

辽阔壮观的海洋，总是会让人忘记一切忧愁烦恼的。

可是陆小凤并没有忘记。

现在正是夜最深的时候，几乎已接近黎明，但是他却想起了黄昏。

那个令他永远也忘不了的黄昏。

她为什么会那样对他？为什么先要他走，又不要他走，又让他走了？

一个人的情感竟真的如此容易变化？

如果真情都如此不可信赖，那么世上还有什么可以让人信赖的事？

能回去，当然是件不可抗拒的诱惑。

回去之后，他又是名满天下的陆小凤了。

在那荒岛上，他算得了什么？

回去之后，他立刻会受到很多人的欢迎，不肯为别人开的名酒也会为他而开，别人做不到的事，他都能做到。

可是回去之后，他是不是真的愉快？

这么多年来，他的荣耀已经太多了，无论谁提起那个长着四条眉毛的陆小凤，都会变得又佩服，又羡慕，又妒忌。

他是不是真的快乐，只有自己知道。

一个人若是不能和自己真心喜爱的人在一起，那么就算将世上所有的荣耀和财富都给了他，等到夜深梦回，无法成眠的时候，他也同样会流泪。

即使他眼睛里没有流泪，心里也会流泪。

一个人若是能够和自己真心喜爱的人在一起，就算住在斗室里，也胜过广厦千万间。

这种情感绝不是那种聪明人能了解的。

这种情感你若是说给那些聪明人听，他一定会笑你是呆子，是混蛋，为什么要为了一个女孩子放弃一切？

他们却不知道，有时一个女孩子就是一个男人的一切。

就算世上所有的珍宝、财富、权力和荣耀，也比不上真心欢悦。

这种情感只有真正有真情真性的人才会了解，只要他能了解，就算别人辱骂讥笑他，说他是呆子，是混蛋，他也不在乎。

陆小凤就是这种呆子。

陆小凤就是这种混蛋。

夜色凄迷，大海茫茫，他却忽然"扑通"一声跳入了海水里。

不管怎么样，他一定要再回去见她一次。就算见了之后他再悄悄地走，他也心甘情愿。

就算他已走不了，他也心甘情愿。

一个并不笨的人，一个没有根的浪子，一个沉着而冷静的侠客，一个挥金如土、玩世不恭的花花公子，一个已拥有别人梦想不到的财富名声和权力的成功者，为什么会做这种事？

因为他是陆小凤。

他若不这么做，他就不是陆小凤。

他就是个死人！

海水冰冷。

他跳下船之后，又游出了很远，才想起了一件事，一件要命的事。

开船时正夜深，现在已将黎明，船走了至少已有一个多时辰，他若要游回去，就不知道要游多久了，可能要三五个时辰，也可能永远游不回去。

若是回头再去追那条船，可能很快就追上，也可能永远追不上。

他忽然发现自己竟已被吊在半空中，进也是要命，退也是要命。

就在这时，突听"轰"的一声响，他回头的时候，一股青蓝色的火苗正从那条船上冒起来，忽然间就变成漫天火焰。

海水冰冷，他的人却已变得比海水更冷，然后就只有看着那条船慢慢地沉下去。

如果他还在那条船上，只怕早已被炸成了飞灰，这一次他又死里逃生。

只可惜现在的情况也好不了多少，现在他就算想再回到那岛上，也难如登天，若是想沉入海底，就容易得多了。

以现在的情况看来，他好像迟早都要沉下去的。

他坐过的船也好像迟早都要沉的。

牛肉汤的方法，显然比她父亲粗鲁激烈得多。

陆小凤叹了口气，忽然又觉得自己有另一个弱点。他总是太容易相信别人，总是将别人看得太善良了些，总不相信这世上有真正不可救药的恶人，却忘了一个做父亲的当然比任何人都了解自己的女儿。

他以为牛肉汤只要把他赶走就已心满意足，想不到她却一定要他死。

漫漫长夜已过去，东方已现出一轮红日，海面金波万道，绮丽壮观。

他是不是还能看见明天的太阳？陆小凤自己也一点把握都没有。

他尽量放松四肢，半沉半浮地随着海水漂流，只希望海潮能将他送回那岛屿，他从来也没有梦想到此时还会有船经过这里。

谁知海面上却偏偏有条船，正是条他上次落海时，岳洋抛给他的那种救生小艇，小艇上有个人正在用力划桨，显然也梦想不到海水里还有活人。

陆小凤一下子从海水中蹿出来，蹿上了小艇，这人骇极大呼，就像是忽然看见魔鬼一样。

他看来还是个孩子，胆子当然不大，青衣垂髫，正是那条船上打杂的小厮。

陆小凤上船的时候就觉得这小厮行动好像有点鬼祟，样子好像有点面熟。

只不过那时自己也有点六神无主，根本没有注意这件事。

这小厮的脸白净秀气，看来并不像做惯粗事的人，船沉了之后，他居然还能找到条救生小艇，运气实在不错。

这小厮吃惊地看着陆小凤，连嘴唇都吓白了，道："你……你还没有死？"

陆小凤道："我已经死了，我是来找替死鬼的。"

这小厮半信半疑，心里还是害怕，道："你为什么要找上我？"

陆小凤道："因为那条船是你弄沉的。"

这小厮立刻大声否认，道："我不是，我什么事都不知道。"

陆小凤笑了笑，忽然一把将他抱了过来，拉开了他的衣襟，露出晶莹白嫩的胸膛，是一双小小的乳房，这孩子竟是昨天晚上替九少爷去找过沙曼的小玉。

她当然已不是孩子，已到了初解风情的年纪，忽然被一个强壮的男人解开衣服抱在怀里，全身都软了，心里又惊、又怒、又羞、又急，颤声道："你……你……你想干什么？"

陆小凤悠声道："我也不想干什么，只不过我一向是个出名的色狼，大家都知道的。"

小玉简直吓得快晕过去了，心里却偏偏又有种说不出的奇妙滋味，偏偏没有晕过去。

陆小凤道："我最喜欢会说谎的小姑娘，不知道你会不会说谎。"

他故意眯起眼睛，露出牙齿，做出副大色狼的样子，好像要一口把她吞下去。

小玉立刻摇头，道："我不会说谎，我从来不说谎。"

陆小凤道："你真的不说谎？好，我来试试，我问你，船是怎么会烧起来的？"

小玉看着他的手，他的手并不像很规矩的样子，他的表情实在叫人心慌。

她终于叹了口气，道："船舱底下有桶江南霹雳堂的霹雳子，还有几桶黑油，只要把霹雳子的引线点着，船就烧起来了。"

陆小凤道："引线是谁点着的？"

小玉道："不是……"

陆小凤道："不是你？"

他的手忽然做了件很可怕的事，小玉身子更软了，轻轻道："不是别人。"

陆小凤好像不太明白，道："不是别人？难道是你？"

小玉咬着嘴唇，终于点了点头。

陆小凤道："是谁叫你做这种事的，是不是你的九公子？"

小玉道："不是，是公主。"

陆小凤道："她老子又不是皇帝，你们为什么叫她公主？"

小玉道："不是公主，是宫主，皇宫的宫。"

陆小凤道："她为什么叫宫主？"

小玉道："因为她本来就姓宫，叫宫主。"

陆小凤笑了，道："以前我认得一个小老头，你猜他叫什么？"

小玉道："他叫什么？"

陆小凤道："他就叫老头子，因为他本来就姓老，叫头子。"

第十章

已知将死

01

小玉笑了,仿佛已忘记了他那双可怕的手。

陆小凤却放开了她,故意板起脸,道:"你果然不会说谎,我不喜欢你。"

小玉看着他,眼珠子转了转,忽然道:"你以为我真的怕你喜欢我?"

陆小凤道:"你不怕?"

小玉摇了摇头,悠然道:"我告诉你这些事,只不过因为我本来就不会说谎而已。"

陆小凤大笑。

这时太阳刚升起,照着她苹果般的脸,也照着她那发育得很好的胸膛。

陆小凤笑道:"不管你为什么说了老实话,现在你可以穿好衣裳了。"

小玉眨了眨眼,道:"我反正已被你看过了,为什么还要穿好衣裳?"

她解开头上的青巾,让乌黑柔亮的长发披散下来,转身迎着阳光，道："我这里从来也没有晒过太阳，我真想把全身衣服都脱光了晒一晒。"

阳光灿烂，海水湛蓝，能够赤裸着晒晒太阳，的确是件很愉快的事。

陆小凤却大声道："你千万不能这么做！"

小玉道："为什么？"

陆小凤道："因为……因为我是个色狼。"

小玉嫣然道："我不怕色狼，难道色狼反而怕我了？"

陆小凤叹了口气："色狼也不怕，色狼只不过怕他自己会……"

这句话还没有说完，他的脸色忽然变了，他忽然发现船底已进了水。

陆小凤道："你会不会游水？"

小玉道："不会。"

陆小凤道："这下子真的完了。"

小玉道："什么事完了？"

陆小凤道："你那位宫主不但要杀我，还要将你也一起杀了灭口。"

小玉淡淡道："我知道。"

陆小凤道："你知道？"

小玉道："她在这小船底下打了两个洞，用蜡封住，被海水一泡，蜡就会融，海水涌进来，这条船就要沉了。"

陆小凤叫了起来，道："你既然早就知道，为什么还要坐这条船？"

小玉道："因为我早就想尝尝被淹死是什么滋味的。"

陆小凤傻了。他想不到这看来很聪明伶俐的小姑娘，竟是个糊里糊涂的小混蛋。

小玉道:"我知道你心里一定在骂我是个小混蛋,其实,你若不遇见我,也一样是会被淹死的,现在多了个人陪你,有什么不好?"

陆小凤苦笑道:"我只不过有点后悔。"

小玉道:"后悔什么?"

陆小凤道:"后悔刚才没有真的喜欢你。"

小玉脸一红,却又忍不住吃吃地笑了起来。

陆小凤瞪眼道:"你笑什么?"

小玉也不回话,却从船头下找出了一大块黄蜡,然后分成两半,用手揉软,将船底的两个洞塞了起来,喃喃道:"这块蜡融开怎么办?"

陆小凤道:"我不知道。"

小玉道:"我知道,这样的蜡我已准备了十七八块。"

陆小凤又惊又喜,道:"原来你不是小混蛋,却是条小狐狸。"

小玉故意叹了口气,道:"我虽然很想尝尝被淹死的滋味,可是还没有被人真的喜欢过就糊里糊涂地死了,岂非有点冤枉?"

陆小凤大笑,道:"你那位宫主看到你活生生地回去了,不知道会不会被吓死?"

小玉道:"她不会。"

陆小凤道:"你怎么知道不会?"

小玉道:"因为她每次要我做事,总是想把我也一起杀了灭口,只可惜每次我都没有死,每次她看到我活着回去,反而好像很高兴,因为她知道我以后又可以替她做事了。"

陆小凤道:"你既然知道她要害你,为什么还要替她做事?"

小玉叹了口气,道:"因为我若不做,就真的要死了,死得很快。"

陆小凤也不禁叹了口气,跟那只蜜蜂在一起,要活下去的确不容易。

他知道自己这次回去后,那只蜜蜂还会来找他的。他连躲都没法子躲。

小玉看着他,忽然道:"你是个好人。"

陆小凤笑了,道:"你眼光总算不错。"

小玉道:"你这两条像眉毛一样的胡子,虽然有点讨厌,可是你这人倒不算难看。"

陆小凤道:"等你再长大一点,你说不定就会喜欢我这胡子了。"

小玉又叹了口气,道:"只可惜你是陆小凤。"

陆小凤道:"这又有什么可惜?"

小玉道:"你若不是陆小凤,我就一定会嫁给你,就算做小老婆都没关系。"

陆小凤道:"我是陆小凤,你为什么不能嫁给我?"

小玉道:"因为我不想做寡妇。"

陆小凤道:"嫁给陆小凤就会做寡妇?"

小玉叹道:"我那位宫主一心想要你的命,九少爷也未必喜欢你活下去,我若嫁给你,也许不出三天就要做寡妇的。"

02

正午。

小艇终于靠岸,两个人都已累得精疲力竭,像死人一般躺在沙滩上。

也不知过了多久,小玉忽然道:"做寡妇好像也是很好玩的事。"

陆小凤道:"不好玩,一点也不好玩。"

小玉道:"好玩,一定很好玩。"

陆小凤道:"为什么?"

小玉道:"女人迟早都要嫁人的,嫁了人就有丈夫,寡妇却没有,一个人自由自在的,也没有人管,还可以去偷别人的丈夫,岂非好玩得很?"

陆小凤又傻了。他实在猜不透这小姑娘怎么会有这种想法的,做寡妇居然是件很好玩的事,这个连他都是第一次听见。

小玉道:"你为什么不说话,是不是觉得我说得很有道理?"

陆小凤苦笑道:"原来你不仅是小狐狸,你还是小混蛋。"

小玉笑了,道:"只不过你尽管放心,我这小混蛋,还不想嫁给你这大混蛋。"

她一下跳了起来,又道:"我要回去了,你呢?"

陆小凤道:"我……"

他没有说下去,因为他实在不知道应该到哪里去。他并不是怕别人害他,这种事他早已很习惯,可是今天就是沙曼成亲的日子,要他眼看着沙曼去嫁给别人,他实在受不了。

一阵阵浪涛卷来,他忽然发现这里就是他上一次上岸的地方。

小玉又问道:"你究竟回不回去?"

陆小凤道:"我有栋很漂亮的房子,就在这附近,你想不想去看看?"

小玉道:"你说谎,我可不喜欢会说谎的男人。"

陆小凤道:"我那间屋里还有个朋友在等着我,他肚子大大的,不但好玩极了,而且他从来不说谎话。"

小玉笑得弯下了腰,道:"原来你不但会说谎,还会吹牛。世界上什么样的人都有,从来不说谎的人我倒还没有见过。"

陆小凤道:"你若不信,为什么不自己去看看?"

小玉道:"去就去,有什么了不起,反正……"

她抿嘴一笑,又道:"反正我又不怕你,是你怕我。"

泉水依然不停地流,他那小草棚也依然无恙,这世上本就有很多事是永远都不会改变的。

小玉又笑得弯下了腰,道:"这就是你的漂亮房子?"

陆小凤道:"这房子又凉快,又通风,你说有哪点不好?"

小玉道:"好……好……好不要脸。"

陆小凤大笑,拉着她的手进去,大肚子的弥勒佛也躺在那里,笑口常开。

小玉道:"这就是你的朋友?"

陆小凤道:"你看他会不会说谎?"

小玉只有承认:"不会。"

陆小凤道:"所以我也没有说谎。"他弯下腰,拍了拍弥勒佛的肚子,笑道:"好朋友,我就知道你一定还在这里等着我,你非但不会说谎,也不会出卖朋友。"

弥勒佛笑嘻嘻地看着他,忽然道:"可是我会咬人。"

声音的确是从弥勒佛嘴里说出来的,陆小凤真吃了一惊。这弥勒佛几时变得会说话的?

弥勒佛忽然叹了口气,道:"我不但会咬人,还会说谎。"

陆小凤忽然跳起来,一下子抱起了弥勒佛,又笑又跳。

小玉吃惊地看着他,还以为他病了。

陆小凤的确病了,高兴得病了。

弥勒佛当然不会说话,只不过有个人躲在他肚里说话。

陆小凤听得出这个人的声音。

这个人竟是沙曼。

沙曼的脸色还是苍白的，虽然显得比往昔憔悴，眼睛里却充满欢喜。

陆小凤痴痴地望着她，也不知过了多久，才问道："你怎么会到这里来的？"

沙曼眨了眨眼，道："你能到我的家去，我为什么不能到你的家来？"

陆小凤笑道："你当然能来，随时都能来，可是……"

他心里忽然又打了个结，道："今天你却不该来的。"

沙曼道："为什么？"

陆小凤虽然勉强笑笑，却硬是笑不出，道："今天岂非是你成亲的日子？"

沙曼却笑了笑，道："我刚才岂非已告诉过你，我不但会咬人，还会说谎？"

陆小凤又傻了。

小玉忍不住道："现在我才明白了，为什么你喜欢会说谎的女孩子，因为你喜欢曼姑娘。"她也眨了眨眼，道："现在你们可以真的彼此喜欢喜欢，我却得走了，再不走只怕就要被你赶出去了。"

这小姑娘倒真的很识相，真的说走就走，这次陆小凤当然不会再留她。

等她走了很远，沙曼才问道："真的彼此喜欢喜欢，这句话是什么意思？"

陆小凤道："就是这个意思。"他忽然扑过去，用力抱住了她，两个人一起滚到柔软的木叶上。

海风温暖而潮湿，浪涛轻拍着海岸，温柔得就像是情人的呼吸。

他们的呼吸却并不像海风那么温柔。

他们的呼吸很短、很急，就仿佛他们的心跳一样。

——你为什么要说谎？为什么迫我走？

——因为我要试试你，可是我知道你一定会回来的。

这些话他们都没有问，也不必回答，这一切都不必解释了。

现在他们做的事，就是最好的解释，在真心相爱的情人间，永远没有比这更好的解释。

03

海风还是同样轻柔，他们呼吸也轻柔了。这小小的茅屋，就是他们的宫殿，在他们的宫殿中，只有和平，只有爱。世上所有粗暴、邪恶的事，距离他们都仿佛已很遥远、很遥远。

可是他们错了。就在这时，他们的宫殿——爱的宫殿，忽然倒塌了下来，倒在他们身上。

陆小凤没有动，沙曼也没有动。他们依旧紧紧地拥抱着，就像天塌下来，倒在他们身上，将他们压得粉碎，他们也不在乎。因为他们已得到他们这一生中最渴求的——真情和真爱。

他们已互相满足在对方的满足中。

他们甚至没有听见外面的声音——并不是真的没听见，而是他们不愿听。这的确是他们最不愿听到的声音。对他们来说，世上几乎已没有任何声音比牛肉汤的笑声更难听。

现在从外面传来的，就正是牛肉汤的冷笑声。

牛肉汤不但冷笑，而且在说话。她说的话比她的冷笑声更尖锐、更刺耳，她甚至还在拍手！

"好，好极了，你们的武功如果有你们刚才的动作一半好，一定没有人能受得了。"

陆小凤终于叹了口气,用一只手拨开了压在身上的草棚。

牛肉汤正在上面看着他,目光中充满了怨毒和妒忌。

陆小凤道:"你好。"

牛肉汤道:"我不好。"

陆小凤笑了,道:"这倒是实话,你这人的确不太好。"

牛肉汤的冷笑忽然变成了媚笑,道:"我只要你凭良心说一句话。"

陆小凤道:"说什么?"

牛肉汤道:"做这种事,究竟是我好,还是她好?"

陆小凤道:"你们不能比。"

牛肉汤道:"为什么?"

陆小凤道:"因为做这种事的方法有两种。"

牛肉汤道:"哪两种?"

陆小凤道:"一种是人,一种是野兽。"

牛肉汤的媚笑又变成了冷笑:"人死了之后呢?"

陆小凤道:"我记得有人说过,一万个死人,也比不上一条活母狗。"

牛肉汤道:"这一定是个聪明人说的话了。"

陆小凤道:"你是人,还是母狗,也许我还不太清楚,我只知道一件事。"

牛肉汤道:"你知道什么?"

陆小凤道:"知道我们还活着,至少现在还活着。"

牛肉汤道:"还能活多久?"

陆小凤道:"只要能活一天,也比你活一万年好。"

牛肉汤道:"你错了。"

陆小凤道:"哦。"

牛肉汤道:"也许你们还能活一天半。"

陆小凤道:"哦。"

牛肉汤道:"这是个很大的海岛。"

陆小凤道:"哦。"

牛肉汤道:"据我们估计,这岛上至少有五千七百多个可以躲藏的地方。"

陆小凤道:"哦。"

牛肉汤道:"只要你们能躲过十八个时辰,也许就可以活到一百八十岁。"她冷笑,"只可惜你们一定躲不过的。"

陆小凤道:"为什么?"

牛肉汤道:"因为你们就算是两只蚂蚁,他也可以在半个时辰中把你们找出来捏死。"

陆小凤道:"是你?还是他?"

牛肉汤道:"他。"

陆小凤道:"他就是你的九哥?"

牛肉汤道:"当然是。"

她眼睛里充满了骄傲:"他甚至还愿意先让你们半个时辰。"

陆小凤道:"怎么让?"

牛肉汤道:"从现在开始,这半个时辰里他绝不追你们。"

陆小凤道:"绝不?"

牛肉汤道:"他说的话,每个字都像钉在墙里,一个钉子一个眼。"

陆小凤道:"这点我倒相信。"

牛肉汤道:"就算你不信,睡在你旁边的人至少应该相信。"她的声音忽然又变得很温柔,"因为她以前好像也睡过我九哥旁边。"

陆小凤并没有难受。

有了一种完全可以互相信任的真情和真爱,世上就已没有什么可以值得他们难受的事。

可是如果你说陆小凤连一点都不生气,那也不是真话。至少他的脸色已经有点变了。

牛肉汤在笑。

陆小凤道:"这就是你要来跟我说的话么?"

牛肉汤点头。

陆小凤道:"现在我已经听见了。"

牛肉汤道:"每个字都听得很清楚?"

陆小凤道:"每个字。"

牛肉汤道:"你想不想跟我打个赌?"

陆小凤道:"什么赌?"

牛肉汤道:"我打赌,用不着三个时辰,九哥就可以找到你。"

陆小凤道:"然后他就像捏蚂蚁一样把我捏死?"

牛肉汤道:"一点都不错。"

海风还是同样的轻柔,他们的呼吸也是同样轻柔,可是他们的心情已不同。

宫九的剑,宫九杀人的手段,沙曼当然比陆小凤知道得更清楚。

可是现在她心里想的却不是这件事。

她正在想刚才牛肉汤说的一句话。

——做这种事,究竟是她好,还是我好?

到了这种时候,她居然还在吃醋。

其实这一点都不奇怪。

无论在什么时候,你若想要一个女人的命并不是件困难的事,可是你如果想要一个女人不吃醋,那简直是做梦。

第十一章

逃避追捕

01

陆小凤也有心事。

他想的不是宫九的剑,生死间的事,他一向都不太在乎。

他本来已经该死过很多次。

沙曼忽然问道:"你在想什么?"

陆小凤道:"在想你。"

沙曼道:"想我?"

陆小凤道:"想你是不是在吃醋。"

沙曼咬起嘴唇,道:"我为什么要吃醋?"

陆小凤道:"因为你有吃醋的理由。"

沙曼道:"因为你真的跟她好过?"

陆小凤道:"我跟很多女孩子都好过,她只不过是其中之一而已,你……"

他故意停住,沙曼立刻就替他接了下去:"我也只不过是其中一个。"

陆小凤虽然并没有一口承认,可是也连一点否认的意思都没有。

沙曼看着他,瞪着他看了很久,道:"你为什么不问我,是不是真的和宫九睡在一起过？"

陆小凤道："我不必问。"

沙曼道："因为你根本不在乎。"

陆小凤非但不否认，而且居然还点了点头。

沙曼又瞪着他看了很久，忽然轻轻叹了口气，道："如果你以为我还不明白你的意思，那你就错了。"

陆小凤道："我有什么意思？"

沙曼道："你是想故意把我气走。"

陆小凤道："哦？"

沙曼道："你以为只要我离开了你，我就可以活到一百八十岁了？"

这次陆小凤既没有承认，也没有否认。

沙曼道："只可惜你忘了一点。"

他并没有问，她已经接着说了下去："一个女人就算真的能活到一百八十岁，活着也没有什么太大的意思了。"

陆小凤道："那至少总比再活十八个时辰有意思一些。"

沙曼道："这是你的想法。"

陆小凤道："你怎么想？"

沙曼道："只要能跟你在一起，就算只能再活一个时辰，我也心满意足！"

陆小凤忽然跳起来，拉住她的手，道："我们走。"

02

平坦的沙滩后,就是高大嶙峋的岩石,深邃茂密的丛林。

在这种地方,连一只兔子都可以很容易就逃避过狐狸的追踪。

陆小凤不是兔子。

他不仅有兔子的精灵和速度,也有狐狸的狡猾、狗的忠勇。

他本身就是猎人,在丛林沼泽中求生的技巧,他远比任何人懂得的都多。只要利用一段树枝,他就可以在片刻中制出一个杀人的陷阱。

在这种地方,他若想逃避一个人的追踪,应该也不是件困难的事。

"可是那个人不是人。"沙曼说的当然是宫九,"他是条毒蛇,是只狐狸,是个魔鬼。"

陆小凤笑了,道:"他究竟是什么?"

沙曼道:"有人说是用九种东西做出来的。"

陆小凤道:"哪九种?"

沙曼道:"毒蛇的液、狐狸的心、北海中的冰雪、天山上的岩石、狮子的勇猛、豺狼的狠辣、骆驼的忍耐、人的聪明,再加上一条来自十八层地狱下的鬼魂。"

陆小凤虽然在笑,可是无论谁都看得出他笑得并不愉快。

沙曼道:"这岛上的确有很多隐秘的地方可以躲藏。"

陆小凤道:"你知道多少?"

沙曼道:"我知道的虽然没有五千多个,可是也不算少。"

陆小凤道:"他知道的有多少?"

沙曼道:"每个地方他都知道。"

——我知道的,他全知道,我不知道的,他也知道。

沙曼道："所以我们不管躲在哪里，他都一定可以把我们找出来。"

陆小凤沉默着，忽然又笑了。

沙曼并不奇怪，她知道世上本就有种人无论在什么时候都能笑得出的。

她喜欢这种人，可是陆小凤实在笑得太愉快，她还是忍不住问："你笑什么？"

陆小凤道："我想起了件有趣的事。"

沙曼道："现在还有什么事能让你觉得很有趣？"

陆小凤道："我们可以躲到一个很有趣的地方去。"

沙曼道："不管多有趣的地方，只要他找得到，都会变得很无趣。"

陆小凤道："那地方我保证他一定找不到。"

沙曼道："什么地方？"

陆小凤道："鸡蛋壳里。"

沙曼有点生气了，这种时候，他实在不该开这种玩笑。

陆小凤不但在笑，眼睛里也在发着光。

沙曼忍不住道："只有蛋才躲到鸡蛋壳里去，只有你这种混蛋。"

陆小凤道："你还忘了一点。"

沙曼道："哦？"

陆小凤道："只有蛋，才有鸡蛋壳。"

沙曼不懂。

陆小凤道："你知不知道这里最大的一个混蛋是谁？"

沙曼道："不是你？"

陆小凤摇摇头，道："我比不上他，我最多也只不过是用六七种东西做成的。"

沙曼道："你说的是宫九？"

陆小凤道："答对了。"

他又补充道："就因为他是最大的一个混蛋，无论谁只要能躲得进去，一定都安全得很。"

沙曼眼睛也发出了光。现在她总算已明白陆小凤的意思——

宫九既然要出来追捕他们，自己的屋里一定没有人。

如果他们能躲到宫九屋里去，倒的确是个很安全的地方。因为谁都想不到他们会躲到那里去，甚至包括宫九自己。

没有人能想到的地方，当然就是最安全的地方。

沙曼道："现在我们只剩下一个问题，我们要怎么样才能躲进去？"

陆小凤当然也知道这问题很大，可是他相信他们一定有法子。

在他眼中看来，世上本就没有什么事是绝对不可能的。

沙曼道："这问题你已有法子解决？"

陆小凤道："你当然知道那鸡蛋壳在哪里？"

沙曼道："嗯。"

陆小凤道："那么这问题就已经解决了。"

沙曼道："你难道认为我们可以大摇大摆地走进去，别人都看不见？"

陆小凤道："我们不必大摇大摆地走进去，我们根本连一步都不必走。"

沙曼道："连一步都不必走？难道变成只苍蝇飞进去？"

陆小凤道："我不会变，再变也不会变成只苍蝇。"

他又笑了笑，道："苍蝇飞得太累，我准备舒舒服服地躲进去。"

沙曼张大了眼睛，看着他，就好像是个正在听人说神话的孩子。

陆小凤笑道："我知道你心里一定不相信的，可是我保证这问题你一点都不必担心。"

沙曼道："难道你还有什么真正值得担心的事？"

陆小凤道："只有一件。"

沙曼道："你说嘛。"

陆小凤道："我只有法子能躲进去，却没法子出来。"

沙曼道："所以我们就算能躲得了十八个时辰，他还是会找到我们的。"

陆小凤道："到了那时候，他如果要杀我们，我们……"

沙曼打断了他的话，道："这一点你也用不着担心。"

陆小凤道："为什么？"

沙曼道："因为十八个时辰后，他已经不在这里。"

陆小凤道："他还要走？"

沙曼道："非走不可。"

陆小凤道："为什么？"

沙曼道："因为外面还有件事一定要等着他去做。"

陆小凤沉吟道："除了杀人外，还有什么事是一定非他去做不可的？"

沙曼道："没有了。"

陆小凤道："这次，他要去杀的是什么人？"

沙曼道："值得他出手去杀的，当然是个很了不起的人。"

陆小凤道："是谁？"

沙曼道："不知道。"

也许她是真的不知道，也许她虽然知道，却不愿说出来。不管怎么样，陆小凤都没有再问。

他并不希望任何女人为了他而出卖她们以前的男人。

沙曼看着他，道："现在你准备变成什么样的东西？"

陆小凤道:"你看呢?"

沙曼道:"依我看,只有死人才能舒舒服服地躲着进宫九的屋子。"

陆小凤笑了笑,道:"你又忘了一点。"

沙曼道:"哦?"

陆小凤道:"死的东西很多,并不一定只有人。"

没有生命的,就是死的。

树木有生命,可是被砍断,锯成木片,做成箱子后,就死了。所以箱子是死的。

03

幽秘曲折的山路上,十个活人,抬着五个大箱子走过来,箱子显然很重,大家都很吃力。

尤其是最后一口箱子,抬箱子的两条大汉满头汗出如浆,已经落后了一段路。

幸好这里已经快走到入谷的出口,就在这时候,他们看见沙曼。

就像是一阵风,她忽然出现,挡住了他们的去路,道:"你们都认得我?"

他们当然认得。入过山谷的人,无论谁都曾经偷偷看过她两眼——最多也只不过敢偷偷看两眼。

因为大家知道,若是被九少爷发觉有人在偷看她,九少爷就会生气的。

没有人敢惹九少爷生气。

两条大汉都垂下头:"曼姑娘有什么吩咐?"

沙曼道:"我没有,九少爷有。"

两条大汉都在听。九少爷的吩咐,没有人敢不听。

沙曼道:"他特地要我来,叫你们把这口箱子送到他卧房里去。"

虽然他们以前听到的命令并不是这样子的,可是谁都没有怀疑,更不敢反抗。

大家都知道,曼姑娘说出来的话,和九少爷自己说出来的并没有什么两样!

沙曼道:"九少爷喜欢干净,所以现在你们最好先去找个地方把手脚洗一洗。"

正好附近有条小溪,他们尽快赶去,尽快赶回来,箱子还在路上,曼姑娘却已不在了。

她的人虽然已不在了,可是她说的话还是同样有效。

箱子里黑暗而安静,已经被轻轻地摆了下来。

外面充满了生死一线的危机,两个人紧紧地拥抱在箱子里,那是种什么样的滋味?

世界上只怕很少有人能领略到这种滋味,可是陆小凤能,沙曼也能。

因为现在他们就紧紧地拥抱在箱子里,呼吸着对方的呼吸。

直等他们能开口的时候,沙曼就忍不住问:"你怎能知道他会有箱子要运来?"

陆小凤道:"我看出他是个很讲究的人,而且喜欢用礼物打动人心,他的人还没有到,已经有箱子送回来了,何况他的人已回来?"

沙曼道:"他的人是昨天回来的,你怎么知道他的箱子要等到今天才到?"

陆小凤道:"跟着他在海上走了那么些日子,大家一定早就快憋死，好容易等到船靠岸，就算找不到女人，也一定要喝个痛快，喝醉了的人，早上一定爬不起来。"

沙曼道："所以你算准了箱子一定要等到这时候才会送上岸？"

陆小凤笑了笑，道："我当然也是在碰运气。"

沙曼道："你的运气好，也许只不过因为你通常都能算得很准。"

判断正确的人，本就通常都会有好运气的。因为只有判断正确的人，才能把握住机会。

机会就是运气。

沙曼的声音更温柔，道："你也算准了抬箱子的人不会知道我的事，一定会服从我的命令？"

陆小凤当然算得准，这种事宫九自己若不说，又有谁敢说？

一个骄傲而自负的男人，若是被自己心爱的女人背弃，他自己是绝不会说出来的。

他宁可让别人认为是他抛弃了那个女人，宁可让人认为是他负了心。

他甚至宁可死，也不愿让别人知道他的痛苦和羞侮。

陆小凤明了这种心情，因为他自己也是这种人。

沙曼道："可是你怎么会知道箱子能平安送到这里，一路上连问都没有人问？"

陆小凤道："因为我看得出这里的人都不喜欢管闲事，尤其是这种小事。"

沙曼叹了口气，道："你看得不错，这里的人，无论做什么事，都要有代价的。"

箱子被送来的时候既没有人问，以后当然更不会有人问。

宫九既然正在追捕他，现在当然也不会回来。

箱子已被打开了一条缝，他们还是紧紧地拥抱着在箱子里。

他们并不急着想出去。

"我死了之后,如果阎王爷问我,下辈子做什么?"

"你一定想做小鸡。"

"答对了。"

这箱子实在很像鸡蛋壳,这鸡蛋壳里实在又安全、又温暖、又甜蜜。

"我相信小鸡们在鸡蛋壳里的时候,一定也不会急着想出去的。"

"为什么?"

"因为它们一定知道,出去了之后,就会变成大鸡。"

"大鸡通常很快就会变成香酥鸡、红烧鸡和清炖鸡汤。"

"听说只有母鸡才能炖汤。"

"你想把我炖汤?"

"我舍不得,可是你实在太香,比香酥鸡还香。"

"你想吃了我?"

"想得要命。"

04

天色已昏暗。鸡蛋壳里终于有两只小鸡钻了出来。

一只公的,一只母的。

九少爷住的地方,当然绝不会像鸡蛋壳。

华美的居室,精雅的器皿。夕阳正照在雪白的窗纸上。

"他不在的时候,会不会有人闯进来?"

"绝不会。"

这许多年来,从来没有任何人敢闯入宫九少爷的屋子,连他老子都没有。

他一向是个孤僻自负的人,所以他最喜欢照镜子。

"为什么?"

"因为他唯一真正喜欢的人,就是他自己。"

屋子里果然有面很大的镜子,看来显然是名匠用最好的青铜磨成的。

"这是他自己磨成的,他自认为这无疑已是天下第一明镜。"

镜旁悬着一柄剑,剑身狭长,形式古雅。

"这就是他的剑。"

他要去杀人,却将剑留在屋里。

他杀人已不必用剑。

陆小凤用指尖轻轻抚着剑,缓缓道:"我知道还有一个人,剑术也已练到'无剑'的境界。"

沙曼道:"西门吹雪?"

陆小凤道:"你也知道他?"

沙曼淡淡道:"我只知道'无剑'的境界,并不是剑术的高峰。"

陆小凤道:"哦?"

沙曼道:"既然练的是剑,又何必执著于'无剑'二字?"

陆小凤还没有开口,忽然听见床下有人在鼓掌。

掌声很轻,却比雷霆还令人吃惊。

陆小凤霍然回头,就看见一个光秃秃的脑袋从床底下伸了出来。

"老实和尚!"

陆小凤刚刚叫出声,剑光一闪,一柄精光四射的长剑已架上了老实和尚的脖子。

好快的剑！

挂在铜镜旁的剑已出鞘，到了沙曼手里，她的出手之快，连陆小凤都吓了一跳。

老实和尚当然比他吓得更惨，一张脸已吓得发白，勉强笑道："其实姑娘用不着动手，和尚也知道姑娘是当世第一位女剑客了。"

沙曼冷冷道："你知道？"

老实和尚道："和尚虽然没吃过猪肉，至少总见过猪走路，听见姑娘刚才说的那句，早就已经佩服得五体投地。"

陆小凤笑了："原来老实和尚也会拍马屁。"

老实和尚道："和尚绝不是拍马屁，和尚一向说老实话。"

沙曼不笑，板着脸道："只可惜姑娘一向不喜欢听老实话。"

老实和尚道："姑娘喜欢听什么？"

沙曼道："姑娘喜欢听人拍马屁。"

老实和尚眼睛眨了眨，道："和尚虽然不会拍马屁，别的事会的却不少。"

沙曼道："你会什么？"

老实和尚道："替人说媒求亲，成媒作证，都是和尚的拿手本事。"

沙曼道："你准备让谁成亲？替谁作证？"

老实和尚道："替两只小鸡，一只公的，一只母的。"

沙曼也笑了。

就在她开始笑的时候，老实和尚已游鱼般从她剑下溜了出来，一溜出来，就立刻躲到陆小凤背后，道："你这只小公鸡若是不肯娶小母鸡，和尚第一个不答应。"

陆小凤道："谁说我不肯？"

老实和尚道:"你真的肯?"

陆小凤不理他,只是静静地看着沙曼。

"当"的一声,沙曼手里的剑掉了下来,两个人忽然间就已变成一个人。

老实和尚看着他们,脸上的表情好像要哭出来的样子,嘴里喃喃道:"和尚为什么不去做小公鸡?和尚为什么要做和尚!"

屋子里居然没有酒,连一滴都没有。

老实和尚在叹气:"一个男人的屋子里如果没有酒,这个男人还算男人?"

陆小凤道:"不喝酒的都不是男人?"

老实和尚道:"就算他自己不喝,也应该准备一点请别人喝的。"

沙曼道:"和尚也想喝酒?"

老实和尚道:"只想喝一种酒。"

沙曼道:"哪种?"

老实和尚道:"喝你们的喜酒。"

沙曼嫣然一笑,陆小凤也笑了,他们忽然发觉这个和尚实在老实得可爱。

老实和尚道:"其实没有酒也一样,和尚自己吞口口水,也可以算是喝了你们的喜酒。"

他真的吞了口口水下去:"现在和尚既然已喝过你们的喜酒,你们想不做夫妻都不行了。"

沙曼仰起脸,看着陆小凤,道:"你说行不行?"

陆小凤道:"不行。"

于是两个人立刻又变成了一个人。

老实和尚脸上的表情又好像要哭出来了,道:"你们这样子,是不是一定要逼着和尚还俗？"

夜色已深。

屋子里有灯，却没有点着，也不能点着。

陆小凤不在乎。

沙曼不在乎。

——若是有真情，无星无月亦无妨，又何妨无灯无火？

老实和尚当然更不在乎。

他正好落得个眼不见为净。

屋子里真的很黑，什么都看不见。

老实和尚道："你们在干什么？"

陆小凤道："什么都没有干。"

老实和尚道："你们的嘴有没有空？"

沙曼抢着道："有。"

老实和尚道："既然有空，能不能陪和尚聊聊天，说说话？"

沙曼道："能。"

陆小凤道："和尚怎么会躲到床底下去的？"

老实和尚道："因为这地方的主人虽然不喜欢喝酒，却喜欢吃醋。"

陆小凤道："和尚不笨。"

沙曼道："和尚聪明得要命。"

老实和尚道："小鸡却不大聪明。"

陆小凤道："哪点不聪明？"

老实和尚道："小鸡本可以叫那两个笨蛋把这口箱子送回那条船上去的，那么过不了三五天，两只小鸡都可以回家了。"

第十二章

和尚弄鬼

01

陆小凤怔住。

沙曼的手冰冷。

他们立刻发觉，这的确是他们逃离这地方的唯一机会。

良机一失，永不再来。

老实和尚又在叹气："两只小鸡、一头秃驴，若是全都老死在这里，那倒……"

他忽然闭上了嘴。

陆小凤跳了起来，沙曼的人虽然没有动，心却在跳，跳得很快。

他们都听见门外有了脚步声，好像是五六个人的脚步声。

脚步声竟是往这屋子走过来的。

门缝里已有了灯光，而且愈来愈亮。

陆小凤蹿过去，掀起了那口箱子的盖，用最低的声音道："再躲进去。"

等到沙曼蹿入箱子，他自己才躲进去，轻轻地放下箱盖。

就在这时候，门已开了。

他听见了开门的声音，也听见有人走了进来，一共是五个。

第一个开口说话的是个女人。

声音很凶:"这箱子是谁要你们搬到这里来的?"

陆小凤的心一跳。

他听得出这是小玉的声音,小玉这个人并不要命,问的这句话却实在要命。

"是曼姑娘。"

回答这句话的,当然就是刚才抬箱子的那两个人其中之一。

"曼姑娘?"小玉在冷笑,"你们是听九少爷的?还是听曼姑娘的?"

没有人敢答腔。

"你们知不知道曼姑娘已经不是九少爷的人?"小玉的声音更凶。

陆小凤的心直往下沉。

他实在不懂,这件事本已明明没有人追究的,为什么会被这小丫头发觉。

这丫头自己刚从死里逃生,为什么又要来管这种闲事?

陆小凤直恨不得把她的嘴缝起来。

"抬走。"小玉又在大叫,"快点把这口箱子抬走。"

"抬到哪里去?"

"从哪里抬来的,就抬回哪里去。"

这句话说出来,陆小凤立刻知道自己错了。

这么可爱的一张小嘴,他怎么能缝起来,他实在应该在这张小嘴上亲一亲,就算多亲两亲,都是应该的。

箱子是从船上抬下来的,再过两个时辰,船又要走了。

只要这口箱子被送回船上,他们的人也跟着船走了。

"那么过了五天,两只小鸡都可以回家了。"

陆小凤开心得几乎忍不住要大叫:"小玉万岁!"

直到现在他才明白,小玉这是在帮他们的忙。这个鬼灵精的小丫头,一定早就知道他们躲在箱子里。

他心里充满了欢悦和感激,他相信沙曼的感激定也一样。

他忍不住要去找她的手来握在自己手里。

箱子里虽然很黑暗,可是他不在乎,因为他就算摸错地方也没关系。

他真的摸错了。

错得厉害,错得要命,活活要人的老命。

他摸到的是光头。

跟他一起躲在箱子里这个人,竟不是沙曼,是老实和尚!

陆小凤真的要叫了起来。

只可惜他的手刚摸到这个光头上时,老实和尚的手已点了他三处穴道。最要命的三处穴道。

他非但叫不出,连动都不能动了。

沙曼呢?沙曼在哪里?

箱子已被抬起来,小玉还在不停地催促:"快,快,快!"

陆小凤简直急得发疯。

看到箱子被抬走,沙曼一定也会急得发疯,可是她也只能眼睁睁地看着。

想到这一点,陆小凤连心都碎了。

沙曼的心一定也碎了。

可是心碎又有什么用?就算一头撞死,把整个人都撞成碎片,也一样没用。

他终于明白了"无可奈何"这四个字的滋味,这种滋味,简直不是人受的。

抬箱子的两个人也不知吃了什么药,一抬起箱子,就走得飞快。

老实和尚居然握起了他的手,放在自己手里,轻轻地拍着,就好像把他当作个孩子,在安慰他,要他乖乖地听话。

陆小凤却只希望能听到一件事,那就是听到这和尚的光头,忽然像个鸡蛋壳般被撞得粉碎。

可惜抬箱子的这两个人不但走得快,而且走得稳,就好像在他们的娘肚子里已学会抬箱子了。

老实和尚轻轻地叹了口气,显得又舒服、又满意。

"这和尚真是我命中注定的魔星,一看见他,我就知道迟早要倒霉的。"

骂人的话,陆小凤知道的也不算太多,南七北六十三省,各式各样骂人的话他只不过全都懂得一点点,加起来也只不过有六七百种而已。

他早已在心里把这六七百种话全都骂了出来,只恨没法子骂出口。

——沙曼呢?

——眼睁睁地看着别人把她跟她的小公鸡拆散,她心里是什么滋味?

——她会不会死?

——死了也许反倒好些,若是不死,叫她一个人孤零零的怎么过?

——也许她会想法子溜到船里去的,她的本事远比别人想象中的大得多。

——如果她上不了船,会不会再上别人的床?

陆小凤的心就好像被滚油在煎,愈想愈痛苦,愈想愈难受。

他本来并不是这种小心眼的人,可是沙曼却让他变了。

一个人有了真情后,为什么总会变得想不开?变得小心眼?

抬箱子的两个人忽然也开口骂了。

"就是这口见鬼的箱子,害得我们想好好吃顿饭都不行。"

"真他妈的活见了大头鬼。"

"我们倒不如索性找个没人的地方,把它扔到海里去,也免得它再作怪。"

这种久经风浪的老水手,当然不会是什么好角色,说不定真会这样做。

陆小凤一点都不在乎,反倒有点希望他们真的这样做。

谁知那人又改变了主意。

"可是我们至少总得看看箱子里装的究竟是些什么鬼东西?"

对陆小凤来说,这主意好像也不太坏。

只可惜小玉已经把箱子上了锁。

"你能开得了这把锁?"

"开不了。"

"你敢把箱子砸坏?"

"为什么不敢?"

"九少爷若是问下来,谁负责任?"

"你。"

"去你娘的。"另一人半笑半骂,"我早就知道你是个杂种。"

"你好像也差不多。"

"所以我们最好还是乖乖地把箱子抬回去,往底舱一摆就天下太平了。"

02

"砰"的一声响,两个人重重地把箱子往地上一放,下面是木板的声音。

两个人同时吐出口气,这里显然已经是宫九那条船的底舱。

他们的任务已完成,总算已天下太平了。

老实和尚也轻轻吐出口气,好像在说:"再过三五天,一只小公鸡,一只老秃驴,就可以平平安安回家了。"

他的天下也太平了。

陆小凤呢?

陆小凤好像已连气都没有了,摸摸他的鼻孔,真的已没有了气。

老实和尚也吃了一惊,道:"你这是怎么回事?"

没有回应,没有气。

一个人是不是真的会活活气死?

老实和尚道:"你千万不能死,和尚可不愿意跟个死人挤在一口箱子里。"

还是没有回应,没有气。

老实和尚却忽然笑了:"你若想骗我,让我解开你的穴道,你就打错主意了。"

他笑得好愉快:"好人不长命,祸害遗千年,我知道你死不了的。"

陆小凤终于吐出口气来,箱子里本来就闷得死人,再闭气更不好受。他并不想真的被气死。

老实和尚笑得更愉快,道:"我虽然不想跟你挤在箱子里打架,可是一个人自言自语也没意思，只要你乖一点，我就先解开你的哑穴。"

陆小凤很乖。

一个人身上三处最要命的穴道若是全都被点住，他想不乖也不行。

老实和尚果然很守信，立刻就解了他的哑穴。

"你这秃驴为什么还不赶快去死？"这本是陆小凤想说的第一句话。

可是他没有说出来。

有时候他也是个很深沉的人，很有点心机，他并不想要老实和尚再把他哑穴点住。

他的声音里甚至连一点生气的意思都没有，淡淡地说了句："其实你根本不必这么做的。"

老实和尚道："不必怎么做？"

陆小凤道："不必点我的穴。"

老实和尚道："可是和尚怕你生气。"

陆小凤道："为什么生气？"

老实和尚道："小母鸡忽然变成了秃驴，小公鸡总难免生气的。"

陆小凤也在笑，道："你错了。"

老实和尚道："哪点错了？"

陆小凤道："小公鸡早就已经不是小公鸡。"

老实和尚道："是什么？"

陆小凤道："老公鸡。"

老实和尚道："老公鸡和小公鸡有哪点不同？"

陆小凤道："有很多点，最大的一点是，老公鸡见过的母鸡，大大小小已不知有多少，却只有一个秃驴朋友。"他说得很诚恳，"何况，她本就是这里的人，留下来也无妨，你这秃驴若是留下来，说不定就会变成死秃驴了，我总不能看着朋友变成死秃驴。"

老实和尚又握住他的手,显然已经被他感动:"你果然是个好朋友。"

陆小凤道:"其实你早就该知道的。"

老实和尚道:"现在知道,还不算太迟呀。"

陆小凤道:"现在你解开我的穴道来,也不迟。"

老实和尚立刻同意:"的确不迟。"

陆小凤微笑着,等着他出手。

老实和尚却慢慢地接着又道:"虽然一点都不迟,只可惜还嫌太早了一点。"

陆小凤道:"还太早?"

老实和尚道:"太早。"

陆小凤道:"你准备等到什么时候?"

老实和尚道:"至少也要等到开船的时候。"

陆小凤闭上嘴。他实在很怕自己会破口大骂起来,因为他知道随他怎么骂,都骂不死这秃驴的。

他只有沉住气,等下去。

如果你是陆小凤,要你跟个和尚挤在一口箱子里,你难受不难受?

陆小凤忽然道:"你能不能帮我个忙?"

老实和尚道:"你说。"

陆小凤道:"你能不能再把我另外一个穴道也点上一点?"

老实和尚道:"你是否气出毛病来了?"

陆小凤道:"没有。"

老实和尚道:"你真的要我再点你一处穴道?"

陆小凤道:"真的。"

老实和尚道:"什么穴?"

陆小凤道:"睡穴。"

在这种时候，世上还有什么事能比睡一觉更愉快。

老实和尚叹了一口气，道："看来你的运气实在不错嘛。"

陆小凤几乎又忍不住叫了起来："你还说我运气不错？"

老实和尚点点头，道："至少你还有个能点你穴道的朋友，和尚却没有。"

陆小凤傻了。

听到这种话，他实在不知道是应该大哭三声，还是应该大笑三声。

他既没有哭，也没有笑。因为他已睡着。

黑暗。

睡梦中是一片黑暗，醒来后还是一片黑暗，睡中是噩梦，醒来后仍是噩梦。

——沙曼呢？

睡梦中他仿佛看见她在不停地奔跑，既不知要往哪里跑，也不知逃避什么。

他想追上去，两个人的距离却愈来愈远，渐渐只剩下一点朦胧的人影。

醒来后却连她的影子都看不到。

他仿佛有种漂漂荡荡的感觉，这条船显然已开航，到了大海上。

他的四肢居然已可以活动了。

可是他没有动。他正在想修理老实和尚的法子。

这秃驴虽然总算没有失约，船一出海，就将他穴道解开。但若不是这秃驴，两只恩恩爱爱的小鸡，又怎么会分开？

想到刚才那噩梦，想到沙曼现在的处境，陆小凤恨不得立刻在他那光头上打个大洞。

可是就算打出七八十个大洞来又有什么用？

陆小凤在心里叹了口气，不管怎么样，这秃驴总算是他的老友了，而且也不能算是太坏的人，小苦头虽然还要让他受一点，大修理则绝对不可。

船走得很平稳，今天显然是个风和日丽的日子。

陆小凤悄悄地伸出手，正准备先点他的穴道，再慢慢让他吃点小苦头。可是手一伸出去，陆小凤却立刻觉得不对了。

这箱子里忽然变得很香，充满了一种他很熟悉的香气。

那绝不是老实和尚的味道，无论什么样的和尚，身上都绝不会有这种味道。

就连尼姑都不会有。

他的手一翻，捉住了这个人的手，一只光滑柔软的纤纤玉手。

这更不会是老实和尚。

陆小凤的心忽然跳得很快，只听黑暗中一个人道："你终于醒过来了。"

柔美的声音中，充满了欢愉。

陆小凤的声音已因激动兴奋而发抖，整个人都几乎忍不住要发抖。

"是你？真的是你？"

"真的是我。"

陆小凤不能相信，也不敢相信，箱子里明明是老实和尚，怎么会忽然又变成沙曼？

可是这声音，的的确确是沙曼的声音。

她的手已牵引着他的手，要他去轻抚她的脸、她的乳房。

她身子也在发抖。

这种销魂的颤抖，也正是他所熟悉的。他再也顾不得别的了，用尽全身力气，紧紧拥抱住她。

就算这只不过是梦，也是好的，他只希望这个梦永不会醒过来。

他抱得真紧。

这一次他绝不让她再从怀抱中溜走了。

她也在紧紧拥抱着他,又哭又笑又吻,吻遍了他整个脸。

她的嘴唇温暖而柔软。

"这不是梦,这是真的。"她流着泪道,"这真的不是梦,真的是真的。"

可是这种事实在比最荒唐的梦境还离奇。

"你怎么会来的?"

"不知道。"

"老实和尚呢?"

"不知道。"

她真的不知道。

"我躲在床底下,眼看着他们把箱子抬走,就急得晕了过去。"

"然后呢?"

"等我醒来时,我就又回到这箱子里,简直就好像在做梦一样。"

"但这不是梦!"

"绝不是。"

这的确不是梦,她咬他的嘴唇,他很痛,一种甜蜜的疼痛。

难道这又是小玉造成的奇迹,她真有这么大的本事?

这些疑问他们虽然无法解释,却并不重要,重要的是,现在他们又重逢。

他们紧紧地拥抱着,就好像已决心要这么样拥抱一辈子。

就在这时,突听"咚"的一声响,外面好像有个人一脚踢在箱子上。

箱子在震动。

陆小凤没有动,沙曼也没有动。

他们还是紧紧拥抱着，可是他能感觉到她的嘴唇已冰冷。

然后他们又听"咚"的一声响，这次箱子震动得更厉害。

是谁在踢箱子？

沙曼舐了舐冷而发干的嘴唇，悄悄道："这不是宫九。"

陆小凤道："哦！"

沙曼道："他绝不会踢箱子，绝不会做这种无聊的事。"

陆小凤在冷笑。

他心里忽然觉得有点生气，还有点发酸。

——为什么她提起这个人时，口气中总带着尊敬？

他忽然伸腰，用力去撞箱子。

谁知箱子外面的锁早已开了，他用力伸腰，人就蹿了出去。

黑暗的舱房里，零零乱乱地堆着些杂物和木箱。

他们这口箱子外面并没有人，顶上的横木上却吊着个人，就像是条挂在鱼钩上的死鱼，还在钩上不停摇晃。

现在他又在试探着荡过来踢箱子。

"老实和尚！"

陆小凤叫了起来，几乎又不能相信自己的眼睛。

沙曼忽然进箱子，而箱子里的老实和尚却被吊起来了。

这是怎么回事？

03

老实和尚满嘴苦水,在等陆小凤替他拿出了塞在他嘴里的破布,才吐出来的。

"天知道这是怎么回事。"他的惊讶和迷惑并不假,"我本来很清醒的,不知为了什么,忽然就昏昏迷迷地睡着了。"

陆小凤道:"等到你醒过来,就已经被人吊在这里?"

老实和尚在叹气,道:"幸好你还在箱子里,否则我真不知道要被吊到几时。"

陆小凤道:"现在你还是不知道。"

老实和尚怔了怔,立刻作出最友善的笑脸,道:"我知道。"

他笑得脸上的肌肉都在发酸:"我知道你一定会放下我。"

陆小凤道:"我不急。"

老实和尚道:"可是我倒有点急。"

陆小凤道:"吊在上面不舒服?"

老实和尚拼命摇头。

他真的急了,冷汗都急了出来。

陆小凤居然坐了下来,坐在舱板上,抬头看着他,悠然道:"上面是不是比下面凉快?"

老实和尚头已摇酸了,忍不住大声道:"很凉快,简直凉快得要命。"

陆小凤道:"那么你怎么会流汗?"

老实和尚道:"因为我在生气,气我自己,为什么会交这种好朋友。"

陆小凤笑了，大笑。

看见和尚生气，他的气就消了一半，正准备把这和尚先解下来再说。

哪知就在这时，舱外忽然响起了咳嗽声，好像已有人准备开门进来。

陆小凤立刻又钻进箱子，轻轻地托着箱盖，慢慢地放下。

箱子的盖还没有完全关起时，他就看见舱房的门被推开了，两个人走了进来。

走在前面的一个，好像正是刚才把箱子抬来的那两人其中之一。

陆小凤心里暗暗祈祷，只希望他们这次莫要再把箱子抬走。

箱子里一片漆黑，外面也连一点声音都没有。

人来干什么的？

他们忽然看见个和尚吊在上面，怎么会没有一点反应？

陆小凤握住了沙曼的手。

她的手冰冷。

他的手也不暖和，他心里已经在后悔，刚才本该将老实和尚放下来的。

现在他才明白，一个人心里如果总是想修理别人，被修理的往往是自己。

又等了半天，外面居然还是没有动静。

他更着急，几乎忍不住要把箱盖推开一条线，看看外面究竟是怎么回事。

就在这时，外面忽然有人在敲箱子，"笃、笃、笃"，敲得很轻。

这种声音绝不是用脚踢出来的，当然也不会是手脚都被人捆住了的老实和尚。

这种声音就像是个很有礼貌的客人在敲门。

只可惜主人并不欢迎他。

男主人本来是想开门的，女主人却拼命拉住了他的手。

主人自己不开门，客人只好自己开了，只开了一条缝。

很小的一条缝。

陆小凤想从缝里往外面看看，却有股热气从外面吹了进来，又香又浓的热气，香得令人流口水，就算没有吃过牛肉汤的人，也绝对应该嗅得出这是牛肉汤的味道。

第十三章

醋海兴波

01

陆小凤吃过牛肉汤。

他一向都很喜欢吃牛肉汤,可是现在他却只想吐。因为他的胃在收缩,心也在往下沉。

——难道这一切都只不过是牛肉汤自己在玩的把戏,像是猫抓住老鼠玩的那种把戏一样?

热气终于渐渐散了。

陆小凤就发现有只眼睛在箱子缝外面偷看着他们,眼睛里带着恶作剧的笑意。

一个人居然在外面唱了起来。

砰、砰、砰,请开门。
你是谁?
我是老公鸡。
你来干什么?
来送牛肉汤,小公鸡喝了长得壮,不怕风来不怕浪。

陆小凤又傻了。

这歌声绝不是牛肉汤的声音，就连陆小凤的儿歌，都比这个人唱得好听些。

天下恐怕也只有一个人能唱出这么难听的歌来。

老实和尚！

陆小凤霍然推开箱盖，一个人蹲在外面，手里捧着碗牛肉汤，果然正是老实和尚。

他刚才明明还是被人吊在上面的，现在怎么会忽然下来了？

老实和尚眨了眨眼，道："和尚老实，菩萨保佑和尚。"

这种事实在有点玄，看来真的不像是人力所能做得出的。

陆小凤也眨了眨眼，道："菩萨杀不杀牛？"

老实和尚立刻摇头，道："我佛戒杀生，菩萨怎么会杀牛？"

陆小凤道："菩萨也不会给和尚喝牛肉汤？"

老实和尚道："当然不会。"

陆小凤道："那么这碗牛肉汤是从哪里来的？"

老实和尚忽然笑了笑，道："你猜呢？"

陆小凤猜不出。

这碗牛肉汤的颜色和味道他都不是第一次见到，可是他宁愿看见一大碗狗屎，也不愿看见这碗又香又浓的牛肉汤。

因为他知道只有一个人能煮出这种牛肉汤来——只有"牛肉汤"才能煮得出这种牛肉汤。

老实和尚忽然道："这碗牛肉汤是你的一位老朋友叫和尚送给你的。"

陆小凤道："哦！"

老实和尚道："她说你们两位这两天一定劳动过度，一定很需要滋补滋补。"他自己好像也有点脸红,"这些话可不是和尚说的,和尚本来也不想说,可是你那位朋友却一定要和尚转告给你。"

陆小凤道:"她的人呢?"

老实和尚道:"她说她很快就会来看你,叫你别着急。"

陆小凤板着脸道:"我也有几句话要请你转告给她。"

老实和尚道:"和尚洗耳恭听。"

陆小凤道:"你就说我宁可去陪母狗吃屎,也不愿再见她,再喝她的牛肉汤。"

房子的角落里一堆箱子后面忽然有人叹了口气,道:"好好的一个人,为什么偏偏要去陪母狗吃屎呢?"

02

这也不是牛肉汤的声音,声音很娇嫩,像是个小小的女孩子。

这句话刚说完,果然就有个小小的女孩从箱子后面跳出来。

陆小凤立刻松了口气:"小玉!"

小玉笑嘻嘻地看着他,眨着双大眼睛,道:"你能不能不要去陪母狗?能不能去陪公狗?"

陆小凤道:"不能。"

小玉道:"为什么?"

陆小凤道:"因为我要陪你。"

小玉的脸红了。

老实和尚忽然道:"你为什么一定不让他去陪母狗?"

小玉道:"因为我怕曼姑娘吃醋。"

陆小凤一把夺过老实和尚手里的碗,道:"你们吃醋,我吃牛肉汤。"

牛肉汤的滋味好极了。

陆小凤叹了口气,道:"原来这世上并不止牛肉汤一个人会做这种牛肉汤。"

小玉道:"还有谁会?"

陆小凤道:"你。"

小玉道:"我只会吃。"

陆小凤道:"这不是你做的?"

小玉道:"我不但会吃,还会偷,这是我从厨房里偷来的。"

陆小凤道:"厨房里有人会做这种牛肉汤?"

小玉道:"只有一个人。"

陆小凤道:"谁?"

小玉道:"牛肉汤。"

陆小凤闭上了嘴。

小玉眼珠子转了转,道:"其实你应该想得到,这次她当然也上了船。"

陆小凤道:"为什么她当然要来?"

小玉道:"因为我偷偷地藏起了一条小船,所以她就认为你们一定是坐船跑了,否则他们怎么会找不到?"她叹了口气,道,"就因为找不到你们,这两天九少爷和宫主的脾气都大得要命,幸好他们做梦也想不到这些事是谁做的。"

陆小凤道:"究竟是谁做的?"

小玉一根手指指着自己的鼻子。

陆小凤道:"是你?"

小玉道:"除了我还有谁?"

陆小凤道："是你把沙曼送来的？"

小玉道："当然是我。"

陆小凤道："把这和尚吊起来的也是你？"

小玉道："把他放下来的也是我。"

陆小凤吃惊地看着她，就好像她头上忽然长出了两只角。

小玉道："你不信我能做得出这种事？"

陆小凤实在有点不信。

小玉笑了笑，道："连你都不信，九少爷和宫主当然更不信。"

陆小凤道："所以他们想不到是你。"

小玉道："连做梦都想不到。"

陆小凤叹了口气，只觉得"人不可貌相"这句话说得真是一点也不错。

这时候舱房里忽然有个地方咕噜咕噜地响了起来。

大家都吃了一惊，然后才发现这地方原来是老实和尚的肚子。

小玉笑了，看着他的肚子吃吃笑个不停。

老实和尚红着脸，道："这有什么好笑，和尚也是人，肚子饿了也会叫。"

小玉嫣然道："可是和尚的肚子好像叫得特别好听。"

老实和尚道："可惜和尚自己一点都不喜欢听。"

小玉道："和尚喜欢什么？"

老实和尚道："和尚只喜欢看。"

小玉道："看什么？"

老实和尚道："看馒头、看咸菜、看萝卜干，只要能吃的，和尚都喜欢看。"

小玉道："牛肉汤不好看？"

老实和尚道："和尚不吃荤。"

小玉道："那么和尚只有饿着，听和尚自己的肚子叫。"

她又问沙曼："曼姑娘也不吃牛肉汤？"

沙曼道："不吃。"

小玉道："曼姑娘不饿？"

沙曼道："不饿，就算饿也不吃。"

小玉又笑了："原来曼姑娘真的是在吃醋，原来吃醋也能吃得饱的。"

老实和尚忽然将牛肉汤抢过去，道："她不吃我吃。"

小玉笑道："和尚几时开始吃荤的？"

老实和尚道："饿疯了的时候。"

他一大口一大口地吃着，等到吃累了，才叹了口气，道："酒肉穿肠过，佛在心头坐，和尚吃点牛肉汤，其实也没太大关系。"

陆小凤忍不住笑道："的确没关系。"

老实和尚忽然跳起来，大声道："有关系。"

陆小凤道："有什么关系？"

老实和尚道："大得要命的关系，和尚……"一句话没说完，他的人就仰面倒了下去，嘴角立刻喷出了白沫子。

陆小凤立刻也发觉自己的头有点晕晕的，失声道："这碗汤里下了药。"

小玉变色道："是谁下的药？"

陆小凤道："我正想问你。"

他想跳起来扑过去，只可惜手脚都变得又酸又软。

小玉一直在摇头，道："这件事不是我做的，不是我……"

她看见陆小凤凶巴巴的样子，已吓得想跑了。

只可惜沙曼已挡住了她的去路，冷冷道："不是你是谁？"

小玉不知道。

门外却有个人替她回答:"不是她,是我。"

世上只有一个人能煮得出这种牛肉汤,当然也只有一个人能在汤里下药。那就是牛肉汤她自己。

牛肉汤做出来的汤又香又好看,她的人也很香,很好看。尤其是今天。

看来她好像是特地打扮过,穿的衣服又鲜艳,又合身,脸上胭脂不浓也不淡,都恰好能配合她这个人。

直到今天,陆小凤才发现她不但很会穿衣服,而且很会打扮!

陆小凤虽喝得不多,现在头又发晕,眼睛也有点发花,就好像已经喝醉了的样子,忽然大声道:"我知道你一定不会对我怎么样。"

牛肉汤道:"哦?"

陆小凤道:"你特地打扮好来给我看,当然不会对我怎么样。"

牛肉汤板着脸,冷冷道:"我当然不会对你怎么样,我只不过想要你去陪母狗吃屎罢了。"

03

原来她早就到了这里,说不定她根本就是跟小玉一起来的。可是看小玉的样子并不像。

小玉看来好像怕得要命,简直已经像快要吓得晕了过去。她正在往外溜。

牛肉汤根本不理她。

船在大海上,人在船上,能够溜到哪里去?

小玉也好像想通了这一点,非但没溜,反而用力关上了舱门。

牛肉汤霍然转身,盯着她,厉声道:"你想干什么?"

小玉道:"我也不想干什么,只不过想要你陪和尚喝汤!"

牛肉汤还剩半碗。

小玉道:"这碗汤炖得好,不喝光了实在可惜。"

牛肉汤的脸色也变了。她脸上的胭脂若是擦得浓一点,别人也许还看不出。

可惜她擦得既不太浓,也不太淡,正好让别人能看出她的脸色在变。

沙曼的脸色却没有变。她脸色一直都是铁青的,眼睛一直都在刀锋般盯着牛肉汤。

小玉虽然在笑,笑里也藏着把刀。

她们了解牛肉汤,世上很少有人能像她们这样了解。

这一点牛肉汤自己当然也很清楚。

她瞧着小玉:"你敢?"

小玉道:"我为什么不敢?"她微笑着接道,"我看得出你已经在害怕了,因为你本来以为我们会怕你,可是我们不怕,所以你就害怕了。"

她说得虽然好像很繁杂,其实道理却很简单——你不怕我,我就怕你。

人与人之间的关系,本来就常常是这样子的。

沙曼慢慢地从衣襟边缘抽出根很细长的钢丝,拿在手里盘弄着。

钢丝细而坚韧,闪闪地发着光。

她的手纤长而有力。钢丝在沙曼的手里,很快变成一个舞剑女子的侧影,尖锐的一端就是剑。

她的手指轻拨,剑式就开始不停地变幻。

小玉嫣然道:"想不到曼姑娘的剑法这么好。"

沙曼淡淡道:"这世上想不到的事本来就很多。"

牛肉汤什么话都不再说,立刻走过去,喝光了剩下的那半碗牛肉汤。

她喝的并不比老实和尚少,但是她却连一点反应都没有。她当然已吃了解药。

小玉笑道:"牛肉汤里加上和尚的口水,不知是不是好吃一点?"

牛肉汤闭着嘴。

小玉道:"其实你应该高兴才对,不管怎么样,和尚的口水总是很难吃得到的嘛。"

牛肉汤冷冷道:"我很高兴,高兴得要命。"

小玉笑道:"你高兴就好,我就是怕你不高兴。"

牛肉汤道:"现在你们是不是可以让我走?"

沙曼道:"不可以。"

牛肉汤道:"你还想要我干什么?"

沙曼道:"脱光。"

牛肉汤道:"脱光?把什么脱光?"

沙曼道:"把全身上下都脱光,能脱的都脱光。"

牛肉汤脸色又变了,狠狠地瞪着她。

沙曼完全没有表情,手里还在盘弄着那条钢丝。坚韧的钢丝在她纤纤手指里,柔软得就像是条棉线。

牛肉汤回头瞪着陆小凤。

陆小凤在笑,笑得有点痴呆!

除了笑之外,他好像已没有什么别的事好做,他虽然没有晕过去,反应却已很迟钝。

沙曼冷冷道:"你用不着看着他,他又不是没有看过你脱光。"

她还在吃醋。一个正在吃醋的女人，通常都是没什么道理可讲的。

牛肉汤开始脱衣服。

小玉笑道："她脱得真快。"

沙曼道："因为她经常都在脱。"

小玉故意叹了口气，道："我只奇怪她为什么总是不会着凉。"

牛肉汤好像根本没听见。穿衣服的时候，她是个很好看的女人，脱光了更好看。

她的腿非常直，非常结实，皮肤光滑紧密，双腿并拢时中间连一根手指都插不进去！

她无疑正是那种可以令男人销魂蚀骨的女人，对这一点她自己也很有信心。

小玉又在叹气："好棒的身材，我若是男子，现在一定已晕了过去。"

沙曼道："只可惜你不是男人。"

小玉笑道："幸好我不是，你也不是嘛！"

牛肉汤忽然道："你们也不是女人。"

小玉道："不是？"

牛肉汤道："你们想要做一个真正的女人，还得多学学。"

小玉道："你可以教我们？"

牛肉汤看着她，眼睛里忽然露出奇怪的表情，充满了一种说不出的欲望。

也不知为了什么，小玉的脸突然红了。

牛肉汤轻轻道："你为什么不脱光，让我教给你？"

小玉只觉得喉咙发干，连话都说不出。

牛肉汤慢慢地向她走过去，腰肢摆动，带着种奇异邪恶的韵律。

忽然之间，寒光一闪，向她乳房上刺了过来。钢丝伸得笔直，就像是一把剑，却比剑更尖锐。

牛肉汤凌空翻身，最隐秘的地方恰巧在小玉眼前翻过。

她的腿笔直。笔直坚挺的钢丝却忽然又变成条鞭子，横抽她的腿。

她的腿一缩，忽然翻到陆小凤身后，手掌按住了他的玉枕穴。

"你再动一动，他就死。"

沙曼没有再动。

小玉也没有动，还是红着脸，痴痴地看着那赤裸的胴体。

牛肉汤笑了，眯着眼笑道："小玉，小宝贝，我喜欢你，一直都很喜欢你，你记不记得小的时候我就常常抱着你睡觉？"

小玉的脸更红，却不由自主点了点头。

牛肉汤道："现在你如果替我杀了沙曼，我一定更喜欢你。"

小玉迟疑着，看着她的眼睛。

她的眼睛里充满了邪恶淫荡的魅力。

小玉忽然扑向沙曼，闪电般出手，夺她手里的钢丝。

沙曼显然没有提防到她这一招，更没有想到她的出手如此快。钢丝立刻就被她夺过去，寒光一闪，忽然刺向牛肉汤的咽喉。这一招更意外，也更快。

可是牛肉汤并没有上当，身子一缩，已躲到陆小凤背后！

"你们是不是真的想他死？"

小玉也不敢动了。

牛肉汤慢慢地站出来，笑得更愉快，道："现在我能不能要你们做件事？"

小玉道："什么事？"

牛肉汤道："脱光，"她的眼睛里发着光，"两个女子统统脱光，能脱的都脱光。"

小玉回头看沙曼。

沙曼的脸色苍白。

牛肉汤道:"我数到十,你们如果还没有脱光,这里就多了个死人。"

她已经开始数。

"一、二、三——"

小玉已经开始在脱,沙曼也不能不听话,她们都知道她是说得出做得到的。

她数得很快,她们的动作也不能不快。

牛肉汤吃吃地笑道:"原来你们也是经常脱惯了衣服的。"

说完了这句她才接着数。

"四、五、六——"

忽然间,陆小凤的手一翻,用只手指捏着她的手腕,从他背肩摔了过来,就像是条死鱼般重重摔在地上。

他本来不会这样容易就得手,可是她也未免太得意了些。

一个人本不该太得意。

小玉扑过去,压在她身上,先用膝盖抵住了她的腰,带着笑问陆小凤:"你为什么等到现在才出手?"

陆小凤笑了笑,道:"我本来想等她数到十才出手的。"

沙曼努着嘴唇,瞪了他一眼,苍白的脸上也已有点发红。

牛肉汤也不知是不是被摔得发晕,过了半天,才能开口,大笑道:"你们是不是想强奸我?"

小玉道:"我倒没兴趣,他也没有这必要。"

牛肉汤道:"那么你们就该赶快让我走,否则你们也跑不了。"

小玉道:"哦?"

牛肉汤道:"只要有片刻看不见我,九哥就会到处找我的,在这条船上,你们能往哪里跑?"

小玉看着沙曼,两个人都闭上了嘴。

她们知道她说的是实话。

牛肉汤又笑了笑,柔声道:"小玉,小宝贝,快把你的腿拿开,你抵得我好痒。"

小玉看不出沙曼的反应,只有找陆小凤。

陆小凤忽然问道:"这船上有没有救生用的小艇?"

小玉道:"有两条。"

陆小凤道:"有没有人守护?"

小玉道:"守护的人,我们可以对付,可是我们就算抢到也没有用。"

——因为九少爷我们谁都对付不了。

这句话她没有说出来,也不必说。

要将小艇放下海,再远远地划开,让大船找不到,那至少要一个时辰。

宫九绝不会给他们这一个时辰。

陆小凤沉吟着,道:"现在上面的人还不知道小玉的反叛,她若去夺小艇,想必不难。"

小玉道:"可是……"

陆小凤打断她的话,忽又问道:"现在这时候,宫九通常在什么地方?"

小玉道:"在他的舱房里。"

陆小凤道:"除了他之外,这船上还有没有别的高手?"

小玉摇摇头,道:"他一向独来独往。"

陆小凤道:"他的舱房,当然就是这条船的主舱。"

沙曼忽然抢着道:"你……你是不是想去找他?"

陆小凤笑了笑,道:"本来也不想去的,可是现在却不能不去了。"

沙曼更着急:"为什么?"

陆小凤道:"因为你有样东西非卖给他不可,他好像也非买不可。"

沙曼道:"什么东西?"

陆小凤说道:"一大碗又香又浓的牛肉汤。"

沙曼的眼睛发出光,道:"你想要什么价钱?"

陆小凤道:"我要的价钱并不高。"

他不让沙曼再问:"先把牛肉汤装进箱子去,我一走,你们就去夺小艇,两条都要。"

沙曼看着他,眼睛里充满了关怀:"也许宫九并不想要这碗牛肉汤,也许他只想要你的命。"

陆小凤笑了笑,道:"无论做什么事,多少总得冒点风险的!"

他笑得并不愉快:"你们只要看到宫九一个人走上甲板,没有看见我……"

沙曼道:"那么我们立刻就杀了她?"

陆小凤慢慢地点了点头,心里忽然觉得很不舒服。

他并不想要牛肉汤的命,更不想让事情发展到那种情况。

只可惜他已完全没有选择的余地。

沙曼忍不住握他的手,道:"你……准备什么时候走?"

陆小凤道:"和尚一醒我就走。"

沙曼勉强笑了笑,道:"当然要等他醒,箱子总得有个男人来扛的!"

陆小凤也笑了,心里却打了个结。

他知道这不是她心里想说的话,他看得出她眼色中的恐惧和忧虑。

可是现在她还能说什么?

纵然她明知这一别很可能就已成永诀,她也只有让他走。

因为沙曼也知道现在他们绝没有选择的余地。

小玉看着他们,忽然道:"现在和尚还没有醒来,箱子还空着,难道你们就让它空着?"

第十四章

谈判顺利

01

老实和尚醒了,陆小凤走了,牛肉汤已经装进箱子。

现在已经到了她们行动的时候,沙曼却还不想走。

她看着小玉,眼色中充满了感激,轻轻道:"你是从小跟着他们兄妹的?"

小玉道:"我从七岁起就是个孤儿,若不是老爷子救了我,我早就淹死在海里。"

沙曼道:"所以你对宫家的人,一直都很忠心?"

小玉眨了眨眼,道:"曼姑娘如果想跟我聊天,到了小艇上我们一定有很多时间可以聊。"

沙曼好像没有听见这句话,又道:"九少爷是个怎么样的人,你当然很清楚?"

小玉只有点头。

沙曼道:"现在陆小凤去找他了,这一去很可能不会回来。"

小玉道:"可是……"

沙曼打断她的话,道:"他一死,宫主也得死,我们就没有一个人能活,所以……"

她忽然拉起了小玉的手，道："所以我有句话一定要先跟你说。"

小玉道："这句话曼姑娘是不是一定要现在说？"

沙曼点点头，道："这句话只有三个字。"

小玉道："三个字？哪三个字？"

沙曼道："谢谢你。"

小玉看着她，眼圈已红了。

沙曼道："现在我们是在冒险，可是如果没有你，我们就连这种机会都得不到，所以，如果我们这次都能活下去，我希望你能永远跟我们在一起。"

小玉垂下头，脸也红了。她当然听得出沙曼的意思，"我们"当然就是她跟陆小凤两个人。

沙曼柔声道："我是个很会吃醋的女人，可是这次我说的是真心话。"

小玉终于轻轻道："我今年已经十六岁了。"

十六岁正是情窦初开的年纪。

小玉道："陆小凤是个很讨人喜欢的男人，我相信一定有很多女孩子都喜欢他。"

沙曼道："你呢？"

小玉红着脸，声音更轻，道："当然不能说我不喜欢他，可是……"

她忽又抬起头，面对着沙曼："可是我这样做并不是为了他。"

沙曼道："不是？"

小玉道："绝不是。"

她的声音诚恳而坚决，无论谁都听得出她绝不是在说谎。

沙曼道："难道你是为了我？"

小玉道："也不是。"

她眼睛里带着种奇怪的表情："我是为了我自己。"

沙曼很意外，道："可是你并不需要来冒这种险的？"

小玉道："我有原因。"

沙曼道："你能不能告诉我？"

小玉道："现在还不能。"

她勉强笑了笑，慢慢地接着道："只要陆小凤能活着回来，我一定会告诉你的，就算你们不想听都不行。"

午夜，风平浪静。船走得又快又稳，按照这样的速度，后天黄昏时就可以看到陆地。

船上有两班船夫，不当值的都已睡了，走出底舱，就可以听见他们的鼾声。

无论什么人的鼾声，都绝不会是种很好听的声音，尤其是当你睡在他们旁边的时候，有些人的鼾声简直可以让你听得恨不得自己是个聋子。

可是陆小凤现在却觉得他们的鼾声很好听，因为这种声音不但能让他觉得很安全，而且能让他保持清醒。

宫九是不是也睡着了？

当然没有，他就算真睡，也不会睡得这么沉。

他是个不平凡的人，是个超人，他的能力，他所拥有的一切，绝不是任何人所能梦想得到的。

他仿佛永远都能保持清醒。

立刻要去面对这么样一个人，陆小凤心里是什么感觉？

有关这个人的传说，他已听得太多了，但是面对面的相见，却完全是另外一回事。

——那些几乎已接近神话般的传说，究竟是不是真的？

在这夜凉如水的玉露中宵里，他一个人会做什么事？

是在静坐沉思，还是在享受孤独的真趣？

当值的船夫都在操作，大家各守其位，谁也不敢离开半步。

舱房外并没有警卫。

九少爷在这里，有谁敢妄越雷池半步？

这给了陆小凤不少方便，他很容易就找到了主舱，舱门紧闭，门外悄无人踪。

没有人敢打扰九少爷的安宁，尤其是每当午夜的时候，除了宫主，谁也不许在附近徘徊窥伺。

现在陆小凤来了。

他既没有徘徊，也没有窥望，他确知九少爷一定就在这间舱房里！

他还没有敲门，就听见舱房里传出一阵奇异的声音。

是一种带着呻吟的喘息声，就像是条垂死的野兽在痛苦地挣扎。

陆小凤怔住。

舱房里是不是还有别的人，正在被宫九虐待折磨？

这世上岂非本就有些人以虐待别人为乐？

门里忽然又有人呻吟低呼："快来救我，我已忍不住啦！"

陆小凤也忍受不住。他一向痛恨这种以别人的痛苦为乐的狂人，他用力撞开门闯进去。

02

舱房里只有一个人。一个头发散乱、脸色苍白的年轻人，正半裸着在地上挣扎翻滚。

他的躯体苍白而瘦弱，带着斑斑的血渍，却是他自己用针刺出来的。

他手里还有根针。

舱房里布置得精雅而华丽，散落在地上的衣衫也是手工精致、质料高贵的上等货。

这无疑就是宫九的舱房。

没有人虐待他，他为什么要自己虐待自己？看见陆小凤进来，他虽然也吃了一惊，但是一种无法忍受的痛苦与渴望，已使他完全失却了理智。

他又在低呼："鞭子……鞭子……"

床头的木架上果然挂着条鞭子。

"用鞭子抽我……用力抽我……"

陆小凤看见了这条鞭子，却没有动手，只是冷冷地看着。

这个人也在看着他，眼睛里充满了乞怜和哀求。

"求求你，快……快拿鞭子！"

陆小凤坐了下来，远远地坐了下来。

现在他已想到这个人很可能就是宫九，他知道这世上有的人就是喜欢虐待自己。

自虐虽然是变态的，却也是种发泄。

陆小凤从来不能了解这种人，看见宫九，却忽然明白了。

——他得到的已太多，而且太容易得到，所以他心里的欲望，只有在虐待自己时，才能真正得到满足。

陆小凤冷冷地看着他，道："你是不是在等宫主？她喜欢用鞭子抽人，我不喜欢。"

这人眼睛里的乞怜之色忽然变成了仇恨和怨毒，喘息着道："你喜欢什么？喜欢沙曼？"

他忽然大笑，疯狂般大笑："你若以为那女人是个淑女，你就错了，她是个婊子。"

陆小凤的手握紧。

这人笑得更疯狂："她是个不折不扣的婊子，为了块肥肉就肯陪人上床睡觉，她十三岁的时候就已经陪人上床睡觉。"

陆小凤忽然冲过去，拿起了鞭子。别人侮辱他，他也许还不会如此愤怒，侮辱他所爱的人，却是他绝对无法忍受的！任何人都无法忍受。

这人大笑道："你是不是生气了？因为你也知道我说的是真话？"

陆小凤咬着牙，忽然一鞭子抽下去，抽在他苍白瘦弱的胸膛上。

第一鞭抽下去，第二鞭就不难了。这人眼里发出了光，嘴里却还在不停地辱骂，鞭子抽得愈重，他眼睛愈亮，也骂得愈凶。这是双重的发泄。

他的身子忽然蜷曲，又伸开，然后就躺在那里，动也不动了。他已满足。

陆小凤踉跄后退，坐了下去，衣服已湿透。他的愤怒已发泄。

他忽然发现自己心里仿佛也有种奇异而邪恶的满足。

这种感觉却令他几乎忍不住要呕。

他闭上眼睛，勉强控制自己，等他再张开眼睛时，地上的人已不见了。

舱房里寂静无声，若不是鞭子还在他手里，他几乎还以为刚才又做了场噩梦。

就在这时，一个人从里舱慢慢地走了出来，漆黑的发髻一丝不乱，雪白的衣衫上连一个褶皱都没有，轮廓美如雕刻的脸上带着种冷酷、自负而坚决的表情，眼神锐利如刀锋。

这个人就是刚才那个人，有谁能相信？陆小凤却不能不信。

这既不是奇迹，也不是噩梦。真实的事，有时远比梦更离奇可怕，更令人作呕。

这人刀锋般的目光正盯在他脸上，忽然道："我就是宫九。"

陆小凤淡淡道："我知道！"

现在，他终于完全知道宫九是个什么样的人了。

——他既不是神，也不是超人，只不过是条蜗牛而已。

因为他总是像蜗牛般躲在他超人的壳子里，只有在没人看见时，才会钻出来透透气！

也许就因为在蜗牛壳子里憋得太久，所以他心里的欲望必须发泄。

他选了种最恶心的法子，只有这种法子才能让他真正满足！

现在他虽然又钻进了他又冷又硬又光鲜的壳子里，可是陆小凤已不再怕他。

一个人若是真正看清了另外一个人，对他就绝不会再有所畏惧。

陆小凤道："你就是宫九？"

宫九道："我就是。"

陆小凤道："你一定想不到我会来找你。"

宫九冷冷道："世上不怕死的人很多，并不止你一个。"

陆小凤道："我怕死。"

宫九道："所以你现在一定很后悔。"

陆小凤道："后悔？"

宫九道："后悔刚才为什么不杀了我。"

陆小凤叹了口气，道："刚才我的确有机会杀了你的。"

宫九道："你没有。"

陆小凤笑了，看着自己手里的鞭子在笑。

宫九脸上却完全没有羞愧之色，刚才这鞭子就好像根本不是抽在他身上的！

陆小凤道:"我没有杀你,是我的错,我并不想要你感激,可是你……"

他的声音停顿,因为宫九忽又做出件很奇怪的事。他突然又解开了自己的衣襟,露出了胸膛和后背,他的肌肤光滑洁白如玉。

陆小凤再次怔住。

——这个人身上的鞭痕和血渍到哪里去了?

他不懂!虽然他也听到传说中有种神秘的功夫,练到某种程度时,就会有种奇异的再生力,可以在瞬息间令创痕平复收口。可是他一直认为那只不过是个荒谬的传说而已。

宫九又穿上衣服,静静地看着他,道:"现在你是不是已明白了?"

陆小凤道:"明白什么?"

宫九道:"你刚才并没有错,因为你根本没有机会。"

陆小凤道:"所以,你也不必对我感激。"

宫九道:"所以你现在非死不可了。"

陆小凤又笑了。

宫九道:"无论谁做出了不该做的事,都非死不可。"

陆小凤道:"何况我还看见了一些不该看的事。"

宫九忽然轻轻叹息,道:"只可惜现在我还不能杀你。"

陆小凤道:"因为你从不免费杀人?"

宫九道:"为了你,这一点我也可破例。"

陆小凤道:"你为的什么?"

宫九凝视着他,过了很久,忽然问道:"她在哪里?"

这句话问得很奇怪,甚至连"她"是谁都没有指明。

陆小凤却毫不迟疑就回答道:"在箱子里面。"

宫九道:"你知道我问的是谁?"

陆小凤道:"我知道。"

他也忍不住问:"你也知道她已落入我们手里?"

宫九道:"你怕死,可是你来了,你当然不是来送死的。"

两个人互相凝视着,眼睛里都带着种很奇怪的表情。

不管那是种什么样的表情,其中多少都带着些尊敬!

这种对仇敌的尊敬,有时甚至还远比对朋友的尊敬严肃得多。

又过了很久,宫九才缓缓道:"你准备用她的命,来换你们两条命?"

陆小凤道:"不是两条命,是四条命。"

宫九道:"还有两条命是老实和尚和小玉的?"

陆小凤不能不承认这个人的确有些超人的地方。

宫九道:"你要的是——"

陆小凤道:"我只要一个时辰。"他再解释,"我带她走,你的船回转,一个时辰后我放她走。"

宫九道:"船上的两条小艇你都已夺下?"

陆小凤道:"我知道小玉一定不会让我失望。"

宫九道:"一个时辰,你就让她来跟我会合?"

陆小凤道:"四个人用不着两条小艇,其中一条就是为她准备的。"

宫九道:"你想得很周到。"

陆小凤道:"我说话也算数。"

宫九道:"只有不多说话的人,说话才算数。"

陆小凤道:"你看我像是个多嘴的人?"

他不像!

宫九道:"你能忘记这几天看见的事?"

陆小凤道:"不能。"

这些事本就是任何人都忘不了的！

宫九道："你能替我们保守秘密？"

陆小凤笑了笑，道："你们的事我就算说出来，又有谁会相信？"

宫九看着他，眼中露出满意之色，道："看来你好像从不轻易答应别人一件事？"

陆小凤道："是的！"

宫九道："不轻诺的人，就不会寡信。"

陆小凤道："我总是尽力去做。"

宫九道："那么我相信她回来的时候一定平安无恙。"

陆小凤道："一定。"

宫九道："我也相信现在小艇一定已放了下去。"

陆小凤道："很可能。"

宫九慢慢地站起来，道："那么只要等你一下去，就可以看见这条船已回头了。"

他站起来，就表示这次谈话已结束。

陆小凤也站起来，看着他，微笑道："跟你谈交易，的确是件很愉快的事。"

宫九淡淡道："我也一样。"

陆小凤大步走出去，拉开了舱门。

宫九看着他的背影，忽然又道："我只希望这是最后一次了。"

陆小凤道："最后一次相见？"

宫九点点头，道："下次你再见到我时，我相信彼此都不会有这么愉快了。"

陆小凤道："我也相信。"

03

　　黑暗的海洋,浪潮已起。小艇在海浪中漂荡,就像是沸水锅里的一粒米。

　　陆小凤和老实和尚并肩摇桨,操舵的是小玉。

　　宫九的船早已回头了,他们已经在这黑暗的海洋上走了很久。

　　老实和尚忽然问道:"你真的见到了宫九?"

　　陆小凤道:"嗯!"

　　老实和尚问道:"他究竟是个什么样的人?"

　　陆小凤沉吟着。这句话本是他常常问别人的,现在居然有人来问他了。他在考虑应该怎么答复。

　　"不知道。"这就是他考虑的结果。

　　他考虑得愈久,愈觉得只有这三个字才是最好的答复。因为他实在不能了解这个人。

　　老实和尚道:"你们已见过面,但你却还是不知道?"

　　陆小凤叹了口气,道:"我只知道一点。"

　　老实和尚道:"哪一点?"

　　陆小凤苦笑道:"我绝不想再看见他,也绝不想跟他交手了。"

　　船尾的小玉忽然也叹了口气,道:"只可惜有些事就算你真的不想去做,有时却又偏偏非去做不可。"

　　陆小凤道:"难道我一定还会看见他?"

　　小玉沉默着,面对着无边黑暗的海洋,居然好像没听见他问的话。

　　——这小女孩子心里是不是也隐藏着什么秘密?

　　另外一条小艇用绳子系在船尾后。

她忽然定住舵,将这条小艇用力拉过来:"现在时候一定已经到了,我们已经应该放她走。"

沙曼默默地打开箱子,牛肉汤还是赤裸着蜷伏在箱子里,连动都不动。

淡淡的星光,照在她身上,她的胴体就像海浪般柔滑光亮。

沙曼道:"你还不走?"

牛肉汤道:"我为什么要走?这箱子里又暖又舒服。"

沙曼道:"你不想去见你的九哥?"

牛肉汤道:"我若不回去,他迟早总会追上来的,我一点都不急。"她忽然站起来,赤裸的胴体在夜色中发着光,正好面对着老实和尚。她眨着眼问:"和尚有多久没有看过脱光的女人了?"

老实和尚垂着头,道:"好像……好像已经有几百年了。"

牛肉汤笑道:"佛家讲究眼中有色,心中无色,和尚为什么不敢看我?"

老实和尚苦笑道:"和尚的道行还不够。"

牛肉汤嫣然道:"难道和尚心里有鬼么?"

老实和尚道:"有一点。"

牛肉汤吃吃地笑着,忽然一屁股坐到他怀里去了:"坐在和尚怀里去,原来比躺在箱子里还舒服得多。"

老实和尚头上已连汗都冒了出来。他当然知道她是在故意捣蛋,要让这条小艇没法子走快。

她若不回去,宫九当然会追上来。

可惜和尚心里虽然有数,却连一点法子都没有,非但不敢伸手去推,简直连动都不敢动。

牛肉汤眼珠子转了转,忽然又问道:"和尚有多久没摸过女人了?"

老实和尚道:"不……不知道。"

牛肉汤道:"是不知道,还是忘记了?"

老实和尚道:"是……是忘记了。"

牛肉汤笑道:"和尚一定连摸女人是什么滋味都忘了,让我来提醒你。"

她忽然捉住老实和尚的手——

老实和尚好像已吓得要叫了起来,幸好就在这时候,一只手忽然伸过来,扣住了牛肉汤的腕子,一摔一翻,她的人就飞了起来,"扑通"一声,掉进海里。

陆小凤拍了拍手,道:"割掉系船的绳子,她上去也好,不上去也好,都不关我们的事了。"

小玉道:"如果她一定要淹死,我们怎么办呢?"

陆小凤道:"我们也只有看着。"

小玉嫣然道:"好办法,好主意。"

要对付牛肉汤这种人,这的确是最好的法子。

牛肉汤不停地在海浪中跳动着,放声大骂:"陆小凤,你这个王八蛋!我绝不会饶了你的,总有一天我要把你切碎了煮来吃!"

第十五章

仗义救人

01

她骂的声音好大,陆小凤却听不见,连一个字都听不见。

老实和尚擦着汗,叹着气,苦笑道:"看来这叫作天生的一物降一物。"

忽然间,"砰"的一声响,一个浪头打上了小艇,天上连星光都已被乌云掩没。

是不是暴风雨快要来了?

海上更黑暗,小艇摇晃得更剧烈,星光消失后,连方向都已辨不出。

老实和尚用两只手紧紧握住船舷,脸上已无人色,不停地喃喃自语:"这怎么办?和尚看见澡盆里的水都害怕,连洗澡都不敢洗。"

小玉笑了,道:"原来……"

一句话还没有说完,已有个浪头重重地打在她身上,她的人就倒了下去。

陆小凤抢着去把舵,可是他就算能把稳舵,辨不出方向又有什么用?

老实和尚叹着气,苦笑道:"现在和尚总算明白了。"

陆小凤道:"明白了什么事?"

老实和尚道:"明白宫九为什么那么痛快就答应了你。"

他叹息着又道:"那小子一定早就算出了海上会有风暴,早就知道我们过不了这一关。"

陆小凤道:"莫忘了他妹妹现在也在这条小船上,那条船并不比我们这条大。"

老实和尚道:"莫忘了那丫头是个狐狸精,我们是群旱鸭子。"

陆小凤沉默着,也不禁叹了口气,道:"若是有老狐狸在,就好了。"

老实和尚道:"老狐狸是什么人?"

陆小凤道:"他也不算是什么了不起的人,只不过这世上如果有三百种可让船不要翻的法子,他至少懂得两百九十九种。"

突听一个人道:"三百种我都懂。"

小艇的船板忽然有一块掀了起来,一个人从下面伸出了头,满头白发苍苍,一双眼睛却湛蓝如海水。

"老狐狸!"陆小凤叫了起来,"你怎么还没有死呢?"

老狐狸眨了眨眼,道:"你有没有看见鱼淹死在水里?"

陆小凤道:"没有。"

鱼可能死在水里,却绝不是被淹死的。

老狐狸笑道:"我在陆上是条老狐狸,到了水里,就是条鱼。"

小玉道:"是条什么鱼?"

陆小凤大笑:"当然是条老甲鱼!"

风暴已过去。

无论多么小的船,无论多么大的风浪,只要有好手操舵,都一定会渡过去的。

老狐狸的手稳如磐石。

"这些日子来,你躲到哪里去了?"

"当然是在水里。"老狐狸道。

一个人若能在水下潜伏,的确是最安全的地方。

"你吃什么?"陆小凤问。

"大鱼吃小鱼,老鱼吃大鱼。"

生鱼的营养,远比红烧鱼、清蒸鱼、油煎鱼都大得多。

所以他的手还很稳,体力还未消失。

"你怎么会到这条船上来的?"

"我看见这条船在装水,就知道它又要走了。"他笑得好得意,"我也知道不到危急的时候,绝不会有人动救生的小船。"

小玉一直在听着,忍不住叹了口气,道:"看来这个人真是条老狐狸。"

老实和尚也忍不住叹了口气,道:"总有一天,你也会变成狐狸精的。"

小玉看着他,忽然问道:"你真的从不洗澡?"

老实和尚道:"谁说的?"

小玉道:"刚才你自己说的,看见水你就害怕,怎么能洗澡?"

老实和尚道:"我干净。"

夕阳消失。

老狐狸的眼睛也变得像夕阳般多姿多彩。

"我们现在到哪里去?"

"老狐狸当然要回狐狸窝的。"

他笑得更开心,因为他知道舵在他手上,别人想不去都不行。

"狐狸窝是个什么地方？"

"是个只要你去过一次，就一定会想再回去的地方。"

"你去过？"

陆小凤点点头，眼睛里也发出了光。

那些低暗的、总是有烟雾弥漫的屋子，那些粗犷而直率的人，那一杯杯烈得可以让人流出眼泪的酒，那木板上到处都是洞眼的洗澡房……

也不知道为了什么，只要一想起，他心里就会觉得有说不出的温暖。

老狐狸眯着眼，看着他："你心里是不是也跟我一样想回去？"

陆小凤不能不承认："有一点。"

老狐狸道："是只有一点，还是想得要命？"

陆小凤叹了口气，道："我想得要命。"

老狐狸笑了，顺手往前面一指，道："你看那是什么？"

陆小凤回过头，就看见了陆地。

02

伟大而可爱的陆地，他们终于回来了。

他们当然一定会回来的，因为他们的信心和勇气并未消失。

老狐狸兴奋得就像是个孩子。

这海岸、这沙滩，甚至连那一块岩石，都是他熟悉的。

无论他在哪里，只要他一闭起眼，就能看到。

可是他一上岸就怔住：海岸、沙滩、岩石都没有变，他的狐狸窝却变了。

低矮破旧的平房已变得焕然一新，窗户上也糊起了雪白的窗纸，里面已不再有粗犷豪迈的笑声传出来，他的狐狸窝竟似已变得像座坟墓。

陆小凤也很意外，忍不住道："你是不是走错地方了？"

其实他当然也知道老狐狸是绝不会走错地方的，世上本就绝没有找不到自己老窝的狐狸。

可是世上也绝没有永不改变的事，狐狸窝也一样会变的。

陆小凤又道："你出门的时候，你的狐狸窝交给谁？"

小玉抢着道："老狐狸出了门，狐狸窝当然交给母狐狸。"

陆小凤叹了口气，道："我明白了。"

老狐狸道："你明白了什么？"

陆小凤道："你那条母狐狸，一定也是个狐狸精，狐狸精做寡妇是做不长的，她以为你已葬身海底，你这狐狸窝现在说不定已换了主人。"

老狐狸冷笑道："有谁敢要那狐狸精，我倒真佩服他的胆子。"

他们站在一块岩石后，刚好可以看见狐狸窝那扇新漆的门。

门忽然开了，一个人施施然走了出来，钩鼻高颧，目光如鹰。

陆小凤又叹了口气，道："别的人也许会不敢，这个人一定敢。"

老狐狸道："你认得他？"

陆小凤道："我也知道他不敢做的事还很少。"

老狐狸道："他是谁？"

陆小凤道："鹰眼老七，十二连环坞的总瓢把子。"

老狐狸脸色有点变了。

陆小凤道："他无论抢了谁的窝我都不奇怪，我只奇怪他怎么会到这里来的？"

小玉道："你为什么不去问他去？"

老狐狸道："这里是我的地盘，我去问他。"

他说去就去，一转出岩石，鹰眼老七那双炯炯发光的眼睛就盯着他。

老狐狸也在眯着眼睛看他。

鹰眼老七忽然说道："喂，你过来。"

老狐狸道："我本来就要过来。"

鹰眼老七指着那条小艇，道："那条船是你的？"

老狐狸说道："本来不是，现在已经是了。"

鹰眼老七道："刚才船上是不是有四五个人？"

老狐狸道："嗯。"

鹰眼老七道："别的人呢？"

老狐狸笑眯眯地看着他，道："你是衙门里的人？"

鹰眼老七摇摇头。

老狐狸道："你知不知道这地方本来归谁管？"

鹰眼老七又摇摇头，道："谁？"

老狐狸指着自己的鼻子，道："我。"

鹰眼老七道："你就是老狐狸？"

老狐狸笑了笑，道："所以问话的应该是我，不是你。"

他说问就问："你是什么人？干什么来的？一共来了几个？还有别的人在哪里？"

鹰眼老七冷冷道："你为什么不先回头看看？"

老狐狸回过头，就发现已有两个急装劲服的黑衣人无声无息地到了身后。

他还没有转身，这两人已闪电般出手，把他身子架了起来。

鹰眼老七冷笑道："现在应该由谁来问话了？"

老狐狸苦笑道:"你。"

鹰眼老七冷笑着转身,大步走进了门,道:"带他进来。"

"砰"的一声,门又关起。

两个黑衣人已将老狐狸架了进来,墙角屋脊后人影闪动,至少还有七八个同样装束的黑衣人在这狐狸窝四周埋伏着。

远处蹄声响动,还有二十来个骑士在附近往复巡弋,穿的竟全都是七品武官的服色。

陆小凤已皱起眉,喃喃道:"胡老七的排场几时变得这么大的?"

刚才架走老狐狸的那两人,身法轻快,出手迅急。

埋伏在屋脊墙角后的,武功也绝不比他们差,已全都可以算是一流高手。

能够用这么多高手做警卫的人还不多,鹰眼老七本来的确没有这样的排场。

在远处巡弋的骑士们,忽然有一个打马驰来,墙角后也立刻有个黑衣人迎了上去。

骑士立刻翻身下马,打躬请安。

他身上穿着虽是七品服色,看见这黑衣人态度却很恭敬,就像是见到了顶头上司。

小玉道:"看来不但他的气派大,他的属下气派也不小。"

沙曼道:"这些黑衣人绝不是十二连环坞的属下。"

陆小凤道:"你怎么知道?"

沙曼道:"我听说过十二连环坞,虽然不能算是个盗窟,也不是什么好地方。"

陆小凤道:"难道你认为这些穿黑衣服的朋友都是好人?"

其实他心里也知道这些人绝不是十二连环坞的属下,十二连环坞从来不跟官府打交道的。

可是现在他的情绪很不稳定,很想找个人来斗斗嘴。

这种法子对于稳定他的情绪,通常都很有效。

沙曼却不理他了。

陆小凤捏了捏她的鼻子,道:"你怎么忽然变成哑巴了?"

沙曼故意板着脸,道:"你要我说什么?"

陆小凤又捏捏她的脸,道:"我知道你一定已看出了他们是什么人。"

沙曼道:"他们当然都不是好人。"

陆小凤道:"为什么不是好人?"

沙曼道:"因为你说的。"

陆小凤道:"我说的话你都听?"

沙曼道:"我不听你的话,听谁的话?"

陆小凤笑了,忽然搂住她的腰,在她嘴上亲了亲,沙曼再想板起脸已不行了。

她整个人都已软在他怀里。

小玉叹了口气,道:"你们帮帮忙好不好?就算要亲热,至少也该分分时候,看看地方。"

沙曼道:"你若看着难受,我也可以让他亲亲你。"

陆小凤笑道:"只可惜我的嘴现在没有空。"

他们的嘴的确都忙得很,那边两个人的嘴也没有闲着。

穿着七品服色、全身甲胄鲜明的武官,一直都在躬着身,和那黑衣人说着话,说的声音很低,脸上的表情严肃而恭谨,仿佛正在报告一件极机密的军情。

那黑衣人却好像已听得有点不耐烦了,已经在挥手要他走。

沙曼压低声音,道:"这个人一定是'天龙南宗'的弟子。"

陆小凤道:"你看得出?"

沙曼道："天龙南宗的轻功身法很特别，刚才对付老狐狸的两个人，用的擒拿法也是天龙南宗的独门手法，所以我才说他们绝不是十二连环坞属下。"

这次陆小凤没开口，小玉却问道："为什么？"

沙曼道："天龙南宗的大师兄是个天阉，所以就索性净身入宫做了太监，近年来据说很有权，就将他的师弟们都引进宫去，所以天龙南宗的门下，十个中倒有九个是大内侍卫。"

小玉道："所以连这些武官们看见他们都得低下头？"

沙曼道："就算再大一点的官，看见他们都得低头的。"

小玉道："可是大内的侍卫们怎么会到这里来了？怎么会跟着鹰眼老七？"

沙曼故意气她："你为什么不自己去问问他？"

小玉眨了眨眼，道："曼姑娘若是真的叫我去，我就去。"

她没有去。

因为那一直低着头的武官，头忽然抬了起来，那一直趾高气扬的黑衣人却倒了下去。

陆小凤仿佛看见那武官手里刀光一闪，刺入了黑衣人的腰。

黑衣人身子立刻软了，那武官又托住了他，往狐狸窝那边走，脸上在赔着笑，嘴里还在说着话，可惜黑衣人却已听不见了。

从陆小凤这个角度看过去，正好可以看见他腰上软胁下的衣裳已被鲜血染红。

这地方正是人身上致命的要害，这一刀出手狠毒而准确。

一个小小的七品武官，怎么会有这么快的刀？为什么要刺杀大内的侍卫？

这狐狸窝里究竟有些什么人、什么秘密？

03

陆小凤的手已放松了沙曼。

小玉也没有再看他们。

此刻在他们眼前发生的事不但紧张刺激,而且很神秘,他们已完全被吸引。

现在,那武官几乎已快进到狐狸窝的后门,另外的骑士也开始悄悄地策着马走过来。

墙角后又闪出个黑衣人,武官正在向他招呼,也不知说了句什么话。

黑衣人立刻一个箭步蹿了过去,武官手里忽然又有刀光一闪,又刺入了这人的腰。

这一刀出手更准更快,黑衣人连哼都没有哼就倒了下去。

看来这七品武官不但是个武功高手,杀人的经验似极丰富。

可是这里已到了禁区,四周埋伏的暗卡都已被惊动。

十来个装束打扮完全一样的黑衣人都已现了身,亮出了兵刃。

远处的骑士也挥鞭打马,冲了过来,前面的一排人,使的是大枪长戟,骑术精纯,显然都是久经战阵的沙场老将。

后面的一排人用的却是江湖常见的短兵刃,有的还亮出了腰际的暗器囊。

那武官已将黑衣人的尸身用力抡了出去,厉声道:"我们是奉王爷之命拿人的,若有人敢抗命,一律格杀勿论。"

黑衣人中也有人厉声道:"我们才是王府的侍卫,你们算什么东西?"两句话说完,战马已冲了过来,前面的一排人长枪大戟飞舞,声势十足惊人，后面的一排骑士却忽然从马鞍上飞身而起，找机会要冲进狐狸窝去，一个个轻功都不弱，出手的暗器更狠毒。"天龙南宗"也正是以轻功和暗器知名的，双方针锋相对，出手也绝不留情。

陆小凤看傻了，他实在不懂这是怎么回事。

可是他已看出了另外一件事——天龙南宗门下弟子的武功，并没有江湖传说中那么高明，那些穿着七品官服色的骑士却都是一等一的高手。

因为就在这一瞬间，黑衣人已倒下五六个，狐狸窝的窗户已被撞碎了三四扇，已经有七八个人闯了进去。

刚才在一瞬间就已手刃了两个黑衣人的武官，现在又杀了两个。

第一个闯进去的就是他。

看到了这个人杀人，陆小凤就想起了他家里的厨子。

他小时候常常溜到厨房去，看那个厨子削黄瓜、切白菜。

这个人杀人，就好像那个厨子斩瓜切菜一样。

他的刀绝不会落空的。

——屋子里究竟有些什么人？

至少有老狐狸和鹰眼老七，陆小凤总不能不承认他们是他的朋友。

——朋友，多可爱的两字，一个人能不能没有朋友？

不能。

——一个人能不能看着朋友像黄瓜白菜一样被砍断？

不能。

——一个人能不能在听见朋友的惨呼声时装作听不见？

不能。

至少陆小凤不能。

他已经听见了老狐狸的惨呼声。

那是种很奇怪的声音，就好像一个小女孩被人强奸时发出来的一样。

一个很小很小的女孩子。

陆小凤很想装作听不见,可是他不能。

沙曼看着他,忽然问道:"老狐狸是不是你的朋友?"

陆小凤道:"不是。"

沙曼道:"你想不想去救他?"

陆小凤道:"不想。"

他真的不想,因为他实在没有把握对付那绝不是真武官的武官。

可是他的人已冲了出去。

如果你心里有痛苦,喝醉了是不是就会忘记?

不是!

——为什么?

因为你清醒后更痛苦。

——所以喝醉了对你并没有好处。

绝没有。

——那么你为什么要醉?

我不知道。

一个人为什么总是常常要去做自己并不想做的事?

我不知道。

屋子里的情况很惨,本来那些趾高气扬的黑衣人,现在大多数已倒了下去,有的倒在自己的血泊中,有的死鱼般挂在窗棂上。武官们的刀锋上都有血。

三柄带血的刀锋架住了老狐狸的脖子,另外四柄逼住了鹰眼老七的咽喉,他们看见陆小凤冲进来的时候,就好像看见了天降的救星,武官们看着他冲进来,却像是在看着只自投罗网的笨鸟。

只有陆小凤心里知道自己究竟是什么。

——陆小凤就是陆小凤,一个既不能算太好,也不能算太坏的人,有时很聪明,有时很笨,有时很冲动,有时很冷静。

一进了这屋子,他就忽然变得很冷静,因为他毕竟是来救人的,不是来送死的。

陆小凤先替自己留了条路——救不了别人时,只有先救自己。

武官们冷眼看着他。

他在笑,客客气气地拱着手笑道:"各位劳师动众,远道而来,为的就是来抓这两个人的?"

没有人回答,没有反应。

陆小凤道:"他们犯了什么罪?"

还是没有人回答,没有反应。

陆小凤忽然觉得自己的胃在收缩,就像狂醉后的第二天早上又被人在胃上踢了一脚。

倒在血泊中的人忽然已站起来,挂在窗棂上的死鱼忽然又变得生龙活虎。

陆小凤变成了条鱼,一条网中鱼。

鱼在落入网中时,会挣扎、会摆动,想冲出网去。

陆小凤不是鱼。

所以他一动也没有动。

——只要动一下,架在他胸膛和咽喉上的七把刀就会要去他的命。

——他怎么能动?

他忽然变得更冷静,冷静地站着,像一座山那样屹立。

陆小凤在遇到危机时,能够冷静,有一个人却不能。

——谁?

沙曼。

陆小凤已经进去很久了,他怎么还不出来?

沙曼看到过黑衣人和大内侍卫的武功,她相信,陆小凤绝对可以胜过他们。

——然而,陆小凤怎么还不出来?

一定是遇到了什么。

"什么"有很多解释。

对恋爱中的沙曼来说,"什么"的解释只有一种,那就是危机。

所以她一点也冷静不起来。

她站起就要往里面冲。

有一个人却不想她冲进去。

——谁?

老实和尚。

所以老实和尚就拉住沙曼的衣袖。

沙曼绝不会让老实和尚拉住她的衣袖。

所以老实和尚只好挡在沙曼的面前。

沙曼道:"你为什么要拦住我?"

老实和尚道:"不是我拦住你。"

沙曼指着老实和尚道:"难道站在我面前的人,不是你?"

老实和尚道:"这只是我的身体。"

沙曼道:"你是说,有人要你拦住我?"

老实和尚点头。

沙曼道:"谁?"

老实和尚道:"陆小凤。"

沙曼道:"我不懂。他什么时候要你拦住我?"

老实和尚道:"他并没有要我拦住你。"

沙曼诧异地看着老实和尚。

老实和尚道:"我知道他一定不希望你进去。"

沙曼道:"为什么?"

老实和尚道:"因为他们在里面,一定是谈一件极机密的事。"

沙曼道:"你怎么知道?"

老实和尚道:"我就是知道。"

沙曼道:"万一——"

老实和尚道:"你放心,我保证陆小凤绝不会有危险。"

陆小凤真的没有危险吗?

难道架在他胸膛和咽喉上的七把刀,不是真刀?

刀当然是真刀,只不过架在陆小凤胸膛和咽喉上没有多久,忽然就全都撤去而已。

鹰眼老七忽然大笑道:"陆小凤果然是陆小凤,在最危险的时候,依然是那么镇静。"

老狐狸也笑道:"陆小凤在水里镇静,在陆地更镇静,佩服!佩服!"

陆小凤道:"两位的玩笑,也未免开得太大了,如果我不镇静,岂非早就丧生在你们的刀下?"

鹰眼老七道:"不这样做,他们就不相信陆小凤的独到功夫,情非得已,还请多多包涵。"

陆小凤道:"为什么要他们相信我的功夫?"

鹰眼老七道:"因为我要请你帮我一个忙。"

陆小凤道:"帮忙也用得着这样吗?"

鹰眼老七道:"这件事不但离奇,而且神秘,不但神秘,而且充满了危机。"

陆小凤道:"哦?"

鹰眼老七道:"这件事牵涉到三千五百万两的金珠珍宝。"

陆小凤道:"还有呢?"

鹰眼老七道:"还有一百零三个精明干练的武林好手,都在一夜之间失踪了。"

陆小凤的眼睛已经张大,因为这么庞大的财宝,这么多位武林好手,竟然在一夜失踪,这件事一定很神秘、很危险,也一定很好玩。

神秘、危险、好玩,三样之中只要有一样,陆小凤就会被吸引,更何况三种都有的事?

所以陆小凤就静静听着鹰眼老七报告整个事件的经过。

说到最后,鹰眼老七加上一句:"这件事,不但关系中原十三家最大镖局的存亡荣辱,而且江湖中至少有七十八位知名之士,眼看就要因此而身败名裂、家破人亡。"

陆小凤听完整个故事,一言不发。所有人都没有发出声音,一点也没有。

因为他们怕一点声音,也会影响陆小凤的沉思。

所以他们都屏息静气,看着有四条眉毛的陆小凤。

陆小凤看着鹰眼老七道:"三批人查访都毫无结果?"

鹰眼老七道:"没有,一点也没有。"

陆小凤道:"一点可疑的地方也没有查获?"

鹰眼老七道:"有一个可疑的地方,就是出事前那天早上,有一批木匠到过那里,带着几大车木材,据说是为了要做佛像和木鱼用的。"

陆小凤的眼睛亮了起来,追问道:"做佛像和木鱼?"

鹰眼老七道:"是的。"

陆小凤道:"你们为什么不继续追查?"

鹰眼老七道:"查过了,那批人在当天晚上就离开,而且我们发现，他们都是太平王府的木匠，一点可疑的地方也没有。"

陆小凤道："哦？"

陆小凤的四条眉毛仿佛要皱在一起，这是他沉思的样子。

陆小凤抬头，看着围在四周的黑衣人和武官，对鹰眼老七道："这些都是负责办案的人？"

鹰眼老七道："是的，假如再也查不出消息，我们都只有一条路走。"

老狐狸道："死路。"

陆小凤道："这件事与你有什么关系？"

老狐狸道："本来一点也没有，只可惜我的狐狸窝忽然来了一个人。"

陆小凤道："谁？"

老狐狸道："你。"

陆小凤道："我？"

老狐狸道："因为我没有死，所以鹰眼老七就认为你也应该活着，所以我们就在这里等了你五天。"

陆小凤道："你们等到了。"

等是等到了，可是有用吗？

六月十五就是太平王的世子所给的限期了，而现在已经是六月十四日。

所以鹰眼老七的脸色也并没有多好看。

陆小凤道："太平王的世子是个讲道理的人物？"

鹰眼老七道："绝对是。"

陆小凤道："那你转告他，说有人看到过那一百零三个人里的一个，而且，也看过那批失落的珠宝。"

所有人的目光都盯在陆小凤脸上。

鹰眼老七的眼瞪得最大。

"真的?"这是大家异口同声的问话,声音里有着兴奋和紧张。

"陆小凤毕竟是陆小凤!"

这是鹰眼老七的赞叹。

他却不知道,陆小凤看到那一百多尊佛像时,已经历了多少险恶的暴风雨和惊涛骇浪。

陆小凤几乎丧生在大海里。陆小凤几乎死在牛肉汤的一句话里。陆小凤几乎被贺尚书杀死。

但他都化险为夷,而且在那间密室中看到那些木鱼、木鱼里的珠宝,还有"住在"佛像里的"大力神鹰"葛通。

陆小凤忽然想起了他被暴风雨打落海中时,看到的一种鱼。

——木鱼。

那时他正坐在一尊佛像上。

所以陆小凤就对老狐狸道:"东西是你运走的。"

吃惊的当然不止老狐狸而已。

——还有鹰眼老七和那批黑衣人及武官。

他们忽然围住老狐狸。

老狐狸想苦笑,但是连一点凄惨的笑容都挤不出来。

陆小凤道:"但是你却一点也不知道内情。"

老狐狸长长地舒了口气。

鹰眼老七道:"那批东西现在在哪里?"

陆小凤道:"你信任我?"

鹰眼老七道:"这件案子一发生,我就想到只有你能破案,便专程来找你,你想,我对你会不信任吗?"

陆小凤道:"好,那你就去回复太平王的世子,请他再给你十五天的期限。十五天之内,我一定给你找回来。"

鹰眼老七道:"我能不能跟你一起去?"

陆小凤道:"不能。"

鹰眼老七道:"为什么?"

陆小凤道:"因为那里实在太危险了。"

陆小凤绝不让别人去涉险。危难的事,他只会奋不顾身地自己去解决,这是陆小凤的脾气。

鹰眼老七了解陆小凤的脾气。所以他没有坚持。

陆小凤道:"现在我只需要一条大船,和老狐狸的帮忙。"

老狐狸忽然觉得很愉快。

连鹰眼老七都不能参与的事,他老狐狸竟然能够,这岂非是人生一大乐事?

第十六章

重回岛上

01

老狐狸的快乐并没有维持很久。

因为一到了上次遇到暴风雨的海域,陆小凤就自己跳入小艇中,一个人带着一瓶水、一袋干粮,划着小艇走了。

这一次他们没有遇到暴风,陆小凤就决定一个人在小艇上随海波漂浮。

他记起在岛上,小老头对他说过:"也就因为这股暖流,所以你才会到这里来。"

所以他不停地探手入水中,试探水的冷暖。

他试了已经有两百七十六次了,海水却只冷不暖。

他开始焦急起来。

他很怀疑自己能否随水漂到岛上。

他开始后悔,后悔自己一再坚持不让沙曼来。

假如沙曼在身边,管它水流怎么漂,管它水流把他们漂到哪里,最好漂到世界的尽头,漂到幸福的国度,漂到传说中的蓬莱仙岛。

他渴望沙曼在身旁。

阳光是那么灿烂,海水一片湛蓝,海波微扬,偶尔还漾起一大片的银色闪光。

假如有沙曼在身旁,这是多美好的事!

沙曼!沙曼!他是否爱上了沙曼?

他笑了笑。

这时候,老狐狸的船大概已经回航了吧?

沙曼在老狐狸的船上,是否也在想他?抑或在和小玉诉说她的思念?抑或和老实和尚开玩笑?

想起了老实和尚,陆小凤立刻坐了起来。

万一老实和尚不老实怎么办?

啪!啪!

这是陆小凤左右开弓,自己打了自己两记耳光的声音。

老实和尚会不老实?也许对别人会耍耍诈,可是陆小凤能怀疑吗?他不是把自己和沙曼救了出来吗?

陆小凤又举起手,正准备再打自己两记耳光,手突然停在半空。

因为他看见前面出现了灰蒙蒙的一个小点。

陆小凤的心"扑通"地跳了一下,那个就是他到过的岛吗?

02

星星,满天的星星。

闪亮的星星。

璀璀璨璨的星星。

在海边看星,实在是一件很愉快的事。

当然,假如沙曼在身边,那就更好了。

不过陆小凤并没有觉得很遗憾。

因为,他必须在日出之前,想清楚一件事。

关于岳洋,关于小老头,关于宫九,关于牛肉汤,关于那一批失落的珠宝,关于那一百零三个失踪的武林好手。

在接近解决问题的边缘时,陆小凤的表现,一向是大丈夫的表现。

——拿得起,放得下。

——最重要的,是能够忘情弃爱。

这是真英雄的本色。

在面对敌人时,假如还婆婆妈妈,还留恋旖旎的爱情,这个人绝对会被敌人击败。

陆小凤未被击败过。

陆小凤只有在该谈爱的时候才谈爱,该缠绵的时候才缠绵。

现在是该作分析敌情的时候。

所以沙曼虽然不在身旁,陆小凤并不感到遗憾。

他想到那一百零三个失踪的人。

这一百零三个人,一定在这岛上,只是,他们都失去了活动的能力。

每天只喝一勺牛肉汤的人,手脚还有活动的能力吗?

牛肉汤这样对待他们,为的是什么?

她为什么不干脆把他们都杀死?

让他们苟延残喘地活着,目的是什么?

他想到那一批价值三千五百万两的金银珠宝。

多庞大的数目!

多庞大的劫案!

很明显，这次劫案的主谋，一定是小老头。

岳洋只不过是负责押运珠宝的小角色而已，在这次劫案中，应该不是个重要的人物。

重要的人物只有两个。

小老头和宫九。

小老头是主谋，宫九是执行者。

以岛上如云的高手，劫持这批珠宝，实在是轻而易举的事。

然而重要的不在这里。

重要的是，到底是谁杀死崔诚的？

陆小凤忽然想起了一段话。

小老头说的一段话。

——杀人的方法只有一种。

——杀人之后，不但能绝对全身而退，而且要绝对不留痕迹，所以杀人工具虽多，正确的方法却绝对只有一种。

——这不但需要极大的技巧，还得要有极精密的计划，极大的智慧和耐心。

是小老头杀死崔诚的？

不可能。小老头用不着亲自出马。

是宫九？

应该是他。但是，他是怎么杀崔诚的？

崔诚的密室外，有五道防守严密的铁栅门，能自由出入的，只有程中和萧红珠。

是宫九买通程中和萧红珠来杀害崔诚？

有可能。可是，为什么他们进入密室后，程中和萧红珠都已经死了？

他们绝不可能自杀！

而密室的四面墙壁，是整块的花岗石，铁门不但整天有人换班防守，还配有名匠铸成的大铁锁。

这么严密的保护，谁能进去杀人？

连小老头也绝对进不去！

只有一种人能够进去！

隐形的人！

对，隐形的人！

陆小凤兴奋起来了！他知道，只有小老头知道这个人怎么隐形。

所以他明天一早第一件要办的事，就是去找小老头。

现在，他只需要充足的睡眠。

03

朝阳初升。

阳光把陆小凤的眼睛刺开。

他站起身，活动一下筋骨，发觉昨夜睡得很熟，现在精神奕奕。

他迈步向前走，走到那长满藤萝的山崖，拨开藤萝，走入那小径中，走在那草地上。

绿草，流水，一切都和上次来时相同，除了一样。

——这次没有岳洋来迎接他。

不但没有岳洋，连一个人的影子也没有。

静。出奇的静。

除了淙淙的流水声外，陆小凤几乎可以听到草长花开的声音。

"静得可以听到花开草长的声音，是吗？"

陆小凤被这声音吓了一跳。

他转身一看，就看到说话的人。

依旧是圆圆的脸，半秃的头，脸上还是带着那种和蔼的笑容，身上还是穿着那质料极好的衣服。

——小老头。

陆小凤看着小老头，微笑道："你的出现，总是那么突如其来？"

小老头道："你上次在这个岛上看到的事，你认为很怪异？"

陆小凤道："怪异极了。"

小老头道："这个岛是不是很神秘？"

陆小凤道："神秘极了。"

小老头道："我是这个岛上的主人。"

陆小凤道："所以你理所当然地透着神秘？"

小老头道："一点不错。"

陆小凤道："你知道我这次重回岛上，有什么目的？"

小老头道："我当然知道，你有很多疑问，需要我给你答案。"

陆小凤道："你会给我答案吗？"

小老头道："你看呢？"

陆小凤道："会。"

小老头道："为什么？"

陆小凤道："以你的武功，以你的智慧，你根本不必隐瞒任何事。"

小老头道："你说得很对，只是我却另外有一个希望。"

陆小凤道："什么希望？"

小老头道："我希望你是回来告诉我一件事。"

陆小凤道："什么事？"

小老头道："你愿意加入我这一行。"

陆小凤道："我只有让你失望了。"

小老头道:"我知道。"

陆小凤道:"你怎么知道?"

小老头道:"因为你是一个人回来的。"

陆小凤道:"哦?"

小老头道:"如果你要加入我这一行,你就会带着沙曼回来。可是你并没有。"他脸上带着微微感叹的神色,续道,"我希望我的失望是暂时的。"

陆小凤道:"对于你的希望,我很抱歉不能给你任何诺言。"

小老头点点头道:"我知道。"

陆小凤道:"你又知道?"

小老头道:"因为你不是别人,你是陆小凤。陆小凤是最重诺言的。"

陆小凤心里实在高兴极了。别人的赞赏,并不算什么,这个旷世奇人小老头,能够说出这番话来,陆小凤焉能不高兴?

小老头又道:"你能够逃过宫九在船上的攻击,我相信,你的智慧,绝对比我高,我相信,你对于那批珠宝失窃的事,一定想出了很多线索。"

陆小凤道:"我只知道一件事。"

小老头道:"哪一件?"

陆小凤道:"窃案是你策划的,珠宝和失踪的人都在岛上。"

小老头道:"你说对了一半。"

陆小凤道:"哪一半?"

小老头道:"前面的一半。"

陆小凤吃惊道:"你是说,珠宝和人已经不在岛上?"

小老头道:"不错。"

陆小凤道:"宫九已经把珠宝和人运回去了?"

小老头道:"人,宫九另有打算。珠宝,总是要花掉的。"

陆小凤道:"他一个人怎么花?"

小老头道:"不是一个人,是很多人。"

陆小凤恍然道:"怪不得这里的人一个也不剩,原来他们都去花这笔钱去了。"

小老头道:"所以,我心目中理想的接班人,只有一个。"

陆小凤道:"谁?"

小老头道:"你!"

陆小凤道:"为什么只有我?"

小老头道:"因为他们都不能甘于寂寞。大吃大喝大玩大闹的人,是很容易被人控制的人。"

陆小凤道:"对你来说,这不是很理想吗?"

小老头道:"是很理想,只是,我也就很寂寞了。"

陆小凤道:"因为你找不到接你的班、做领导的人?"

小老头道:"所以,我很喜欢你。"

陆小凤微笑,没有说话。

小老头道:"你对这件窃案,有什么疑问?"

陆小凤道:"以你们的人力和武功,我知道,要窃去这批珠宝,是轻而易举的事。所以,我只有一个问题想不透。"

小老头道:"哪一个问题?"

陆小凤道:"崔诚的死。"

小老头笑道:"记得我对你说过的隐形人吗?"

陆小凤点头道:"我的意思是,杀崔诚的人,是怎么隐形的?"

小老头没有回答。

陆小凤也没有追问。

陆小凤知道,像小老头这种人,如果他愿意说出答案,他会毫不考虑地就说出来，如果他不愿意说，怎么问，也问不出来。

所以他就陪着小老头喝酒聊天。

船缓缓离开，陆小凤站在船尾，看着在海风中衣袂飘飘的小老头，心中一直思索着小老头的最后一句话：

"前途险恶，你要多珍重。"

第十七章

宫九的阴谋

01

天色晴朗。

陆小凤起先以为天气会非常恶劣。他心底也希望天气恶劣。

因为小老头的"前途险恶",他希望指的是天气,小老头深知天文地理,所以他认为小老头指的是气候的险恶。

但是天空却蓝得一如无波的海水。

假如小老头指的不是天气恶劣,那么,他指的一定是有一个阴谋,在陆地上等待着他。

这点很令陆小凤担心。人心一向都比气候难对付,尤其是一心想对付你的一颗险恶的心。

小老头绝对不会暗算他。

想打倒陆小凤的,无疑只有一个人——宫九。

神秘的宫九。

陆小凤在思考那件大窃案时,就怀疑崔诚是宫九杀死的,但却想不出,宫九如何通过五道铁栅,进入密室,去杀崔诚、萧红珠和程中的。

他没有带鹰眼老七一起的原因,就是他不希望打草惊蛇。

他必须要找出杀害崔诚的凶手。而且，看到那批珍宝，并不等于破案。

02

沙滩虽然很小，沙却又白又细又软，阳光照在上面，仿佛像雪一样。

陆小凤以为沙滩上会有一个人。

一个等他的人——沙曼。

沙曼应该在沙滩上等他的，为什么却不见她的踪影？

虽然他和沙曼分手时，并没有约定在这里等他，但陆小凤心中却认为沙曼会在这里等他，然后一同在沙上融融细语，看火红的夕阳沉落水平线下，看漫天彩霞映照天边，然后才携手回去见小玉和老实和尚。

然而，除了海浪轻轻拍击，除了微微的海风轻拂外，沙滩上渺无人踪。连一双脚印也没有。

——沙曼他们是否发生了什么意外？

陆小凤的步子走得更急了。

走过沙滩，是一大块一大块深棕色的石头，这是一条异常美丽的海岸线。陆小凤却无心欣赏。

走过长长的石滩，就到了一道悬崖前。一纵身，陆小凤飞上崖顶。

崖顶上也没有沙曼的踪影。

——难道沙曼一点也不急着见我？

——她为什么不在这里守候我的归来？

陆小凤看到那间老实和尚他们居住的木屋，却有点不敢向前走。

——万一屋内已经物事全非,万一……

陆小凤停在屋前,心中踌躇起来。

木门紧闭,屋内毫无人声。陆小凤踏出他沉重的步伐。

陆小凤的手停在木门前。

推门。

陆小凤看到三个人坐在里面。

老实和尚、沙曼、小玉。

三个人也看到陆小凤,但脸上一点高兴的表情也没有。

——虽然只分别数天,但是,连沙曼也没有重逢的喜悦吗?

陆小凤的心忽然"扑通扑通"地跳了起来。

——发生了什么事?

陆小凤以疑问的眼光巡视他们,最后落在沙曼的脸上。

沙曼笑了。苦笑。

陆小凤忍不住大声问道:"你们究竟怎么了?就算不欢迎我,也不应该用这种表情对我呀。"

老实和尚看着陆小凤道:"你要我们怎么样?"

陆小凤道:"最少也该笑笑,说两句问候我的话。"

老实和尚露出牙齿,应酬式地撇撇嘴,表示笑过了,然后道:"你好吗?海上风浪大吧?"

陆小凤瞪着老实和尚道:"如此而已?"

老实和尚道:"如此而已。"

陆小凤高声道:"你们没有别的话可说了吗?"

老实和尚、沙曼、小玉,三个人一起注视着陆小凤,异口同声道:"有。"

陆小凤看着沙曼,道:"你说。"

沙曼道:"你知道我既没有在沙滩等你,也没有在崖边等你的原因吗？"

陆小凤道："我就是不知道。"

沙曼道："因为你有了麻烦了。"

陆小凤道："我有了麻烦？有麻烦是我的事，跟你来不来接我，一点也没有关系呀！"

沙曼道："有关系。"

陆小凤道："你说。"

沙曼道："第一，你有了麻烦，我就没有了心情。"

陆小凤道："第二呢？"

沙曼道："我们刚才，就是你回来前，正好在这里研究你的麻烦。"

陆小凤道："这样说，我的麻烦可就大了？"

小玉道："很大，跟一样东西一样大。"

陆小凤道："跟什么东西一样大？"

小玉道："跟你的头一样大。"

陆小凤道："我的头一点也不大呀。"

小玉道："等你知道你的麻烦以后，我保管你一个头有三个大。"

陆小凤已经感到他的头大起来了。

这时，老实和尚忽然冒出来一句话："你这次回到岛上，一定什么收获也没有吧？"

陆小凤以奇怪的眼神看着老实和尚道："你怎么知道？"

老实和尚道："你在海上的时候，陆地上发生一些事。"

陆小凤道："什么事？"

老实和尚道："那批失窃的珍宝，有几颗最名贵的，已经被人卖掉了。"

陆小凤道："哦？"

老实和尚道:"而且,也有人发现了陈平、李大中、孙五通……"

陆小凤道:"慢着!慢着!陈平、李大中、孙五通是什么人?"

老实和尚道:"他们什么人也不是,只不过他们刚好都参加了这次失窃珍宝的保镖而已。"

陆小凤道:"你是说,他们被人发现?"

老实和尚道:"不是。"

陆小凤道:"又不是?"

老实和尚道:"不是他们的人被发现,而是他们的尸体被发现。"

陆小凤道:"尸体?"

老实和尚道:"也不能说是尸体,因为发现他们的时候,他们还会讲一句话。"

陆小凤道:"一句话?什么话?"

老实和尚道:"一句替你惹来无穷烦恼的话。"

陆小凤看着老实和尚,等着他把下面的话说出来。

老实和尚却忽然不开口了。

陆小凤看着小玉。

小玉道:"陈平在临死前说,珠宝是陆小凤偷的。"

陆小凤呆住。

沙曼道:"李大中也这么说。"

老实和尚道:"孙五通也是这么说。"

小玉道:"这叫众口铄金。"

陆小凤道:"除了我的嘴巴以外。"

沙曼道:"只可惜他们绝不会听你解释。"

陆小凤道:"他们?他们是谁?"

沙曼道:"官兵,太平王世子派出来的特遣高手。"

陆小凤道:"捉我?"

沙曼道："捉你归案。"

陆小凤道："陈平、李大中、孙五通他们被发现时，三个人在一块吗？"

沙曼道："不但不在一块，而且相隔了几百里地。"

陆小凤道："可怕。"

沙曼道："什么可怕？"

陆小凤道："宫九的诡计。"

沙曼道："你肯定这是宫九的诡计？"

陆小凤道："是的，因为陈平、李大中那批人，我在岛上见过。"

老实和尚忽然盯着陆小凤的四条眉毛。

陆小凤道："我这四条眉毛怎么了？"

老实和尚道："恐怕要剃两条。"

陆小凤道："为什么？"

老实和尚道："因为大家都知道陆小凤有四条眉毛，大家都知道陆小凤偷走了珠宝，大家都在缉拿陆小凤，假如你还是四条眉毛，目标岂不是过分明显？"

陆小凤抚摸着嘴巴上的两条眉毛道："剃掉了，岂不可惜？"

老实和尚道："我说的，不是这两条。"

陆小凤吃惊道："你要我把真的眉毛剃掉？"

老实和尚道："这样我保证没有人认得你。"

陆小凤道："你杀了我吧！"

老实和尚道："我为什么要杀你？"

陆小凤道："因为你要剃我的眉。"

老实和尚道："我只不过提一点建议而已。"

陆小凤道："我劝你最好再也不要提。"

老实和尚道："那我就不提。"

陆小凤伸出手，要和老实和尚相握，并道："好友！"

老实和尚手一缩道："好友归好友，手是不能握的。"

陆小凤道："为什么？"

老实和尚道："因为和尚的手是吃素长肉，你的手是吃肉长肉的。"

陆小凤愣住。

小玉和沙曼掩嘴微笑。

陆小凤把伸出的手收回时，老实和尚却伸出他的手。

陆小凤道："你为什么现在又要和我握手？"

老实和尚道："我忽然悟出一番道理。原来我小时候也吃过肉的。我这手也是吃肉长肉的。"

陆小凤的表情令小玉和沙曼哈哈大笑。

陆小凤握着老实和尚的手道："你说，现在该怎么办？"

老实和尚道："有些事情，明明看到了，却想不通。有些事情，虽然没有看到，却能想通其中的来龙去脉。所以，我劝你去找一个人。"

陆小凤道："谁？"

老实和尚道："你的好朋友。"

陆小凤道："我的好朋友？"

老实和尚道："对于这件窃案，我们既然成了睁眼瞎子，所以我认为，也许瞎子会看得比我们还清楚。"

陆小凤道："花满楼？"

老实和尚道："花满楼！"

03

鲜花满楼。

陆小凤一闻到这鲜花的香气,心中就有温馨的感觉,就像他想起和花满楼的友情一样。

——世上有比友情更令人感觉温馨的吗?

陆小凤想起沙曼。

——爱情?爱情的感觉,应该是甜蜜。温馨,绝对是友情的感觉。

陆小凤对于这个结论相当满意,所以他踏在楼梯上的感觉,非常轻快。

他猜想,他今天的脚步既然特别轻快,花满楼的听觉,应该不会听出他的脚步声。

所以他就用愉快的声音,高声道:"不用猜了,是我,陆小凤!"

没有回答,也没有花满楼爽朗的笑声。

陆小凤推开门。

鲜花依旧,屋内的装潢设备都依旧。只有一点不同的地方。

窗前那张椅子上,少了一个人,一个热爱生命的人。

这样的黄昏时光,这样美好的天气,花满楼应该坐在那窗前的椅子上,静静倾听夕阳沉落的声音,静静欣赏生命的美好才对,他怎么会不在?

陆小凤的脑海中,浮满了问号。花满楼去了哪里?他坐在窗前的椅子上想。

脚步声，忽然自楼梯上传来。陆小凤一动也不动，连呼吸也忽然放轻。

——是花满楼吗？

他不知道，因为他未听过花满楼走楼梯的声音。并不是他未曾看过花满楼上楼下楼，只是，他们总是一起上下，谈笑风生，根本就没有注意去听花满楼的脚步声。

脚步声已走近门口。门被推开。

"谁？"是花满楼的声音。

陆小凤笑了。花满楼就是花满楼，陆小凤坐着动也不动，他就感觉到有人在房内。

陆小凤不得不说："我实在不得不佩服你。"

"你不必佩服我。"

"为什么？"

"因为这是我生存下来的方法。"

陆小凤看着他的好朋友，脸上露出更加佩服的表情。

"我觉得很奇怪。"陆小凤道。

花满楼道："什么事奇怪？"

陆小凤道："这个时候你居然会从外面走进来。"

花满楼道："我不能从外面走进来？"

陆小凤道："你不是一向都在这个时候坐在椅上，静静享受黄昏的吗？"

花满楼道："人都有改变的时候。"

陆小凤道："你是说，你已经改变了你的习惯？"

花满楼道："是的。"

陆小凤道："为什么？"

花满楼道："你呢？你为什么要改变你的习惯？"

陆小凤诧异地道："我？我没有改变呀！"

花满楼道："你没有改变？"

陆小凤道："我怎么改变？"

花满楼道："你偷走了价值三千五百万两的金珠珍宝。"

陆小凤道："你也听说了？"

花满楼道："是的。"

陆小凤道："听谁说的？"

花满楼道："吴彪。"

陆小凤道："吴彪是谁？"

花满楼道："你不知道？"

陆小凤道："我为什么会知道？"

花满楼道："因为吴彪就是保镖人之一。"

陆小凤道："他亲口告诉你的？"

花满楼道："是的。"

陆小凤道："你相信他的话？"

花满楼道："一个人临死前，会说假话吗？"

陆小凤没有回答。

花满楼道："你怎么不说话？"

陆小凤道："我还有什么话说？你宁可听信一个死人的话，也不相信你的朋友。你要我说什么？"

花满楼道："我说了不相信你吗？"

陆小凤道："你不是说……"

花满楼道："我只说：'一个人临死前，会说假话吗？'如此而已。"

陆小凤道："这不就表示……"

花满楼又抢着道："这是句问话。"

陆小凤奇怪道："你问我答案？"

花满楼道："是的。"

陆小凤道："因为你不能确定吴彪在死前说的话是真是假？"

花满楼道："是的，所以我就出去走动走动，所以我就不在这里享受黄昏的乐趣，所以我就只好在最好的时光里，由外面走进来，所以你才能够坐在我的椅子上，享受日落的美景。"

陆小凤道："你错了。"

花满楼道："哦？"

陆小凤道："我坐在你椅子上，并没有欣赏到落日的美景。"

花满楼道："为什么？"

陆小凤道："因为我在替你担心。"

花满楼愉快地笑了起来道："所以我们真的是一对知己。"

陆小凤道："你这句话对极了。"

花满楼道："你来找我，就是为了这件窃案？"

陆小凤道："是的，你走动的结果，有没有什么发现？"

花满楼道："我只发现一件事。"

陆小凤道："是什么事？"

花满楼道："太平王世子的手下，正在到处拿你归案。"

陆小凤苦笑道："这是阴谋。"

花满楼道："谁的阴谋？"

陆小凤道："宫九的阴谋。"

花满楼道："宫九是谁？"

陆小凤道："宫九是个很厉害的人。"

陆小凤把他出海的奇遇说完，天色已经黑了下来。

花满楼坐在椅上，沉思。

陆小凤把油灯点燃,灯光照在花满楼沉思的脸上,陆小凤静静站着,注视花满楼。

良久,花满楼吐了一口气,道:"这件案子,根据你的资料,很明显是小老头和宫九他们做的。但是,这并不重要,重要的是,你要找出杀害崔诚的人。"

陆小凤道:"是的,就是那个隐形的人。"

花满楼道:"小老头对你说了几种隐形的方法?"

陆小凤道:"好几种。"

花满楼道:"他有没有说,自杀,也是隐形的一种方法?"

陆小凤的人跳了起来。

——对,崔诚为什么不可能是自杀?

然而,陆小凤不得不问:"崔诚为什么要自杀?"

花满楼道:"他自杀了,他的家人的生活,就会过得很好。"

陆小凤道:"可是,你知道叶星士的验伤断语吗?"

根据叶星士的判断:

——他们死了至少已有一个半时辰,是被一柄锋刃极薄的快刀杀死的,一刀就致命。

——因为刀的锋刃太薄、出手太快,所以连伤口都没有留下。

——致命的刀伤无疑在肺叶下端,一刀刺入,血液立刻大量涌入胸腔,所以没有血流出来。

花满楼忽然想起了一件事,道:"不,崔诚不是自杀的。"

陆小凤道:"我也这么想,因为他没有能力。"

花满楼道:"自杀的人,不是萧红珠,就是程中,要不然,就是两个人一起自杀。"

陆小凤道:"你是说,他们已经被收买和威胁,在杀害崔诚之后,就自杀?"

花满楼道:"你不觉得我这个推论,比较合理吗?"

陆小凤道:"那我现在只需要找到一个人。"

花满楼道:"谁?"

陆小凤道:"叶星士。"

花满楼道:"你找他干什么?"

陆小凤道:"我要问问他,崔诚三个人的伤口,是否真的跟他说的一样。"

花满楼道:"你怀疑什么?"

陆小凤道:"万一他们三个人的伤口,真的是他说的,被快刀所致,那么,他们之中,就没有一个人是自杀的。"

花满楼道:"为什么?"

陆小凤道:"他们都没有能力刺出这么快的刀,尤其是自杀的时候。"

04

应该是月圆的时候,但是,天上看不到圆月。

天上只有乌云,随着劲风飘移的乌云。风实在很大。

站在叶星士大宅门前的陆小凤,衣袂被吹得飒飒作响。

叶星士的家丁把门打开,高声道:"这么晚了,老爷已经不看病了。"

陆小凤道:"急诊也不看?"

家丁道:"是你要看老爷吗?"

陆小凤道:"是的。"

家丁道:"我看你身体一点毛病也没有?除非——"

陆小凤道:"除非什么?"

家丁道:"除非你是神经病!"家丁把话说完,"砰"的一声,把门关上。

陆小凤双手一推,门又被推开。

家丁恶狠狠地盯着他,怒道:"你这人怎么搞的?"

陆小凤道:"我只想告诉你一句话。"

家丁道:"什么话?"

陆小凤道:"假如我见不到你的老爷,有一个人就会得神经病了。"

家丁道:"谁?"

陆小凤道:"我。"

家丁怒声道:"你在寻我开心!"

陆小凤道:"绝不是,我是在说实话。因为,价值三千五百万两的金珠珍宝,快要把我逼疯了。"

家丁愣住。

陆小凤道:"我现在可以见你的老爷吗?"

家丁忽然盯着陆小凤的脸,露出害怕的神情:"你……你是陆小凤!"

陆小凤点头。

家丁一言不发,忽然挥掌击向陆小凤。陆小凤只轻轻地一击,家丁就已被击倒在地上。

一灯如豆。灯放在大厅中央的桌上。

人在桌后的椅上,坐着。桌上放着纸笔墨。

陆小凤走向大厅中央,道:"叶星士?"

那人点头,举起右手,示意陆小凤坐下。

陆小凤就坐了下去。

那人拿起笔，在墨上蘸了蘸，在纸上写下四个字——"有何见教？"

陆小凤愣住！

——叶星士什么时候变成了哑巴？

陆小凤看着叶星士。

叶星士笑笑，指指自己的耳朵。

陆小凤道："你听得见？"

叶星士点头。

陆小凤正想把问题提出，忽然发现叶星士的眼神很熟悉。

他记起一句话："只要找到葛通，条条大路都通。"

他记起岛上的一件事：

——佛像中有个人扑出来，冰冷的手扼着他的咽喉。

——冰冷的手变得毫无气力，他才能定过神，看着扼他咽喉的人。

那时，他看到的人就是葛通。他忘不了葛通凝视他时的眼神。就是这眼神。

现在叶星士的眼神，完全和葛通一样。所以陆小凤道："你不是叶星士。"

叶星士大吃一惊。

陆小凤道："你是葛通！"

葛通霍地起身，攻向陆小凤。他不但是第三代鹰爪的义子，也是王家的乘龙快婿，他外号"大力神鹰"，手底下的鹰爪功夫自然不弱。

然而陆小凤早有准备。他等葛通的鹰爪掠过，快速地一掌砍向葛通的手腕，只听"嚓"一声，葛通右手腕骨已被陆小凤砍断。

葛通倒下，腕骨折断。

葛通为什么倒下？

陆小凤大吃一惊，一提葛通颈项，赫然发现葛通脑后并排插着三支白亮亮的针。

陆小凤一个箭步冲了出去，一个黑影，刚好消失在墙头。陆小凤展开轻功，追了过去。

庙，破落的山神庙。黑影到了庙前空地上，忽然停下。

陆小凤也停下，凝神戒备地站着。

黑影转身。乌云忽然被风吹开一线，圆月露出微弱的光芒。

陆小凤吓了一跳。因为他看到，黑影的相貌，完全和刚刚葛通的化装一样。

——这是真的叶星士吗？陆小凤还来不及发问，黑影忽然哈哈大笑起来。

黑影笑毕，道："陆小凤的功夫，果然名不虚传！"

陆小凤道："比起你发暗器的功夫，未免差了很多。"

黑影笑道："别忘了，还有我的易容术。"

陆小凤道："是你替葛通易容的？"

黑影道："不错。"

陆小凤道："想不到少林铁肩大师，居然也会易容之术。"

黑影沉声道："我师父只教我武功，你不要侮辱我师父的名号。"

陆小凤道："那你才是真正的叶星士？"

黑影道："如假包换！"

陆小凤道："叶星士是江湖中久享盛誉的四大名医之一，不但医术精湛，而且深得铁肩大师真传，一生行侠行医济世，怎么会无故杀人？"

黑影道："我杀了谁？"

陆小凤道："葛通！"

黑影道:"你怎么知道葛通是我杀的?你亲眼看到我杀了他吗?"

陆小凤道:"银针认穴,入脑七分,这可的的确确是少林内家手法的内劲。"

黑影道:"好眼力!好厉害的判断力。"

陆小凤道:"你承认葛通是你杀的?"

黑影道:"承认又怎样?不承认又怎样?"

陆小凤道:"承认的话,就表示叶星士虽然变了,可是依然是条汉子。"

叶星士道:"没想到陆小凤的嘴巴还挺厉害的。"

陆小凤道:"我只不过在说真话而已。"

叶星士冷哼两声,没有回答。

陆小凤道:"你好像知道我会来找你?"

叶星士道:"我知道你一定会来找我。"

陆小凤道:"为什么?"

叶星士道:"因为知道死者死因真相的,除了我以外,没有第二个人。"

陆小凤道:"他们真的是被快刀杀死的吗?"

叶星士道:"是的。"

陆小凤道:"他们真的死了至少有一个半时辰吗?"

叶星士没有回答,脸上露出痛苦的神色。

陆小凤追问道:"他们到底死了多久?是你进去的时候,他们才刚死?"

叶星士开口,欲言又止地道:"他们……"

陆小凤知道,这是叶星士一念之间的关头,说出来,就表示他要抛弃在他后面支配他的人,不说,就表示他的后半生,都要做傀儡。

叶星士忽然狠下心,大声道:"他们死了……"话没有说完,人就倒下。

陆小凤在叶星士张嘴时，已经眼观四路，耳听八方，密切地注视各方的动静。

但是，他什么也看不到。而叶星士却已倒下了。

陆小凤正想俯身察看叶星士的死因时，忽然看到破落山神庙内有灯光亮起。

灯光起先很微弱，然后，整座山神庙，都亮了起来。

陆小凤已经知道，他不必去察看叶星士了，他要知道的秘密就在庙内。所以他就走向山神庙。

庙门半掩，灯光就是由半张的门隙内透出。

陆小凤站在门口，考虑应该推门而入，抑或由门隙中闪入。

哪一种行动的危险性比较大？陆小凤并不知道。

陆小凤并不需要知道，他已经出生入死过无数次，再增加一次又有什么关系？

所以陆小凤就伸手推门。

门并没有推开，因为陆小凤的手停在木板上时，脑中就浮现出沙曼微笑的倩影。

有爱情的人就会有顾忌。

陆小凤不怕死，那是以前的事，以前他面对死亡时，心中并没有情爱。现在他有了，他会想到沙曼，他会想到沙曼对他的牵挂，他会想到沙曼孤零零一人流落江湖的凄苦神态。

陆小凤的手不但没有推门，反而缩了回去。

庙内依旧是一片寂静。

庙内的人一定是个极厉害的人。能够耐心等待的人，都不会是个太平凡的人。

陆小凤的戒心更大。他就站在门外，一任外面强劲的风吹他的衣袂，动也不动。

他似乎想通了，最好的方法，就是斗耐性，谁的耐性不持久，谁就会露破绽，假如他忍不住，他只有两条路可以走。要不就是冒生命危险冲进去，要不就是离去，不打听杀害叶星士的秘密。

假如里面的人忍耐不住，就会说话，或者冲出来看看究竟。无论哪一点，都对陆小凤有利。

说话，陆小凤就可以判断出他隐藏的位置，甚至可以知道说话的人是谁。

冲出来，陆小凤就更有利，因为这样一来，陆小凤就全无顾忌了。

除非那个人武功比陆小凤高出很多。而这一点，陆小凤是从来也不担心的。

陆小凤知道庙内不止有一个人。因为他听到里面有人在耳语的声音，可惜外面的风声太大了，他听不清楚里面的人在说什么，也听不出声音是男是女，是老是少。

他只能肯定一点，他们已经有点不耐烦了。

对于这一点，陆小凤一点也不感到骄傲。他一向认为自己是个最有忍耐力的人，要不然，陆小凤现在早已经是一堆骨头，一堆埋在泥土里的枯骨了。所以陆小凤还是僵立不动。

里面的人真的是忍耐不住了。

一个甜美的女子声音道："你不觉得外面的寒风又冷又强又刺骨吗？"

陆小凤笑了。

——牛肉汤，听到牛肉汤的声音，他焉能不笑？

陆小凤笑着道:"又冷又强又刺骨的寒风,总比危机四伏的刀锋令人愉快。"

一个男子的声音道:"你怎么知道我是用刀,而不是用剑呢?"

陆小凤的笑容僵住。

——宫九。听到宫九的声音,陆小凤的笑容焉能不僵?

陆小凤没有说话,只伸出手,轻轻地,把半掩的门推得全开起来。

陆小凤的人还未进去,狂风已先刮了进去,刮得那一盏孤灯灯火闪烁不定。

宫九和牛肉汤的脸孔被闪烁的灯光照得忽明忽暗,仿佛也和他们的性情一样,阴晴不定。

见到老朋友,陆小凤总是会笑的。

所以陆小凤就对着宫九和牛肉汤微笑,道:"有劳二位久候了。"

这么一句幽默的话,宫九实在想笑,只是他一点也笑不出来。

牛肉汤却开朗地笑起来,道:"外面那么冷,你为什么不早点进来喝碗牛肉汤?"

陆小凤道:"我怕早进来,喝到的不是牛肉汤。"

牛肉汤道:"你以为你会喝到什么?"

陆小凤道:"阎王汤。"

牛肉汤又笑了起来,道:"我们是老朋友了,怎么会请你喝阎王汤?"

陆小凤道:"你也许不会,你的九哥却不一定。"

宫九阴森森地道:"你错了。"

陆小凤道:"哦?"

宫九道:"我要杀你,在叶星士家中就可以把你杀了。"

陆小凤道:"你早知道我会去找叶星士?"

宫九道："我并不敢肯定，我只是猜想你或许会去，所以我一直都待在叶星士家中。"

陆小凤道："为什么？"

宫九道："等你。"

陆小凤道："我来了，你为什么不杀我？"

宫九道："我现在不想杀你。"

陆小凤道："为什么？"

宫九道："因为只有你一个人。"

陆小凤道："你还要杀沙曼？"

宫九道："还有小玉和老实和尚。"

陆小凤道："你非要杀死我们四个人不可？"

宫九点头。

陆小凤道："为什么？"

宫九冷冷道："因为我恨你们。"

陆小凤道："你可以恨我，可以恨沙曼，可以恨小玉，为什么要恨老实和尚？"

宫九道："没有他，也许你们在岛上早就死了。"

陆小凤道："假如你一辈子都找不到他们呢？"

宫九道："我一定会找到的。"

陆小凤道："你那么有自信？"

宫九冷哼一声。

陆小凤道："你能说出你自信的理由吗？"

宫九道："我要是一辈子见不到他们，你这一辈子也别想见到他们。"

陆小凤大吃一惊道："为什么？"

宫九道："因为从现在起，我就开始跟着你，除非你不和他们见面,不然,我也会见到他们。"

陆小凤激灵灵地打了个冷战道:"这就是你待在叶星士家等我的原因?"

宫九道:"不是。"

陆小凤道:"不是?"

宫九道:"我原先以为,你们四个人会一起到叶星士家,我可以一网打尽,没想到你是一个人来,我只得把你引来这里。"

陆小凤道:"你引我到这里,就是为了要告诉我,你要跟踪我?"

宫九道:"是的。"

陆小凤道:"你在暗中跟踪我,岂非一下子就可以找到他们?"

宫九冷笑道:"我偏偏要让你知道。"

陆小凤道:"哦?"

宫九道:"你看过猫捉老鼠吗?猫会一下子把老鼠吃掉吗?"

陆小凤内心流过一道寒流,没有说话。

宫九又道:"我就是要让你知道我跟踪你,让你坐立不安,让你既想找到沙曼,又不敢去见她,我要看着你日渐消瘦,看着你受尽相思的折磨。"宫九阴冷地大笑。

陆小凤冷静地道:"我死了,你不就找不到他们了吗?"

宫九道:"难道你死以前,也不想再见沙曼一面吗?"

陆小凤不说话了。他心中忽然掠过一重阴影,不是死亡的阴影,是沙曼见不到他、为他担忧而日渐消瘦的阴影。他感到害怕起来。

宫九看到陆小凤的脸上浮现惊惧的表情,冷酷的笑声,忽然变成愉快而得意的笑声。

陆小凤看看宫九,又看看牛肉汤,忽然道:"你们没有牛肉汤招待我吗?"

牛肉汤诧异地看着陆小凤道:"你想喝牛肉汤?"

陆小凤道："是的。"

牛肉汤道："你还有心情喝牛肉汤？"

陆小凤道："人生艰难唯一死，做个饱鬼，总比做饿鬼来得舒服吧？何况……"

牛肉汤道："何况什么？"

陆小凤道："何况，不喝一碗牛肉汤，我哪来的气力来玩这场捉迷藏的游戏？"

牛肉汤凝视陆小凤片刻，一言不发，转身走进后面。

牛肉汤走出来的时候，手里已经端着一碗热腾腾的牛肉汤。

陆小凤毫不客气，稀里哗啦地就喝得碗底朝天。他抹抹嘴，道："我有一个问题。"

牛肉汤道："什么问题？"

陆小凤道："你是不是不管走到哪里，都随身携带真正的牛肉汤？"

牛肉汤道："并不一定。"

陆小凤道："为什么我每次遇见你，总是可以喝到牛肉汤？"

牛肉汤道："因为我是为你准备的。"

陆小凤道："哦？"

牛肉汤道："你不是说，做个饱鬼，比做饿鬼来得舒服吗？"

陆小凤道："不错。"

牛肉汤道："这就是我每次都为你准备牛肉汤的道理。"

陆小凤苦笑道："那我实在是太感谢你了。"

牛肉汤道："谢倒不必，我倒希望你做了饱鬼后，别来缠我就好。"

陆小凤道："我牛肉汤也喝了，二位允许我告退吗？"

宫九道："你随时都可以离去。"

陆小凤道："这一次你先让我走多久？"

宫九道："走得让我认为快追不上的时候。"

陆小凤道："你从来不打没有把握的仗？"

宫九道："没有把握的仗，打来何用？"

陆小凤道："那我就先走一步了，再见。"

陆小凤说完，展开轻功，飞也似的走了。

第十八章

猫捉老鼠

01

假如猫和老鼠比赛跑步，谁跑得最快？

陆小凤飞奔的时候，忽然想起这个问题。

应该是猫跑得快吧？陆小凤想，但是，老鼠能一头钻进洞里，也可以一冲就躲到阴沟里，这绝对是猫作不到的事情。

陆小凤不是老鼠，也不想把自己比作老鼠。

虽然宫九这样想，陆小凤却绝不这么想。

所以陆小凤既没有往洞里钻，也没有躲在见不得人的地方。

陆小凤相信自己的轻功，就算不是天下第一，也绝对比宫九强。

所以他只是在大路上奔驰而已。

在大路上奔驰，虽然非常惹人注目，但是总比躲躲藏藏好，而且，以他奔跑的速度，谁会看得出他是陆小凤？

黄昏。

小镇的灯火在朦胧的晚霞映照下，淡淡地亮了起来。

陆小凤的耐力再强，奔跑了一天一夜，既没有吃饭，也没有喝水，也是会累下来的。

而且，陆小凤认为他这样不要命地跑，别说宫九，就是一头饿狮，也追他不上。

陆小凤认为在这小镇休憩进餐，是绝对安全的地方。

他放慢脚步，进入小镇。

面摊，毫不起眼的面摊。

虽然认为这是安全的地方，陆小凤还是选择了摆设在一角的小面摊来进食。

他不想引起任何人的注意，他只希望吃碗热腾腾的面，随便找个可以睡眠的地方，养足精神，摆脱宫九的追逐，早日和沙曼会面。

面摊的老板是个老头子，一头灰白的头发，一身油亮亮的衣服，一脸的皱纹，一副早就向命运屈服了的样子。

老板亲切地招呼陆小凤道："客官，来点什么？"

陆小凤坐下道："来一大碗牛肉面。"

老板笑道："马上来啰，要不要切点卤菜，温一壶酒？"

陆小凤道："不必，面里加两个卤蛋就够了。"

热腾腾香喷喷的面端了上来，陆小凤一闻到那牛肉的香味，肚子就已咕噜噜鸣叫了。

三两下他就把面吃得精光，拿起碗来，正想把碗里的汤喝光。

就在他端起碗的时候，一辆四匹马拉着的马车，从镇门奔驰而来。

陆小凤端着碗，看着这轮豪华的马车。

马车到了面摊旁时，劲装的马夫一拉缰绳，马车戛然而止。

车内传出甜美的声音道："你怎么喝起别人煮的牛肉汤来呢？"

又是牛肉汤的声音。

牛肉汤在车内，宫九也一定在车内。

陆小凤已经没有喝汤的心情了。

牛肉汤满脸笑容，端着一碗牛肉汤，盈盈地放在陆小凤面前。

牛肉汤道："你不喜欢喝我煮的牛肉汤吗？"

陆小凤没有回答，端起牛肉汤的牛肉汤来，稀里哗啦地喝得个碗底朝天。

宫九已经坐在陆小凤隔壁的桌前，对面摊老板道："温一壶女儿红来。"

面摊的老板对这突然的变故，似乎早已司空见惯，没多久，就把酒端到宫九面前。

宫九倒了两杯，左手拿起一杯，递向陆小凤。

宫九道："来，干一杯。"

陆小凤接过酒杯，看着宫九道："为什么要干杯？"

宫九道："猫捉到老鼠，总是要调侃一番，现在猫叫老鼠喝酒，老鼠会不听话吗？"

陆小凤苦笑，一倾而尽。

宫九慢慢品尝酒味，喝光了道："好酒！"

牛肉汤道："比我的牛肉汤好吗？"

宫九道："那是不能比的。"

牛肉汤道："为什么不能比？"

宫九道："猫跟老鼠能比吗？"

牛肉汤道："你是说，猫要喝好酒，老鼠要喝汤，所以不能比？"

宫九哈哈大笑道："猫可以坐车，老鼠却要走路，猫可以在车上睡觉，老鼠却要强撑精神赶路，能比吗？"

牛肉汤笑得很愉快。

陆小凤鼓掌道："好词，你们能编出这么好的词，为什么不去做一件事？"

宫九笑道："什么事？"

陆小凤道:"相声。"

宫九不笑了。

宫九道:"我实在很佩服你。"

陆小凤道:"为什么?"

宫九道:"因为你这个时候还有心情说笑话。"

陆小凤道:"这也许是老鼠自得其乐的方法吧。"

宫九冷冷道:"那你自己去乐吧。"

陆小凤道:"你要赶我走?"

宫九道:"你不是要逃开我吗?"

陆小凤道:"我能不能问你一个问题再走?"

宫九道:"什么问题?"

陆小凤道:"我很想知道,你怎么会追到这里?"

宫九道:"很简单,只有一个字。"

陆小凤道:"一个字?"

宫九道:"不错,一个字。"

陆小凤道:"什么字?"

宫九道:"钱。"

陆小凤道:"钱?"

宫九道:"有钱能使鬼推磨,何况是人?"

陆小凤道:"你买通了人来跟踪我?"

宫九道:"不对。"

陆小凤道:"为什么不对?"

宫九道:"连我都追不上你,世上还有谁能追得上你?就算有,这种人能用钱收买吗?"

陆小凤道:"所以我才不懂,你就算花钱买人,也不应该知道我的去处。"

宫九道:"我花钱买的人,不是一个,而是很多个。"

陆小凤道:"很多个?有多少?"

宫九道:"我也不知道有多少。"

陆小凤又露出迷惘的表情。

宫九笑道:"你很想知道其中的奥妙吗?"

陆小凤道:"你不愿意讲,我也不勉强。"

宫九站了起来,走到面摊的招牌前面。

陆小凤的目光,随着宫九的手指看过去,赫然发现招牌上有一个三角形的记号。

陆小凤道:"这是什么记号?"

宫九道:"这表示陆小凤在此。"

陆小凤道:"哦?"

宫九道:"你知道我喝这壶酒要花多少钱吗?"

陆小凤道:"花多少钱?"

宫九没有说话,从怀里掏出一锭黄金,交给面摊的老板。

面摊的老板笑得眼睛都看不见了。

宫九对陆小凤道:"你明白了吗?"

陆小凤道:"明白了一半。"

宫九道:"我再跟你说吧,我已经放出话去,只要看到一个脸上有四条眉毛的人走过,就做个箭号指示方向,看到四条眉毛的人歇息或用饭,就做个三角形记号,我看到这些记号,就有重赏,你想想,你能走到哪里去?"

宫九得意地大笑起来。

陆小凤却皱起眉头,用手抚摸着嘴上的胡子。

他想起老实和尚的话:"最好把真的眉毛剃掉,就没有人认得你了。"

——剃自己的眉毛？多可笑！

陆小凤不禁笑了起来。

宫九奇怪道："你笑什么？"

陆小凤道："我笑自己，实在太傻。"

宫九道："为什么？"

陆小凤道："既然走不了，我为什么还要走？"

宫九道："你不走？"

陆小凤道："我不走了。"

宫九道："其实，你不走我也不反对，只是……"

宫九阴森森地笑了起来。

陆小凤道："只是什么？"

宫九把牛肉汤拥在怀里道："我在这里陪你不打紧，我有醇酒，又有美人，你呢？沙曼呢？"

宫九哈哈大笑起来。

陆小凤瞪了宫九一眼，一言不发，转身离去。

宫九道："你去哪里？"

陆小凤头也不回，道："睡觉去。"

陆小凤走了几步，忽然回身，走近宫九，把手掌摊了开来。

宫九不解地看着陆小凤，道："你要干什么？"

陆小凤道："我要黄金。"

宫九道："我为什么要把黄金给你？"

陆小凤道："因为我会在我下榻的旅馆前面，画上一个三角形的记号，所以，你要遵守你的诺言。"

宫九愣住。

陆小凤得意地笑了笑，提高声音道："拿来！"

宫九面无人色。

陆小凤道:"你要做个不守信用的人?"

宫九掏出一锭黄金,交给陆小凤。

陆小凤得意地把玩着黄金,朝空中抛了两抛,走了出去。

走不到两步,忽然又回头对着宫九笑道:"明天一大早,我会在我用早点的地方,再画一个三角形记号的。"

陆小凤哈哈大笑,声音逐渐远去。

02

陆小凤喜欢喝酒,更喜欢躺在床上喝酒。

他躺在床上的时候,通常都喜欢在胸口上放一大杯酒,然后就像死人般动也不动,想喝酒时,就深深吸一口气,胸膛上的酒杯便会被吸过去,杯子里的酒便被吸入嘴里,再"咕嘟"一声,酒就到了肚子里。

他现在也是这样躺在床上。胸膛上也放着一杯满满的酒。

只是,他像死人般躺了很久,都没有去吸那杯酒。

因为,他第一次这样喝酒的时候,老板娘就坐在他旁边,酒喝光了,老板娘会马上替他斟上。

现在,老板娘既不在旁边,他就很珍惜这一杯酒,喝光了,谁来给他倒?他可不愿意起来倒酒,那是不会享受的人才做的事。

所以,他忽然很怀念老板娘。

"老板娘"是个女人,很美很美的女人。

美丽的女人通常都很早就结婚的。

"老板娘"也不例外。

其实,她之所以被人称为"老板娘",就是因为她嫁给了"老板"。

老板就是朱停，朱停就是穿开裆裤时就已认识陆小凤的老朋友。

所以陆小凤和老板娘之间可是清清白白的。

所以陆小凤才会怀念那一段躺着喝酒的日子。

他更怀念朱停。

朱停是个胖子，胖的人看起来都是有福气的，有福气的人才能做老板，所以大家才叫朱停"老板"。

事实上，朱停当然没有开店，可是他的日子却过得很舒服。

因为他有一双非常灵巧的手，能做出各种奇奇怪怪的东西来，有一次，他甚至做了一个会走路的木头人。

陆小凤就是怀念朱停的一双手。

假如朱停做一个会走路的木头陆小凤出来，陆小凤就没有难题了。

但是朱停不在。

沙曼也不在。

有沙曼在，两个人就算死在一起，也算不虚此生了。

陆小凤霍地坐了起来，杯中的酒溅了一身。

他用力敲自己的脑袋，心中暗骂自己："真笨！"

既然自己愿意和沙曼死在一起，为什么还害怕宫九的追踪？为什么不干脆直接回去见沙曼？也许凭他和沙曼的功夫，还能打败宫九呢！

谁知道？

一想到这里，陆小凤的人就冲到了门口。

他打开门，就发现有一双本来盯着他门口的眼睛，很快望向别处。

眼睛长在脸上，脸是陌生的脸，不陌生的是那一身服饰。

那是每个人都知道的服饰。

——官差的服饰。

官差还不止一个，因为那个盯着陆小凤门口的人对面，还有一个伏桌而睡的官差。

显然他们是轮班睡觉，轮班监视陆小凤的动静。

为什么会是官差？

他们是为了宫九的奖赏？抑或是奉了太平王世子的命令来捉拿？

陆小凤转身冲向窗口，打开窗户。

窗户下亦是一睡一站的两个官兵。

陆小凤笑了，苦笑。

一头猫已经不知怎么来应付，再加上一大窝小猫，陆小凤这只老鼠只有苦笑了。

所以他只好又躺在床上，胸膛上又放着满满的一杯酒。

晨曦乍露。

守在窗口下的官差看到晨曦，不自禁地伸伸懒腰，心里正高兴着解脱了一夜的辛劳了。

他真的解脱了。

陆小凤替他解脱的。

在他伸懒腰的时候，陆小凤像阳光那般，飞落在他身旁，用指连点他身上大穴，他就解脱了。

当然连那个睡着的也一并解脱了。

陆小凤摸摸腰上的佩刀，不禁笑了起来。

这还是第一次扮成官兵哩。

陆小凤不得不佩服宫九，只有宫九，才能令他化装成别人。

陆小凤看看床上的真官差，再整整衣冠，转身离去。

门，不是陆小凤拉开的。

是被推开的。

推门进来的,赫然是牛肉汤。

牛肉汤手上端着一个盘子,盘子里是一碗热牛肉汤和四个雪白的馒头。

牛肉汤把盘子放在桌上,向陆小凤盈盈行礼。

牛肉汤道:"衙门的陆爷请用早饭。"

陆小凤忽然有啼笑皆非的感觉,他飞快地脱下官差的服装,高声道:"我不是衙门的陆爷!"

牛肉汤笑道:"是的,那么请陆小凤陆爷用早饭。"

陆小凤依旧高声道:"我不要吃!"

牛肉汤道:"我看你还是吃了比较好。"

陆小凤道:"我为什么要吃?"

牛肉汤道:"因为九哥说,他可不愿意再到你用早饭的店里付钱给你。"

陆小凤道:"他偷了那么多钱,多花一点又有什么大不了?"

牛肉汤道:"难道你不知道一件事吗?"

陆小凤道:"什么事?"

牛肉汤道:"愈是富有的,愈舍不得花钱。"

陆小凤道:"他不是花了很多钱用来跟踪我吗?"

牛肉汤道:"那是不得已的,那是非花不可的。"

陆小凤道:"那我只有一句话。"

牛肉汤道:"什么话?"

陆小凤道:"这早饭,我是非吃不可的。"

陆小凤咽下最后一口馒头,露出津津有味的样子,对牛肉汤道:"我想请你做一件事。"

牛肉汤道:"你还要来一碗牛肉汤?"

陆小凤道:"不是。"

牛肉汤道:"那我能为你做什么?"

陆小凤道:"带我去见宫九。"

牛肉汤露出犹疑的神情道:"有什么话,你可以对我说。"

陆小凤道:"我的话,必须当面对宫九说。"

牛肉汤道:"为什么?"

陆小凤道:"因为那样我才有点人生乐趣。"

牛肉汤一言不发,领先走了出去。

宫九并不在旅馆里,他从来也不住旅馆。

宫九在车上。

宫九的生活起居,只在设备豪华的马车内进行。

他厌恶别人用过睡过喝过的碗筷床铺酒杯。

陆小凤走进宫九的马车时,宫九正坐在车夫的位置上,沉思。

看到陆小凤,宫九并没有站起或是做出任何欢迎的表情。

他只是冷冷地注视着陆小凤。

陆小凤也默然注视宫九。

二人就那样对视,仿佛在用眼神来比试武功一样。

最先开口打破沉默的不是宫九。

也不是陆小凤。

是牛肉汤。

牛肉汤只说了六个字:"他有话对你说。"

然后牛肉汤就走入马车内,把帘子拉下。

宫九用疑问的眼神看着陆小凤。

陆小凤开口了,他道:"我有话要当面对你说。"

宫九道："我知道。"

陆小凤道："你知道？"

宫九道："牛肉汤刚刚说的。"

陆小凤道："你不问我要说什么？"

宫九道："我不必问。"

陆小凤道："为什么？"

宫九道："你来了，你就会说。"

陆小凤道："我要说的话，就是要你把你的车夫打发走。"

宫九的表情一变，道："为什么？"

陆小凤道："你不必再用车夫了。"

宫九道："不用车夫，谁来赶车？"

陆小凤道："我。"

宫九惊奇地道："你？"

陆小凤道："我。"

宫九道："你为什么要替我赶车？"

陆小凤道："因为我要摆脱你的追踪。"

宫九道："可是……"

陆小凤打断他的话，道："我做你的车夫，就表示不是你跟踪我，而是我带你走。"

宫九道："你要带我去哪里？"

陆小凤道："我也不知道。"

宫九奇怪地问："你不知道？"

陆小凤道："也许在路上我会想到一个地方。"

宫九道："什么地方？"

陆小凤道："假如你想知道是什么地方，你就必须让我赶车，在路上我想到了，我就告诉你。"

宫九没有说话，拿过马鞭，丢给陆小凤，推开帘子，走进马车内。

太阳已经爬得很高，几乎爬到了中天。

正午的阳光照得人发热。

陆小凤却安静得像一潭湖水。

他手上的马鞭轻扬，蹄声嘚嘚，马车奔驰的调子异常轻快，一点都不像在炎热的大太阳下赶车的样子。

——为什么？

因为陆小凤已经想到了摆脱恶猫的方法。

马车忽然奔跑得飞快。

车内的宫九忍不住把头伸出来问道："你在赶路？"

陆小凤头也不回，一挥马鞭，道："是的。"

宫九道："为什么要赶路？"

陆小凤道："因为我要去见一个人。"

宫九道："你急着要见他？"

陆小凤道："不急。"

宫九道："不急，为什么要赶路？"

陆小凤道："因为我必须在黄昏以前赶到他住的地方。"

宫九道："那你还说不急？"

陆小凤道："我是不急，是他急。"

宫九奇怪地问："他急？"

陆小凤道："因为他有个习惯，天一黑，他就不见客了。"

宫九道："连你也不见？"

陆小凤道："连天王老子也不见。"

宫九道："所以你一定要在天黑前赶到？"

陆小凤道:"是的。"

宫九道:"那急的还是你。"

陆小凤道:"不对,因为规矩是他定出来的,所以急着要在天黑前见客的,是他,不是我。"

太阳的光线逐渐微弱了。

马车慢下。

微风轻拂,夹着甜美的花香气息。

宫九在车内问道:"你要见的人喜欢花?"

陆小凤道:"喜欢极了。"

宫九道:"他住的地方种满了花吗?"

陆小凤道:"各式各样的花。"

宫九道:"那是什么地方?"

陆小凤道:"万梅山庄。"

宫九道:"西门吹雪?你要见的人是西门吹雪?"

陆小凤道:"不错,虽然他常常吹的不是雪,是血,但是,他的的确确叫西门吹雪。"

宫九道:"你要找他干什么?"

陆小凤道:"说几句话。"

宫九道:"我不能听的话?"

陆小凤道:"他和朋友谈话的时候,一向都不喜欢有陌生人在旁边。"

宫九道:"你要请他帮你的忙?"

陆小凤道:"也许。"

宫九道:"你要他去通知沙曼?"

陆小凤没有回答。

马车停在花丛旁。

陆小凤放下马鞭，跳落马车，敲敲帘子，道："你想进去吗？"

宫九道："既然他不喜欢陌生人，我又何必进去？而且，这里花香四溢，我在这里享受一下黄昏的美景，岂不更愉快？"

陆小凤道："你果然是个聪明人。"

宫九道："过奖。"

陆小凤道："你既然承认你是个聪明人，你猜我要向你借一样什么东西吗？"

宫九没有说话。

因为他猜不出。

陆小凤笑道："我要向你借一把刮胡刀。"

陆小凤大笑声中，一把刮胡刀从帘子内飞了出来。

宫九的声音冷若坚冰："送给你。"

宫九伸出头来的时候，陆小凤正在刮胡子，露出一脸很舒服的样子。

宫九忍不住冷冷地道："你不是说西门吹雪在天黑后就不见客吗？"

陆小凤道："是呀。"

宫九道："你还那么悠哉游哉地刮胡子？"

陆小凤道："我一生难得刮几次胡子，一定要舒舒服服地刮，才能对得起胡子，而且，你放心，太阳还未下山，我保证一定刮好。"

宫九道："我想劝你一句话。"

陆小凤道："什么话？"

宫九道："我认为你四条眉毛比较好看，所以我劝你别把胡子剃掉。"

陆小凤道:"我必须刮。"

宫九道:"为什么?"

陆小凤道:"因为我必须见到西门吹雪。"

宫九道:"你一定要见到他?"

陆小凤道:"不见他,我就见不到沙曼。"

宫九道:"不见他,你还是可以见到沙曼的。"

陆小凤看着宫九道:"哦?"

宫九道:"你不信?"

陆小凤道:"我信,只是我不敢。"

宫九道:"你不敢?"

陆小凤道:"我怕我是见沙曼最后一面,或者……"

宫九道:"或者什么?"

陆小凤道:"或者她见我最后一面。"

宫九笑道:"我可以不杀你们。"

陆小凤道:"你会吗?"

宫九道:"我会的。"

陆小凤道:"条件呢?"

宫九道:"你很聪明。"

陆小凤道:"所以我还活着。"

宫九道:"只要你加入我们。"

陆小凤道:"这是你本人的意思?"

宫九道:"不。"

陆小凤道:"是小老头的意思?"

宫九道:"对。"

陆小凤笑了笑,放下刮胡刀,用布把脸抹干,道:"你看我这样子不也是挺潇洒的吗？"

宫九看着他，没有说话。

陆小凤对着车帘高声道："牛肉汤。"

牛肉汤伸出头来。

陆小凤道："我这样子是不是比以前更好看？"

牛肉汤看看他，又看看宫九，没有说话。

陆小凤笑道："你们一定是被我英俊的仪表吓坏了，所以都不说话了。既然我潇洒依旧，我想我还是去见西门吹雪比较好。"

太阳已经沉下山。

晚风带着花香，吹得陆小凤舒服极了。

他深深地吸一口气，感叹地道："这么美好的日子，我们为什么要勾心斗角，非置对方于死地不可呢？"

宫九冷冷地嘿了一声。

陆小凤又道："人生美好，你为什么要苦苦逼我到绝境？你为什么不和牛肉汤好好携手在花旁，享受一下人生？"

宫九脸色微变，声音僵硬地道："天要黑了。"

陆小凤道："我知道。"

宫九道："西门吹雪为什么不出来迎接你？"

陆小凤道："也许他正在做几个精美小菜来欢迎我吧！"

宫九道："你要在里面吃晚饭？"

陆小凤道："我还要在里面睡觉。"

宫九道："那你快请吧。"

陆小凤道："我进去以前，也要奉劝你一句话。"

宫九道："你说。"

陆小凤道："赶快生火烧饭，免得待会儿闻到香味，你就受不了啦。"

宫九微微一笑,道:"我不是个馋嘴的人,你也不必激我,你好好地吃,好好地睡,明天准备走路吧。"

陆小凤道:"为什么我要走路?"

宫九道:"因为我决定不再用你这个车夫了。"

陆小凤道:"其实,明天我也不会做你的车夫了。"

宫九道:"哦?"

陆小凤道:"明天你就会发现,我绝对是一个自自由由的人,不会再有猫爪的阴影在我身旁。"

宫九道:"那你就明天再瞧吧。"

陆小凤缓缓向屋门走去,嘴里高兴地道:"明天,多么充满希望的字眼!"

03

屋子里看不见花,却充满了花的芬芳,轻轻的、淡淡的,就像西门吹雪这个人一样。

陆小凤斜倚在一张用青藤编成的软椅上,看着西门吹雪。

西门吹雪杯中的酒是浅碧色的,身上雪白的衣裳轻而柔软。

一阵阵比春风还软柔的笛声,仿佛很近,又仿佛很远,却看不见吹笛的人。

陆小凤叹了口气,道:"你这人一生中,有没有真的烦恼过?"

西门吹雪道:"你以前问过我这个问题。"

陆小凤道:"你以前的答案是没有。"

西门吹雪道:"你记性很好。"

陆小凤道:"现在呢?"

西门吹雪道:"有。"

陆小凤道:"什么烦恼?"

西门吹雪道:"胡子的烦恼。"

陆小凤看着西门吹雪光洁的面容,道:"你为了你没有胡子而烦恼?"

西门吹雪道:"不是。"

陆小凤道:"不是?"

西门吹雪道:"我是为了你没有胡子而烦恼。"

陆小凤道:"哦?为什么?"

西门吹雪道:"因为你上次求我帮你忙,我说除非你把胡子刮干净,随便你要去干什么,我都跟你去。"

陆小凤道:"我记得,那是我第一次为了别人刮胡子。"

西门吹雪道:"现在你又刮干净了胡子,所以我知道,我的烦恼又来了。"

陆小凤一口喝干杯中酒,看着西门吹雪。

西门吹雪轻轻啜了杯中浅碧色的酒,道:"这酒适合慢慢品尝。"

陆小凤道:"我知道。"

西门吹雪道:"那你为什么一口喝光?"

陆小凤道:"因为我在等你。"

西门吹雪道:"等我?等我什么?"

陆小凤道:"等你一句话。"

西门吹雪道:"什么话?"

陆小凤道:"解除我烦恼的话。"

西门吹雪一口把杯中酒喝光,放下酒杯道:"你要去干什么,我都跟你去。"

陆小凤道:"现在你可以再倒两杯酒,我们可以慢慢品尝了。"

陆小凤举起杯中酒,道:"为你的一句话。"

西门吹雪道:"为你的胡子。"

二人大笑,轻轻啜饮。

笛声已隐,却飘来铮铮的古琴声。

陆小凤问道:"你的喜好变了?"

西门吹雪道:"没有。"

陆小凤道:"那为什么换了古琴?"

西门吹雪道:"笛声悠扬,清涤作用却没有古琴的琴音大。"

陆小凤道:"清涤作用?清涤什么?"

西门吹雪道:"杀气。"

陆小凤道:"清涤杀气?"

西门吹雪点头。

陆小凤道:"清涤谁的杀气?"

西门吹雪道:"马车上的人。"

陆小凤道:"你感觉得到他的杀气?"

西门吹雪道:"很浓的杀气。"

陆小凤道:"你知道他要杀谁吗?"

西门吹雪道:"绝不是我。"

陆小凤道:"也不止是我。"

西门吹雪道:"还有谁?"

陆小凤道:"还有老实和尚、沙曼和小玉。"

西门吹雪道:"我有两个问题。"

陆小凤道:"什么问题?"

西门吹雪道:"第一,他为什么要杀老实和尚?"

陆小凤道:"第二呢?"

西门吹雪道:"沙曼和小玉是谁?"

陆小凤把他的经历说完的时候,桌上的酒已残,菜已清。

西门吹雪看着陆小凤,眼中带着责备的神色。

西门吹雪道:"你惹的麻烦不小。"

陆小凤道:"所以我才来找你。"

西门吹雪道:"我知道怎么应付,你最好好好睡一觉,以便赶路。"

陆小凤道:"我能不能说两个字?"

西门吹雪道:"不能。"

陆小凤道:"为什么?"

西门吹雪道:"因为我知道那两个字是什么。"

陆小凤道:"你知道?"

西门吹雪道:"我知道。"喝了一口酒后又道,"我宁可你把那两个字记在心里。"

陆小凤道:"那我就把'多谢'两个字放在心上吧!"

陆小凤笑着把酒喝光。

第十九章

脱困的方法

01

清晨。

有雾,淡淡的雾。

在晨风中闻花的香味,在雾中看朦胧的花影,是一件令人非常舒爽的事。

只可惜早起的人并不多。

陆小凤是早起的人,但他却没有走在雾中看花闻花的闲情。

宫九懂得享受,但是他却不懂得享受雅致,他宁可多睡多养精神,也不愿意享受薄雾的沁凉。

牛肉汤是女人,女人都喜欢花前月下,喜欢日出日落,只可惜她跟的人是宫九。

一个喜欢睡觉到大天亮的男人,身边的女人也只好陪他睡到大天亮了。

所以,能够享受美好清晨的人,只有一个。

白衣似雪,白雾迷蒙,西门吹雪像尊石像般站在花旁。

雾已散。

阳光已散发出热力。

鸟儿也已开始啁啾。

西门吹雪却已不站在花旁。

在车旁，宫九的马车旁。

一股杀气忽然自车外传入车内，宫九霍地坐了起来。

拨开车帘，宫九看到西门吹雪。

冷冷然森森然站着的西门吹雪。

然后，宫九就看到陆小凤。

笑嘻嘻挥挥手走着的陆小凤。

陆小凤走得并不快，但是没多久，陆小凤的身形就愈来愈小了。

宫九一拉缰绳，马车却动也不动。

宫九只看到数点寒光，拉车的马就已倒下。

西门吹雪拔剑、刺马、收剑，快如电光火石。

宫九第一次看到这么快的剑。

陆小凤的身形更小了。

西门吹雪的杀气更浓了。

宫九没有看陆小凤，他看的是西门吹雪的眼睛。

西门吹雪的眼睛，也盯着宫九的眼睛。

宫九道："你为什么要杀我的马？"

西门吹雪道："我不希望你的马追上我的朋友。"

宫九道："假如我要追呢？"

西门吹雪道："你的人，就会和你的马一样下场。"

宫九冷哼一声道："你有自信吗？"

西门吹雪道："西门吹雪是江湖上最有自信的人。"

宫九道："真的吗？"

西门吹雪道："你要不要试一试？"

宫九没有说话,只是被西门吹雪的杀气逼得打了一个冷噤。

陆小凤忽然觉得这个世界实在太可爱了,鸟儿的歌声明亮清爽,风儿吹在身上舒适无比,连那路旁的杂草也显得美丽起来。

朋友,还是这个世界上最令人愉快的东西。

友谊,更是这个世界上最不能缺少的东西。

陆小凤和西门吹雪的友谊,只是君子之交般地淡如水,但是,陆小凤有危难的时候,西门吹雪总是会拔刀相助的。

虽然他会要求陆小凤把胡子剃掉。

剃掉又有什么关系?剃掉了胡子,人岂不变得更爽朗吗?

所以陆小凤还是很感谢西门吹雪。

陆小凤知道,宫九是绝对追他不上了。

他停下来,深深呼吸山间清晨充满凉意的空气。

他摸摸嘴上刮掉了胡子的地方,笑了。

因为他想起沙曼,沙曼看到他只剩两条眉毛,一定会大吃一惊。

但是最吃惊的人应该是老实和尚,他一定想不到,陆小凤居然真的把胡子剃掉,而且确实也是为了躲避追击,虽然追他的人不是太平王世子的官差。

宫九比太平王世子的官差厉害太多了,陆小凤绝不害怕一百个官差,却害怕一个宫九。

宫九的智慧与武功,确实惊人。

西门吹雪能挡得住宫九吗?西门吹雪打得过宫九吗?

陆小凤刚举起脚步想继续往前走,忽然又停了下来。

万一西门吹雪不是宫九的对手呢?

陆小凤内心隐隐有种不安的感觉浮起。

——假如西门吹雪有什么意外,我岂不成了罪人?陆小凤愈想,浮起的不安感觉愈浓。

——西门吹雪为了我而面对宫九,我为什么就要一走了之?朋友要牺牲,也是双方的牺牲,岂能单让西门吹雪牺牲?

一想到这里,陆小凤的人就像支箭般飞出。

不是往前的箭,是往后的箭。

02

日午,太阳高照,无风。

花丛中有蝴蝶飞舞。

花丛外飞的却不是蝴蝶,是苍蝇。

那种飞起来嗡嗡作响的青头大苍蝇。

看到苍蝇,陆小凤就闻到血腥的气味。

马不在,马车不在,人也不在。

陆小凤的人飞奔进入西门吹雪的屋里。

一切家具整洁如常,每样东西依旧一尘不染。

西门吹雪呢?

整栋房子除了陆小凤以外,一个人也看不见。

一阵风忽然吹进屋里,陆小凤不禁颤抖了一下。

大错已经铸成了吗?

陆小凤走出去,走近血迹斑斑的地上,伸掌连拍。

嗡嗡作响的苍蝇忽然都没有了声音,纷纷倒卧在那摊血上。

只剩下花间飞舞的蝴蝶,犹在忽上忽下忽左忽右地飞翔。

花已不香，蝴蝶已不再美丽。

陆小凤怔怔注视着地上的血迹，出神。

"你在凭吊那匹马？"声音传入陆小凤耳际时，一只手也搭在他肩上。

声音是西门吹雪的声音，手也是西门吹雪修剪得异常整洁的手。

陆小凤愣住。

西门吹雪的笑容，比太阳还令陆小凤觉得温暖。

"这不是你的血？"

西门吹雪道："是的话，我还会站在这里吗？"

陆小凤道："哦，对，这是马的血。"

西门吹雪道："你为什么要赶回来？"

陆小凤道："我害怕。"

西门吹雪道："你害怕我会遭宫九的毒手？"

陆小凤点头。

西门吹雪双手攀住陆小凤双肩，猛力摇了几下。

西门吹雪道："就凭你这点，你以后来找我办事，我不要你剃胡子了。"

陆小凤苦笑。

这就是友情的代价！

陆小凤看看地上的血，道："你确实让我担上了心。"

西门吹雪道："你以为我会死？"

陆小凤道："是的。"

西门吹雪道："为什么？"

陆小凤道："因为你是个极爱清洁的人，岂能容许一摊血在你屋前？"

西门吹雪笑道："我当然不能容忍，只是我没有时间去清洗。"

陆小凤道："你没有时间？"

西门吹雪道："是的，我还未来得及清洗，你就来了。"

陆小凤道："我来以前呢？"

西门吹雪道："我正在河边吐。"

陆小凤道："吐？呕吐？"

西门吹雪点头。

陆小凤道："你为什么要吐？"

西门吹雪道："因为我见到一个人，他的举动丑陋得令我非吐不可。"

陆小凤道："谁？"

西门吹雪道："宫九。"

陆小凤道："宫九？他怎么啦？"

西门吹雪道："他哀求我打他。"

陆小凤道："你打了吗？"

西门吹雪道："没有。高手过招前的凝视，绝不能疏忽，我以为他是故意扰乱我的注意力。"

陆小凤道："然后呢？"

西门吹雪道："然后他忽然举起手来，自己打自己的脸。"

陆小凤道："你还是没有理他？"

西门吹雪道："你说对了。我依旧目不转睛地看着他。"

陆小凤道："他怎么办？"

西门吹雪道："他挨了鞭子。"

陆小凤道："挨谁的鞭子？"

西门吹雪道："牛肉汤的。牛肉汤不停地打他，他在地上翻滚，高兴得大叫。"

陆小凤道:"你怎么办?"

西门吹雪道:"我赶快冲到河边,大吐特吐,要不然……"

陆小凤道:"要不然就怎样?"

西门吹雪道:"要不然我吐在地上,这里我就不能再住了。"

陆小凤道:"那恐怕我就要赔你一栋房子啰。"

西门吹雪道:"你知道我这栋房子价值多少吗?"

陆小凤道:"值多少?"

西门吹雪道:"你知道霍休吗?"

陆小凤笑了。

他怎么能不知道霍休?他怎么能不知道富甲天下、却喜欢过隐士生活、性格孤僻的霍老头?

他还清楚记得,那一次,他本来舒舒服服地躺在床上喝酒,忽然来了三个名满江湖的怪人:一个是整天念着"多情自古空余恨"的"玉面郎君"柳余恨,一个是整天念着"秋风秋雨愁煞人"的"断肠剑客"萧秋雨,一个是"千里独行"独孤方。

这三个人本来就难得在一起,而更奇怪的是,他们不但都聚在一起,而且他们竟然都成了丹凤公主的保镖。

当丹凤公主也进入他的房内,忽然向他下跪的时候,他就撞破了屋顶,落荒逃走。

他躲避丹凤公主的地方,就是霍休的一处居所。那是一栋木屋,却价值连城。

因为那本来是大诗人陆放翁的夏日行吟处,墙壁上还有陆放翁亲笔题的诗。

但是房子在一刹那间就被柳余恨、萧秋雨和独孤方拆了。

丹凤公主一出手,就赔偿五十两金子给霍休。

五十两金子可以盖好几栋房子了!

但陆小凤却认为那栋木屋价值三四万两金子。

现在西门吹雪忽然问起这个问题,是否也认为他的房子值这么多金子?

所以陆小凤就把这意思说了出来:"你要把你的房子和霍老头的相提并论?"

西门吹雪却摇头道:"你猜错了。"

陆小凤道:"我猜错了?"

西门吹雪道:"我只不过是说,任何一栋房子,都是无价的。"

陆小凤道:"为什么?"

西门吹雪道:"因为房子里的人,也许有一天也会名动四方的。"

陆小凤道:"你说得一点也不错,霍老头的那栋木屋,在陆放翁行吟的时候,根本也只不过是一堆木头盖起来的房子而已,但是陆放翁的诗受到世人的赏识以后,到了霍老头住的时候,就价值连城了。"

西门吹雪道:"所以假如我不能住在这里,这种房子你也赔不起。"

陆小凤道:"你错了,我赔得起。"

西门吹雪道:"哦?"

陆小凤道:"因为我现在根本不必赔给你,等几百年后,后世的人都还知道有个西门吹雪的时候,我已经羽化登仙去了。"

西门吹雪道:"我发现你会耍赖。"

陆小凤笑道:"就算是吧,也赖不到你身上,因为你现在根本不会搬走。"

西门吹雪道:"这次是你错了。"

陆小凤道:"哦?"

西门吹雪道:"我马上就要搬走。"

陆小凤道:"为什么?"

西门吹雪道:"因为,这里适合你住。"

陆小凤道:"适合我住?"

西门吹雪道:"宫九一定以为你已经走了,怎么也想不到你还会回来,所以他不管派出多少耳目,不管他的耳目在哪里探听,都再也打听不到你的行踪。"

陆小凤道:"因为我已经在你这里高枕无忧了。"

西门吹雪道:"完全正确。"

陆小凤道:"那么你呢?"

西门吹雪道:"我走。"

陆小凤道:"你去哪里?"

西门吹雪道:"我去学佛。"

陆小凤道:"学佛?跟谁?"

西门吹雪道:"当然跟和尚。"

陆小凤道:"跟哪一位和尚?"

西门吹雪道:"老实和尚!"

陆小凤道:"老实和尚懂佛?"

西门吹雪道:"我不知道。"

陆小凤道:"你不知道?你不知道还要跟他学?"

西门吹雪道:"我只跟他学一招。"

陆小凤道:"哪一招?"

西门吹雪道:"坐怀不乱。"

陆小凤道:"坐怀不乱?学来干什么?"

西门吹雪道:"学来对着两个大美人的时候,不会心猿意马。"

陆小凤道:"两个大美人又是谁?"

西门吹雪道:"一个叫沙曼,一个叫小玉。"

陆小凤笑道:"你是说,你要去接他们来这里?"

西门吹雪道:"你有比这更安全更好的方法吗?"

陆小凤道:"有。"

西门吹雪道:"请说。"

陆小凤道:"只是我们暂时都做不到。"

西门吹雪道:"那是什么方法?"

陆小凤道:"杀死宫九的方法。"

03

陆小凤相信西门吹雪的为人,相信他的能力,相信他的武功。

所以他安安稳稳舒舒适适地躺在屋前,享受花香、阳光、微风和翩翩飞舞的蝴蝶。

陆小凤的心绪,也随着飞舞的蝴蝶上下起伏,飞到了沙曼的身上。

他渴望见到沙曼。

他忽然兴起一种从江湖中引退的感觉。

他在江湖中实在已经待了很久了,虽然他还年轻,还有着一颗炽热的心,但他忽然觉得江湖险诈、你争我夺的血腥味太浓了。

他只希望和沙曼共聚,找一个小岛,或者就回到小老头那小岛上,就住在沙曼以前的房屋里,不再过问是非恩怨,不再拿剑。

他看看自己的手。

——不拿剑,拿什么?

——拿眉笔?

他不禁笑了起来。

然后他就听到一阵声音。

不是他的笑声,是马蹄踏在地上的声音。

不是一匹马,也不是两匹、三匹、四匹马,而是十几二十匹马奔驰在地上的声音。

他霍地站起。

当马匹奔驰的声音愈来愈清晰、愈来愈响亮的时候,陆小凤做了一个决定。

他决定隐藏起来。

所以他"嗖"的一声,就隐身没入花丛之中。

——是什么人?

这是陆小凤在花丛中想到的第一个问题。

——是西门吹雪出卖了他吗?

这是陆小凤在花丛中想到的第二个问题。

这两个问题其中的一个马上就有了答案。

因为奔驰的马已停在西门吹雪的门前。

整整二十匹马、二十个人。

二十个已经从马上跃下的人。

二十个身穿黑色劲装的人。

陆小凤认出其中的一个。

带头的一个。

鹰眼老七!带头的人就是十二连环坞的总瓢把子鹰眼老七。

——鹰眼老七来找谁?

——找西门吹雪抑或陆小凤?

——有什么事?

04

陆小凤只知道一件事。

鹰眼老七来找的人,不是他,是西门吹雪。

因为鹰眼老七叩门时的话,是:"十二连环坞鹰眼老七求见西门公子。"

所以陆小凤证明西门吹雪没有出卖他。

他感到一阵惭愧。

他在心中反复地告诫自己:对朋友一定要信任,一定要有信心。

所以他又深深呼吸那微风夹着的芬芳花香。

但是他却没有安详地坐下或躺下,他反而飞快地展开轻功,向鹰眼老七消失的方向追去。

因为他心中还有一个大疑问。

——鹰眼老七来找西门吹雪做什么?

鹰眼老七是十二连环坞的总瓢把子,十二连环坞的势力远及塞外,连黑白两道中都有他的门人子弟。

鹰眼老七不管走到哪里,都应该很罩得住,很受当地黑白两道热烈的招呼。

所以鹰眼老七落脚的地方,应该是大镇或村庄才对。

陆小凤这次却想错了。大错而特错。

因为陆小凤跟踪马蹄印一路走去,忽然发现,鹰眼老七他们去的方向,竟然不是大村镇。

他们落脚的地方,只是一个很随便的所在,就像走累了,就随便找个可以坐下来的地方一样。

那只不过是曲曲折折的山道上，一片较为空旷的地方而已。

但是他们都下了马，聚在一堆，远远望去，仿佛是在谈论一件机密的事情似的。

陆小凤发现自己错了。他们根本不是谈论事情，而是围着一堆堆的干粮卤菜，大吃大喝。

太阳已过了中天，陆小凤才发觉，自己的肚子也咕噜噜响了起来。但是他却不能坐下来吃。

并不是怕被他们发现，也不是没有时间吃，而是他什么吃的东西都没有带在身上。

他身上只有可以买吃的东西的银子。

银子在山上是一点用处也没有的。所以他只有潜至近处，看着他们大吃。

他不但可以看到他们的吃相，还可以听到他们谈话的声音。

"咱哥儿俩今天晚上去翻翻本，然后再去找春红和桃娘乐上一乐如何？"

"翻你个大头鬼！"

"你怎么啦！"

"你知道我生平最怕的一件事是什么吗？"

"是什么？"

"就是摸门钉。有一次他去办事，也是找不到人，结果我去推了几把牌九，哈，你知道结果吗？连续二十七把，我拿的都是鳖十。"

"所以你今天没看到西门吹雪，你就不赌？"

"绝不赌。"

"我劝你还是痛痛快快赌一场的好。"

"为什么?"

"因为你见到西门吹雪,恐怕就不一定有机会赌了。"

"你是说我们杀不了他?"

"我只怕是没有可能。"

"不可能。"

"你那么自信?"

"当然,我们二十个人在他全无提防之下,忽然发了二十种不同的暗器,我看神仙恐怕也难躲得过,何况只不过是凡人而已。"

陆小凤已经知道是怎么回事了。

宫九一定是因为西门吹雪阻挡住他,以至于陆小凤逃出了他的势力范围,所以对西门吹雪怀恨在心,派鹰眼老七来暗算西门吹雪。

这是最有可能的推理。而且这也证明了一件事。

宫九果然找不到陆小凤的踪影,这表示,陆小凤因为回头去找西门吹雪,而脱离了宫九的追踪。

这也证明了另外一件事。

西门吹雪一路上,都没有被任何人发现。

陆小凤安心了。他知道,他只要再做一件事,就可以安安稳稳地坐在西门吹雪的门外,等待西门吹雪把沙曼他们接来。

05

鹰眼老七虽然不嗜赌,有时候也会下几把赌注过过瘾的。

但今晚,他只是瞪着眼睛,看着他的手下在赌,连一点参加的兴致也没有。

他酒量虽然不算很好,有时候喝上十来二十碗满满的烧刀子,却也不会醉。

但今晚他只喝了两碗,就感觉到头晕了。

有心事的人,通常都比较容易喝醉。

有心事的人,通常都没有赌的兴趣。

鹰眼老七本来是个很看得开的人,不管什么事,他都很少放在心上。

但今晚他却有心事,不但是今晚有,而且最近都有。

自从他走错了那么一步以后,他就有了心事,这份心事一直压得他闷闷不乐。

他已经是十二连环坞的总瓢把子了,为什么还要受宫九指使?

他担心有一天,他的命运会像叶星士那样。

因为这世上,知道宫九秘密的人,只剩下他一个人了。

他实在不应该去知道宫九的秘密的。

以他一大把年纪,以他的家财,根本就什么都不必愁,为什么竟在那一刻,受不了大量金钱的诱惑,受宫九的支配?

要这么一大堆钱,又有什么用?难道真要死后带进棺材里?

陆小凤是个古道热肠、重义气讲仁爱的人,在劫案发生后,鹰眼老七第一个想找来帮忙的人,就是陆小凤。

但现在，鹰眼老七却要听命于宫九，要追查陆小凤的下落，宫九说格杀时，他就要狠下心来杀害这样的一位侠士。

西门吹雪虽然不是大仁大勇的人，但他从不残杀无辜，这一点，在江湖上就足以令人敬佩。

但现在，鹰眼老七却奉命要杀害西门吹雪。

所以他又举起碗中酒，猛然又干了一碗。

所以他连赌局是什么时候散的，一点也不知道。

当他醒来，发现自己伏在桌上，偌大的客栈空空荡荡，有一种昏沉的感觉。

然后，他才发觉，他身上的刀不见了。

然后，他又发觉，他面前有一张纸条。

纸条上面写着：

　　西门吹雪 长安。

第二十章

老实和尚不老实

01

刀。刀在阳光下闪耀着眩目的光芒。

刀在陆小凤手上。

陆小凤把玩着手中的刀,忽然对太阳射在刀上发出光芒的角度发生兴趣。

他把刀平放、垂直、倾斜,摆了五十六个不同的角度,只看到十四个角度时会反射光芒。

他忽然笑了,对这样的研究笑了起来。

假如有一天,他要用刀来对付敌人,他就可以先用这种阳光反射的方法来刺激对方的眼睛,对方如果受到干扰,他就必胜无疑了。所以他很感谢鹰眼老七。

要不是鹰眼老七身上刚好带着刀,要不是鹰眼老七刚好醉醺醺地躺在桌上,要不是他刚好要去留个字条给鹰眼老七,他就不会拿鹰眼老七的刀,也就不会发现这个道理了。

抚摸着刀身,陆小凤忽然得意地笑了起来。

——要不是我去留字条,要不是我顺手拿了他的刀,要不是我在阳光下玩这把刀,我会发现这个道理吗?

——所以我应该感谢自己才好,为什么感谢鹰眼老七?

陆小凤的笑容更得意了。

——鹰眼老七现在一定带着他的手下,在赶赴长安途中吧?

鹰眼老七没有理由不去长安的,任何一个人在那种情况下,一定会去长安的。

假如他相信字条上的话,他一定会去。

假如他不相信,他也一定会去。

因为留字条的人随时都可以取走他的性命,他焉能留下?

而且,陆小凤也没有骗他,因为陆小凤只写上"西门吹雪 长安",中间空了一个字。

空的地方也可能是两个字——不在。

——西门吹雪"不在"长安。

空的地方也可能是三个字。

西门吹雪"也许在"长安。

这就是留空的好处。

陆小凤忽然想到古人的绘画,为什么会留空那么多?原来空的地方,具有更多层的解释,大家可以各凭己意去欣赏、去批评,去猜测画中的意境。

而陆小凤字条留空的意境却只有一种:

——西门吹雪根本不在长安。

——西门吹雪应该到了沙曼他们隐藏的地方了吧?

陆小凤算算日期,应该是西门吹雪见到沙曼的时候了。

02

　　西门吹雪并没有见到沙曼。

　　西门吹雪首先见到的，是一道悬崖，是悬崖下拍岸的怒浪，是打在悬崖上溅起的浪花。

　　然后他才看到陆小凤说的木屋。他很喜欢这里。

　　看到那悬崖和浪花，他就想起苏东坡的词。

　　——惊涛裂岸，卷起千堆雪。江山如画，一时多少豪杰。

　　这里实在是适合隐居的地方。

　　西门吹雪好后悔答应陆小凤要把沙曼他们带回去。

　　——为什么不答应陆小凤，来这里保护他们？

　　这样他就可以住在这里，可以在这里享受海风，享受浪花飞溅的景象了。

　　他虽然后悔，却还是举步走向木屋，一点迟疑的意思也没有。

　　西门吹雪不管走到哪里，都不会忘记他的君子风度。

　　就算在这只有一户木屋的悬崖上，他还是记得君子的表现。

　　所以木屋的门尽管是半掩的，他还是在门上敲了几下。

　　他一向都等屋里的人来应门，或者请他入内，他才进去。但这次他却例外。

　　任何事情都有例外的。

　　比如敲了几十下的门，都没有人应门。

　　比如忽然闻到血腥的气味。

　　西门吹雪不但敲了五六十下的门都没有回音，而且也闻到了血腥的气味。

所以他只有破例。

所以他就把门全部推开，像猫一样机警地走入屋内。

大厅里除了木桌、木椅、茶杯、茶壶外，什么也没有。

西门吹雪并没有一下子冲进房间里。他是高叫了两声"有人吗？"之后才冲进去的。

第一个房间里除了木床、棉被、枕头外，没有人。

第二个房间的景物和第一间的一模一样。

第三个房间却有一个人。

死人。死去的女人。

西门吹雪冲进去，把这女人翻个身，他赫然发现两件事。

——这个女人是小玉，因为陆小凤形容的沙曼，不是这个样子。

——这个女人并没有死，因为她喉中还发出非常微弱的呻吟声。

西门吹雪把小玉救回他的马车上时，他又发现了一件事。

——小玉的右手紧紧地握着。

他把小玉的右手拉开，一个纸团掉了下来。

纸条上只写着七个字。

用血写的七个字——老实和尚不老实。

03

陆小凤不知道悬崖上的小木屋已经发生了变故。

陆小凤不知道沙曼和老实和尚已经不知去向。

陆小凤不知道小玉已经被刺重伤。

陆小凤不知道西门吹雪为了救小玉，并没有赶路，不但不赶路，反而找了个小镇住了下来，请了个大夫医小玉的伤。所以他到了西门吹雪无论怎样也该回来的时候，却还看不到马车的踪影，他的内心就浮现起一片浓浓厚厚的阴影。

——西门吹雪会不会发生意外？

——沙曼会不会发生意外？

——他们全都发生意外？

太阳由天空中央爬近西边，又由西边沉下隐没，陆小凤还在这疑问的阴影笼罩下。

一弯新月已爬至中央，他依旧坐在门前，焦急地伸长脖子盼望。

他感到烦躁担忧焦虑渴望。他这份心情只有一个人了解。

西门吹雪了解陆小凤的心情。因为他知道陆小凤的期待。

但是他实在没有办法赶回去，不是他不赶，而是他不能赶。

小玉失血很多，需要静养，绝不能让她在马车上受颠簸之苦。

所以尽管西门吹雪了解陆小凤的焦急，他实在是一点办法也没有。他自己又何尝不急？

小玉紧握在手中的七个字"老实和尚不老实"，很明显地表示出，沙曼的失踪、小玉的受伤，一定和老实和尚大有关联。但真相如何？老实和尚在哪里？

西门吹雪只想早日见到陆小凤，把心中的疑问统统交给陆小凤，让他自己去思考去解决。

然而小玉的脸色是那么苍白，连静静地躺在床上她都会痛得发出呻吟声，他又怎么能忍心上路？

而且他又不敢把小玉一个人丢下，让大夫来照顾她。

所以他只有一条路好走——等待的路。

陆小凤已经等得很不耐烦了。三天前他就几乎忍不住要离开去寻找了。

因为三天前他就认为最迟西门吹雪应该在三天前就回来。

能够等待六天,陆小凤的脾气实在是不错了。这一点他不得不佩服自己。

所以当他举起脚步要离去时,他做了一个决定。

他决定再佩服自己一天。因为佩服自己实在是一件不容易的事。

这是陆小凤佩服自己有耐性的最后一天了。

这是第九天,不是第七天。因为陆小凤又多等了两天。

两天来他举了一百二十四次步。但一百二十四次都没有走成功。

因为每一次举步,他脑中就浮起一个想法。

——假如刚走,西门吹雪就带着沙曼回来怎么办?

——假如沙曼一到,竟然见不到他怎么办?

所以他又留下,苦等,苦苦地等待。

黄昏。黄昏一向都是很令人愉快的。

因为黄昏就是亲人即将团聚的时候。

耕田的人荷着锄,迎着火红的落日,走在阡陌田野的小径上,回家和家人共聚。

各行各业的人,看到夕阳的余晖,就知道休息的时候到了,一天的疲劳可以得到憩息了。

约会的情人,也开始装扮,准备那黄昏后的会面了。

只有一种人在黄昏时不愉快——等待的人。

陆小凤是等待的人。但是他的脸在晚霞映照下却浮起笑容,因为他已不必再等待了。

因为他已听到马车奔驰的声音。

因为他已看到西门吹雪的马车。所以这个黄昏,是令陆小凤愉快的黄昏。

陆小凤的快乐,也跟天边绚烂的彩霞一样,稍稍停留,又已消失。

因为他看到的,是一脸风霜的西门吹雪,是一脸苍白的小玉。

陆小凤虽然焦急,但是他却没有催促小玉,只是耐心地、细心地听着小玉用疲弱的口音,述说老实和尚不老实的故事。

——有一天,老实和尚忽然说他有事要离开几天,就留下我和沙曼在那小屋里,他就走了。

——然后过了七八天,老实和尚就回来了。

——他回来的时候,我不在,因为我一个人捡贝壳去了。

——我捧着贝壳兴高采烈地回去,还大声高叫着沙曼的名字。

——沙曼没有回答我。

——我看到老实和尚抱着沙曼。

——沙曼连挣扎也没有,她大概在出其不意的时候,被老实和尚点了穴道。

——我大声喝问老实和尚要干什么。

——他一言不发,对我露出淫邪的笑容。

——我冲向他。

——他忽然丢下沙曼,拿起挂在墙上的剑,刺向我。

——他的武功很可怕。

——他大概以为把我杀死了。

——我也以为我要死了。

——所以我在临死前写下了那七个字。

"然后呢？"陆小凤忍不住问。

"然后我就到了这里。"小玉说。

04

老实和尚在"四大高僧"中排名第三。

老实和尚到底是真老实还是假老实，没有人知道，但是人人都知道，他武功之高，确是一点不假，谁惹了他，都会忽然在半夜不明不白地死去。

老实和尚已经有半年在江湖中绝迹，没有一个人知道他干什么去了。

陆小凤在这半年来第一次见到老实和尚，是在岛上，老实和尚忽然从箱子里冒了出来。

陆小凤开始怀疑一件事：

——老实和尚真的是被捉进箱子里吗？

陆小凤忽然记起了在岛上和老实和尚的一段谈话：

"和尚为什么没有走？"

"你为什么还没有走？"

"我走不了。"

"连你都走不了，和尚怎么走得了？"

"和尚为什么要来？"

"和尚不入地狱，谁入地狱！"

"你知道这里是地狱？你是到地狱来干什么的？那位九少爷又是个什么样的人？怎么会把你装进箱子里的？"

老实和尚没有回答。

"你既然知道,为什么不说?"

老实和尚喃喃道:"天机不可泄露,佛云:'不可说,不可说。'"

陆小凤知道,老实和尚一定很了解岛上的秘密。

陆小凤忽然想起一个问题。

——老实和尚是不是已被小老头说服收买,做了隐形人?

陆小凤又想起了两件事:

——老实和尚躲在沙曼的床下,教他和沙曼一个逃走的方法。

——老实和尚又在船上救了他们一次。

陆小凤心中浮起一个疑问:

——为什么自己想的逃走方法都行不通,老实和尚想的就行得通?

陆小凤心中掠过一丝阴影:

——这是老实和尚和宫九串通的吗?

陆小凤马上想到问题的关键:

——为什么?

假如宫九要杀他,他相信,在岛上就可以杀了他。

以宫九为人处事的态度,绝不可能疏忽到让陆小凤和沙曼他们逃上船的。

更绝不可能让他们从船上逃回陆地!

那是绝不可能的。

陆小凤心中又浮起同样的问题:

——那到底是为什么?

宫九既然存心放他回陆地,为什么又设计陷害他,让他走上绝路?

——老实和尚这次劫走沙曼，又是为什么？

陆小凤仰望蔚蓝的苍穹，心中打起一个一个的结。

白云飘来，白云飘去，蔚蓝依旧是蔚蓝。

陆小凤忽然感到心中兴起一阵波涛。在震撼中，他理出了头绪：

——天空是不变的，变的只是来去的云层而已。

——这件事也是一样，老实和尚和宫九，就像白云一般，只是想改变天空的容貌而已。

——只要把老实和尚和宫九撇开，天空的容貌还是原来的样子。

——这天空就代表了小老头。

陆小凤记起小老头对他说的话：

——只要陆小凤加入小老头那个行列，随便陆小凤考虑多久，绝不限制他的行动，无论他干什么，无论他到哪里去都可以。

这是绝不可能的事。因为陆小凤根本就不想加入。

这一点，小老头应该知道。

所以，放他走，让他和沙曼一起走，无非是让他和沙曼的爱情更加深刻、更加难忘。

所以，设计陷害他，无非是让他行走江湖时更加困难、更加烦恼。

这些都只有一个目的。

小老头的目的。

——加入他们。

假如陆小凤加入他们的行列，他知道，劫镖的事马上可以澄清，而且一定是由他来破案，赢回清白。

因为这样一来，他的名望就更高，就更没有人会怀疑他会做坏事，他就可以做一个可能是空前绝后的隐形人了。

假如陆小凤加入他们的行列，他知道，沙曼马上就会现身，他就不会再受相思的煎熬了。

陆小凤心中还有一个疑问。

——小老头为什么一定要他加入呢？

——他们已经有能力劫持价值三千五百万两的金珠珍宝，他们还要他加入干什么？

这问题只有一个可能的答案：

——小老头要进行一件非常大的阴谋，这阴谋绝对是轰动江湖的阴谋。

——所以小老头才需要他。

——所以小老头才千方百计地设计来困扰他。

陆小凤很替小老头惋惜。因为小老头不了解他。

他会为了蒙受不白之冤受江湖人唾弃而加入他们，去做坏勾当吗？

他会为了爱情的煎熬放弃自己做人的原则吗？

假如他会，他就不是陆小凤。

假如不是陆小凤，江湖上早就遍布邪恶势力，黑白两道恐怕只剩下了一道——黑道。

恶势力尽管会在一段时期里占着优势，但是总会出现一些不妥协、不为利诱、不为情惑、无视生死恩仇的英雄，出来整顿局面。

陆小凤绝对是其中的一个。所以陆小凤感到悲哀，一种不被了解的悲哀。

在陆小凤心目中，小老头是一个奇人。

陆小凤也是奇人。

奇人应该了解奇人，但小老头却不了解陆小凤。

所以陆小凤想起一件事。

——也许小老头是个完人。

在陆小凤心目中，完人有三个定义。

——第一，完人不是人。

——第二，完人很不好"玩"。

——第三，完人已经完了。

以小老头的才智，以他在岛上网罗到的人才，以他设计的劫案来看，这些，都不是"人"能够做到的。

跟小老头打交道，他只有一个目的，非要你加入他的行列，像陆小凤一样，小老头千方百计地要迫使他加入，这是非常不好"玩"的事。

对付这种人，陆小凤只有一种方法。

很不简单但却很有效的方法：

——不妥协、不为情困，跟小老头、宫九他们拼到底，查不出劫案和凶杀案的真相，绝不罢休。

陆小凤决定这样做的时候，他通常都能做到。所以小老头可以说已经快完了。

下了决定以后，陆小凤知道他要做两件事。

——他必须回去那悬崖上的木屋，看看老实和尚有没有留下什么暗示给他。

老实和尚绝不会单单劫走沙曼就算了，他一定会想办法让陆小凤知道他做了什么事，应该到哪里找到他和沙曼才对。

假如他回到木屋，而一无所获的话，他就要做另外的一件事。

——到长安去。

他把鹰眼老七引到长安，鹰眼老七一定会在长安找寻西门吹雪的下落。

所以只要他到长安，他一定可以找到鹰眼老七。

找到鹰眼老七，他就可以找到宫九，也就可以找到老实和尚和沙曼。

在未做这两件事以前,他必须要做到一件事。

这件事他不做,他就做不了下面的事。

这件事是——他必须向西门吹雪辞行。

第二十一章

寻寻觅觅

01

依旧是悠扬的笛音。

依旧是面对西门吹雪。

坐的依旧是那个位置，杯中依旧是碧绿澄清的竹叶青。

只是，陆小凤这次不是来，是去。

杯中有酒，豪气顿生。

陆小凤心中有的，是豪情，不是离情。

西门吹雪心中升起的却是离情："你不等小玉好了一起走？"

陆小凤摇头道："她在你这里养伤是最安全的。"

西门吹雪道："你把这个烫手山芋交给我？"

陆小凤道："你错了。"

西门吹雪道："哦？"

陆小凤道："她不是山芋，更不是烫手的山芋。"

西门吹雪道："那她是什么？"

陆小凤道："美女，一个受了伤的美女。对于这种能亲近美女的机会，要不是我十万火急，我绝对不会让给你。"

西门吹雪道:"只要我随便吆喝一下,我身边就可以有成群活蹦蹦的美女,我为什么要守住这个机会?"

陆小凤道:"因为你是西门吹雪。"

西门吹雪道:"我不懂。"

陆小凤道:"你知道人家对你的称呼吗?"

西门吹雪道:"什么称呼?"

陆小凤道:"他们说,西门吹雪吹的不是雪,是血。"

西门吹雪道:"这跟小玉有什么关系?"

陆小凤道:"有,大有关系!"

西门吹雪道:"哦?"

陆小凤道:"小玉受了伤,流的就是血,只有你这个吹血的西门吹雪,才能把她受伤的血吹走,让她变成一个活蹦蹦的美女。"

西门吹雪道:"你要我照顾她到什么时候?"

陆小凤道:"到她能起来走的时候,或者——"

西门吹雪道:"或者什么?"

陆小凤道:"或者是她想走的时候,又或者——"

西门吹雪道:"还有或者?"

陆小凤道:"当然有。"

西门吹雪道:"又或者什么?"

陆小凤道:"又或者,你希望她走的时候。"

西门吹雪道:"我会希望她不走吗?"

陆小凤道:"很难说,因为她是个很解风情的美人。"

西门吹雪道:"你要我照顾她,我绝对好好照顾她,可是,你把我西门吹雪看成什么人了?"

陆小凤道:"一个能开玩笑的人。"

西门吹雪道:"你为什么要开我玩笑?"

陆小凤道:"因为你心有离愁。"

西门吹雪道:"哦?"

陆小凤道:"我开你玩笑,只不过想冲淡你心中的离愁而已。"

西门吹雪道:"你呢?你一点离情也没有?"

陆小凤道:"没有。"

西门吹雪道:"你是个无情的人。"

陆小凤道:"我有情。"

西门吹雪道:"什么情?"

陆小凤道:"豪情。"

西门吹雪道:"我不了解你。"

陆小凤道:"你想了解我?"

西门吹雪道:"是的。"

陆小凤举起杯中酒道:"我们先干了这杯。"

西门吹雪干杯后,却看到陆小凤站了起来。

西门吹雪道:"你要走了?"

陆小凤道:"是的。"

西门吹雪道:"那我怎么了解你?"

陆小凤拿起桌上的筷子和碗,用筷子敲在碗上,高声唱道:

誓要去,入刀山!

浩气壮,过千万!

豪情无限,男儿傲气,地狱也独来独往返!

存心一闯虎豹穴,今朝去,几时还?

奈何难尽欢千日醉,此刻相对恨晚。

愿与你,尽一杯!

聚与散,记心间!

毋忘情义，长存浩气，日后再相知未晚。

　　歌已尽，酒已空。陆小凤放下碗筷，转身离去。
　　"慢着！"西门吹雪随着大喝声站起，走向又转过身来的陆小凤。
　　西门吹雪没有说话，他只是伸出他的一双手。
　　他的手紧握着陆小凤的双腕，陆小凤的手也紧握着西门吹雪的腕。
　　西门吹雪激动地轻轻吟诵："毋忘情义，长存浩气，日后再相知未晚。"
　　西门吹雪眼中已湿热。陆小凤放开西门吹雪的手腕，大步走了出去。
　　只听陆小凤豪放的歌声，犹自在黑夜中缭绕："毋忘情义，长存浩气，日后再相知未晚。"

02

　　风。海风。
　　海风吹在陆小凤身上，陆小凤站在悬崖上。
　　浪潮轻拍，那节奏的韵律一起一伏地传入陆小凤的耳中。
　　他想起一种声音。呼吸的声音。
　　——沙曼酣睡时细微均匀的呼吸声。
　　他忽然了解到一件事。
　　他了解到，为什么情人都喜欢到海边，注视着茫茫的海水，去寻找昔日的回忆。

原来海水轻抚岩岸和沙滩的声音,就和情人在耳边的细语一样。

在海边勾起的,常常都是最令人难忘、最刻骨铭心,也最甜蜜的回忆。陆小凤决定了一件事。

——假如要定居,就和沙曼在海边定居。

然而,沙曼呢?

——沙曼,沙曼,你在何方?

灯。点燃的灯。

灯在陆小凤手上。

灯光在移动,因为陆小凤的脚在移动。

没有。什么也没有。

陆小凤已经就着灯光,照遍了屋中各处,连一点暗示的痕迹也没有发现。

——老实和尚居然连一点暗示也没有留下来?

陆小凤认为这是不可思议的。

他们千方百计,无非要逼陆小凤就范,而劫持沙曼,无疑是为了要威胁陆小凤。

这等于是到了摊牌的时刻。但是,见不到和你摊牌的人,你如何摊牌?

所以陆小凤一心认定老实和尚一定会留下什么指示给他,好让他去摊牌。

但陆小凤却什么也没有发现。放下灯,他忽然感到一股寒意。

——老实和尚劫走沙曼难道和小老头他们无关?

——老实和尚劫走沙曼,难道真的要对沙曼不老实?

陆小凤的恐惧很快就消失了。并不是因为他相信老实和尚不是好色之徒，而是发现了一件事。

他发现的，其实不是一件事。

只是两个字——宫九。

这两个字不是用手写的，是用指力刻在木桌上的。

陆小凤只顾拿着灯到处找寻，却忽略了灯下的木桌上，本来就刻着这两字。

虽然他早就知道这件事一定和宫九有关，但是看到老实和尚用指力刻下的这两个字，陆小凤的人才轻松下来。因为他心中一直有个阴影，他很害怕沙曼的失踪完全和宫九无关。

现在一切疑虑都消失了。他要对付的人，只有宫九。要找宫九，他必须要找鹰眼老七。

要找鹰眼老七，他必须要到长安。所以陆小凤就乘着月色，踏上往长安的路。

03

酒。装在碗里的酒。

装酒的碗被鹰眼老七拿着。这是他今晚拿过的第二十四碗酒。

他还是和前面的二十三碗一样，咕噜一声，就吞入肚中。

喝到第二十六碗的时候，鹰眼老七以为自己醉了。

因为他忽然发现，原来放碗的地方，忽然多出了一把刀。他用力揉眼睛。

"你不用揉眼睛，你没有醉。"一个声音从他背后传来。

鹰眼老七回头，看不到人。

鹰眼老七注视着桌上的刀，问道："你怎么知道我没有醉？"

"因为你看到的刀，是真真正正确确实实的刀，不是你的幻觉。"声音又在他身后响起。

鹰眼老七在这声音说了一半时，突然回头，但是依旧什么也看不到，声音依旧从他耳后传入。

鹰眼老七颓然回头，拿起桌上的刀，道："这就是我的刀吗？"

声音响起："本来是你的。"

鹰眼老七道："现在呢？"

"现在也是你的。"

"那你为什么把刀拿走几天？"

"因为我要偷刀立威。"

"你为什么要那样做？"

"这样你才会来长安。"

"你很了解我，你是谁？"

"我不了解你，我是陆小凤。"陆小凤说完，人就坐在鹰眼老七的对面。

鹰眼老七道："你为什么要把我引来长安？"

陆小凤道："因为我希望我的日子过得舒服。"

鹰眼老七道："这跟你过日子有关系吗？"

陆小凤道："有。因为你去找西门吹雪的时候，住在他家的人，刚好是我。假如我不把你引走，你没事就来烦上半天，我还有好日子过吗？"

鹰眼老七道："你为什么会住在西门吹雪家里？"

陆小凤道："因为我要等他回来。"

鹰眼老七道："他去哪儿了？"

陆小凤道："去接沙曼。"

鹰眼老七道:"沙曼呢?"

陆小凤道:"没有接到。"

鹰眼老七道:"没有接到?"

陆小凤道:"所以我才来长安。"

鹰眼老七道:"沙曼在长安?"

陆小凤道:"我不知道。"

鹰眼老七道:"那你来长安找谁?"

陆小凤道:"找你。"

鹰眼老七道:"找我?找我干什么?我又不知道沙曼去了哪里。"

陆小凤道:"你知道。"

鹰眼老七道:"我知道?怎么连我自己也不知道我知道,而你却知道我知道?"

陆小凤道:"我就是知道你知道。"

鹰眼老七迷糊了。

陆小凤又道:"我也知道你其实并不知道沙曼在哪里。"

鹰眼老七更迷糊了。

陆小凤道:"可是,我知道你知道另外一个人在哪里。"

鹰眼老七的眼睛亮了一亮,道:"这个人知道沙曼在哪里?"

陆小凤笑了,可惜少了两条"眉毛"。

陆小凤道:"我不是说过,你一点也没醉吗?"

鹰眼老七道:"这个人是谁?"

陆小凤一字一字道:"宫九。"

鹰眼老七在喝第十六碗酒的时候,客店的大厅就只剩下他一个人了。

陆小凤看到他的时候,他正喝下第二十四碗。

大厅本来就只有他们两个人。现在也没有别人，只不过现在忽然多了一种声音。

一种很多暗器破空的声音。

陆小凤反应虽然快，还是慢了一点点。其实慢的不是他，是鹰眼老七。

因为鹰眼老七虽然没有喝醉，但喝了二十六碗火辣辣的烧刀子以后，反应总是差很多的。

所以当陆小凤拉着鹰眼老七的手，往上冲的时候，已经慢了。

陆小凤当然没有受伤，受伤的只是鹰眼老七。

因为暗器招呼的对象，根本不是陆小凤，而是全部射向鹰眼老七。

他们要杀的人，是鹰眼老七。

冲破屋瓦，冲到街上，陆小凤并没有去追杀发暗器的人。他有两点理由不必去追杀。

——发暗器的人，暗器发出后，一定分头逃走，绝不会理会对方是否已中暗器死亡。因为他们知道他们要对付的是什么人，假如他们要查看，他们就只有一条路可走——死路。

——他们要杀的人不是陆小凤，是鹰眼老七，可见他们早就在监视鹰眼老七，要杀他，无非是要灭口，所以陆小凤目前最重要的事，就是让鹰眼老七说出宫九的秘密。

陆小凤并没有听到鹰眼老七说出宫九的秘密。他听到的，是鹰眼老七的忏悔。

他虽然知道鹰眼老七中的暗器有剧毒，命已不长，他却没有打断鹰眼老七断断续续的忏悔。

人死前的忏悔，是获得最后一刹那心中平安的方法，陆小凤怎么忍心打断他？

所以陆小凤只有静静地倾听。

鹰眼老七的脸上，由痛苦渐趋平静。他看着陆小凤道："你原谅我吗？"

陆小凤点头，眼中已含满泪水。

十二连环坞的总瓢把子，叱咤风云的鹰眼老七，谁会想得到，竟然为了多拿几个钱，弄到这样的收场？而且，那些钱对鹰眼老七来说，是毫无用处的。因为他自己的钱，就已经花不完了。

看到陆小凤点头，知道陆小凤原谅了他，鹰眼老七脸上浮起了笑容。

他用微弱的声音道："我……我……有一个……秘密要……告……诉……你。"

陆小凤什么话也没说，他立刻把耳朵贴在鹰眼老七的嘴巴上。

陆小凤听到三个字。

鹰眼老七一生中最后的三个字："宫九太……"

——宫九太？

——宫九太什么？

陆小凤面对一抔黄土，苦苦思索鹰眼老七死前对他说的不完整的秘密。

——宫九太过分？

——宫九太嚣张？

——宫九太有势力？

——宫九太厉害？

——是"太"还是"泰"？

——宫九在泰山？

——宫九的秘密在泰山？

——宫九的地盘在泰山？

——宫九藏那批珍宝的地方在泰山？

陆小凤决定放弃思考了。

对鹰眼老七来说,他死时心里平静,可谓死得其所,但对陆小凤来说,鹰眼老七未能说出宫九的秘密,这一死,就未必有点不值得了。

陆小凤忽然兴起一阵感慨：

——人死了,就一了百了,留下活着的人,留下江湖的恩仇爱恨,想了也了不清！

——人在江湖,真的是身不由己啊！

陆小凤又想到退隐的问题。

一想到退隐江湖,他就想到要有个人陪伴在身旁。

一想到要人陪伴在旁,他就想到沙曼。

一想到沙曼,他的血液循环就加速了。

——沙曼在哪里？

——老实和尚在哪里？

——宫九在哪里？

——他要到哪里寻觅沙曼的芳踪？

——他要走哪个方向,才能寻觅到沙曼的踪迹？

他不知道。

他只知道一件事。他必须去找,去寻觅。

既然他们都毫无踪影,唯一的方法,就是自己露出自己的行踪,让宫九他们来找他。

所以他决定了一件事——到长安的闹市去。

04

闹市。热闹的闹市,黄昏的闹市。

人来人往,马去车来,陆小凤也挤在人群之中。

饭店。长安饭店。

陆小凤走过三十八家饭店,决定选择进入长安饭店。因为长安饭店最大、最干净、最热闹。

最重要的一点,是他发现长安饭店已经客满了。

踏入饭店大门,连伙计都忙得没有招呼他。他很高兴,因为这就是他想的。

他眼睛到处转了一转,发现一张方桌上坐着三个人。三个浓眉粗目肌肉结实的大汉。

陆小凤决定以这三个大汉做对象。

陆小凤站在三个大汉面前的空位上。

陆小凤看着正在抬头看他的三个人说:"我可以坐在这里?"

"不可以。"这是其中一个人的声音。

陆小凤把椅子拉开,坐了下来。

三个人六只眼睛瞪得很大。

"我说不可以,你是聋子吗?"

陆小凤向说话的人笑笑,道:"我不是聋子。"

"那你还不快滚!"那个人的声音逐渐增大。

"我不能滚,因为我虽然不是聋子,但我却是一个人。"

"你是谁?"

"我是陆小凤。"

三个大汉愣住。然后,三个大汉忽然仰天大笑起来。

其中一个居然还伸手摸摸陆小凤唇上剃胡子的地方,道:"你是陆小凤?"

陆小凤道:"我是陆小凤。"

那人道:"那么,你知道我是谁吗?"

陆小凤道:"你是谁?"

那人道:"我也姓陆。"

陆小凤道:"哦。"

那人道:"我叫陆大龙。"

陆小凤拍手道:"好,好名字。"

那人以诧异的眼光看着陆小凤。

陆小凤拿起名叫"陆大龙"的人面前的酒,道:"来,我敬你一杯。"

"陆大龙"愣住。

陆小凤一口把酒喝下,道:"你叫大龙,我叫小凤,我们刚好凑成一对。"

"陆大龙"一拍桌子,高声道:"就是呀,老子配儿子,大龙配小凤,我以为你连这个也不懂哩。"

陆小凤道:"这个我怎么不懂?只是,我有一点不太懂。"

那人道:"哪一点?"

陆小凤道:"谁是老子?谁是儿子?"

三个人哈哈大笑起来,仿佛这是他们一生中听过最好笑的笑话,笑得前仰后翻,整个厅里的人都朝他们望,整桌酒菜都在震动。

另一个大汉大笑,指着陆小凤道:"你真不懂?"

陆小凤很严肃地道："真不懂。"

说话的大汉忽然把笑声止住，另两个人忽然不笑了。他们的笑容，一下子就变成了愁容，极难看的愁容。因为他们看到陆小凤的手轻轻在桌缘上摩挲，桌缘的木头，就变成了细沙，纷纷落下。

他们笑不出来了。他们心中只有一个念头——这个人也许真的是陆小凤。

所以他们都摆出一副很抱歉、很忧愁的样子，大眼瞪小眼地看着陆小凤。

陆小凤笑了。

陆小凤笑着道："你们还没有回答我的问题。"

"陆大龙"以带着哭声的声音道："哪一个问题？"

陆小凤道："谁是老子？谁是儿子？"

"陆大龙"忽然伸手打了自己两个耳光，道："你是老子，我是你的龟儿子。"

"啪""啪"，说完又打了自己两个耳光。

陆小凤却摇起头来，道："答错了。"

"陆大龙"脸上的表情，实在太难看了，差点就真的要哭出来，道："答错了？难道你要做我的龟儿子？"

"啪""啪"，是"陆大龙"身边的大汉打在他脸上的声音。

那大汉道："对不起陆爷，他笨，他不会说话，你大人有大量，就放过咱们吧！"

陆小凤道："我没有要你们怎样呀！是你们要为难我而已呀。那你说，谁是老子？谁是儿子？"

三个人忽然一起跪下，向陆小凤叩头道："你是老子，我们都是你的龟儿子。"

陆小凤道："你们怎么又犯同样的错误？"

三个人瞠目看着陆小凤。

陆小凤道:"天上的凤,会生乌龟吗?"

三个人异口同声道:"不会。"

陆小凤道:"那我哪来的龟儿子?"

"啪""啪"六响,每人打在自己脸上两个耳光。

"陆小凤"三个字,就这样在长安闹市响亮了起来。

陆小凤知道,不出多久,江湖上的人就大都会知道,陆小凤在长安。

这其中当然包括宫九和老实和尚。假如宫九要找陆小凤,他就可以到长安来了。

时间,是一种很奇怪的东西。对于勤奋的人来说,时间总是如箭般飞逝,总是不够用。对于懒散的人来说,时间总是如蜗牛般慢行,总是太长。

欢乐的人希望时光能停住,寂寞的人希望时光能够快快流逝。

在同样的时间里,有人生,有人死,有人快乐,有人忧愁。

想到这些"时间"的问题,陆小凤兴起一个念头——这一刻,沙曼在想什么?

05

沙曼当然是在想陆小凤。

从陆小凤离去那一天,她就开始在想念陆小凤。被老实和尚带到这里,她更加想念陆小凤。

每天,她都期待有奇迹出现,陆小凤忽然就出现在她面前。

好几次,她都有一股冲动,想去找陆小凤,但是她知道,那是不可能的事。

她在这里生活得很好,起居都有丫环照顾,而且有充分的自由,可以在花园走动。她知道,老实和尚根本不担心她逃走。她在岛上生活太久了,陆地上的一切,早已遗忘,就算她逃出这官府般的宅邸,她又能到哪里?她早就认清这一点,所以她安心在这里等待,等待命运对她的安排。

她什么也不想,只把全副心思放在陆小凤身上。她回忆和陆小凤共度的时光,憧憬以后共聚的欢乐。日子就这样打发走了。

老实和尚每天都来看沙曼一次,每次都沉默无语。

今天却是例外。

老实和尚笑容满面地走进来,一见到沙曼,就高声道:"好消息。"

沙曼依旧摆出慵懒的样子,道:"什么好消息?"

老实和尚道:"你最想知道的好消息。"

——陆小凤!

她很快就把喜悦之情压制下来,用淡淡的口吻说道:"你们有陆小凤的消息?"

老实和尚道:"他在长安。"

沙曼道:"长安?长安离这里远吗?"

老实和尚道:"三天路程。"

沙曼不说话了。

老实和尚却道:"我劝你别起这念头。"

沙曼愕然道:"我起什么念头?"

老实和尚道:"你想逃离这里,去找陆小凤。"

沙曼道:"你真是我肚里的蛔虫。"

老实和尚道："阿弥陀佛，和尚只不过有点透视的本领而已。"

老实和尚看着沙曼，继续道："我劝你别打算逃走，是为了你好。"

沙曼不解道："为什么是为我好？"

老实和尚道："因为假如你走了，你去了长安，你就见不到陆小凤了。"

沙曼道："为什么？他不是在长安吗？"

老实和尚道："那是三天前。"

沙曼道："现在呢？"

老实和尚道："现在他也许到了这里。"

沙曼道："这里？"

老实和尚道："这里的意思就是，在这里附近，他还不能到这里。"

沙曼道："为什么？"

老实和尚道："因为我们还不想让他见到你。"

沙曼道："你们要什么时候才让我见他？"

老实和尚道："你的问题只有一个答案，答案只有三个字。"

沙曼道："哪三个字？"

老实和尚道："到时候。"

06

所谓到时候，也许是永远也到不了的时候。

因为，假如陆小凤不答应宫九他们的要求，他到时候见到的沙曼，可能是个死了的沙曼。

所以，当老实和尚派人去长安把陆小凤接来，住在这豪华的宅邸,当他问老实和尚什么时候可以见到沙曼,老实和尚回答说"到时候"的时候,陆小凤就知道,他必须要靠自己了。

他知道宫九的用意,接他来,无非是告诉他,沙曼就在附近,可是陆小凤就是见不着,明知沙曼在附近而又见不着,陆小凤只有更心急,陆小凤心里愈焦急,也许就比较容易说服。

陆小凤了解这点,他也知道,在这里待得愈久,自己愈不容易把持。

所以他一住进老实和尚为他安排的居所,他就毫不客气大吃大喝一顿。然后,他就蒙头大睡。

人的意志实在是很奇妙的,心里想着该在什么时候起床,果然睡到那个时候,就自然地醒来。

陆小凤醒来时,正是子夜,正是他心中算好要起来行动的时刻。

没有月亮,繁星满天。吸一口沁凉的空气,陆小凤觉得整个人都舒爽起来。

站在屋顶,借着星光,陆小凤一眼看过去,房屋整齐地延伸出去。他发觉,他住的地方,是这一列房屋中最小的一户。

他知道沙曼不在这一列房屋内。因为以宫九的气势,他绝对不会住在小屋里,一定住在大宅中。

陆小凤只要找到最大的住宅,就有可能找到沙曼。

这是陆小凤一听到老实和尚说"到时候"时,就想到的事。他绝不能坐着苦等,他必须起而寻找。他相信他可以找到沙曼。他有这个信心。

陆小凤并没有算错。只可惜宫九比他算得更快。

所以当他找到那户大宅，找到沙曼原来住的地方时，沙曼已经不在了。

老实和尚在。

老实和尚露出一副算准了陆小凤会来的表情，道："你很聪明。"

陆小凤道："只可惜有人比我更聪明。"

老实和尚道："那个人并不比你聪明。"

陆小凤道："哦？"

老实和尚道："那个人只不过接到报告，说你已不在床上。所以他就急急忙忙把沙曼带走，把我留下。"

陆小凤高声道："把你留下？为什么把你留下？我找的又不是你。"

老实和尚笑道："阿弥陀佛，色就是空，沙曼就是老实和尚，你找到我就等于找到沙曼一样。"

陆小凤很想笑，只是他实在笑不出来。

所以他只好走上前，走到靠近老实和尚的身前，伸出双手。

老实和尚问道："你要干什么？"

陆小凤道："你不是说，找到你就等于找到沙曼吗？"

老实和尚道："不错。"

陆小凤道："我见到沙曼的第一件事，就是和她拥抱，所以，我要拥抱你。"

老实和尚一边退后，一边摆动双手，道："这大大的使不得。"

陆小凤道："为什么使不得？"

老实和尚道："因为和尚也是男人，男人是不能跟男人拥抱的。"

陆小凤道："你不是说你就是沙曼吗？"

老实和尚道："这问题太玄了，我们还是谈点别的吧。"

陆小凤道："别的？别的什么问题？"

老实和尚一本正经地道:"大问题。"

陆小凤道:"大问题?什么大问题?"

老实和尚道:"有关两个人的生死问题。"

陆小凤道:"两个人的生死问题?其中一个是我吗?"

老实和尚道:"你看,我不是说你很聪明吗?"

陆小凤笑道:"另外一个人是沙曼?"

老实和尚叹气道:"唉!你这么聪明的人,怎么一点也想不开?"

陆小凤道:"我想不开?我什么事情想不开?"

老实和尚道:"对于小老头的建议,你为什么那么执著?你执著的是什么?"

陆小凤定定地看了老实和尚一眼,摇摇头道:"虽然我一直都不了解你,可是我一直都认为,你应该是个有原则的人,是什么原因使你变了?你为什么会答应小老头,做他手下的隐形人?"

老实和尚道:"因为我想开了。"

陆小凤道:"想开了?你想开了什么?"

老实和尚道:"人生。"

陆小凤道:"人生?你了解人生?"

老实和尚道:"了解。"

陆小凤道:"你以为人生是什么?"

老实和尚道:"人生就是享乐。我老实和尚苦修了一辈子,得到的是什么?人生匆匆几十寒暑,我为什么要虐待自己?小老头说得对,及时行乐,莫等闲白了少年头,那就后悔也来不及了。"

陆小凤又定定地看了老实和尚一眼,苦笑道:"这就是你了解的人生?你就是为了要享乐,加入了小老头的行列?"

老实和尚道:"我错了吗?"

陆小凤道:"你错了。你知道人生还有什么吗?"

老实和尚道:"还有什么?"

陆小凤一字一字地道:"道义、仁爱、良心。"

老实和尚笑了起来,道:"你执著的就是这些?这就是你看不开的原因?"

陆小凤微笑道:"就是因为我看开了,我才执著这些,你懂吗?"

老实和尚摇头道:"我不懂。"

陆小凤苦笑道:"其实你懂不懂都没有关系,有关系的是,你和我对人生的看法有所不同。"

老实和尚道:"这表示我们之间必定有冲突,这就是我们必须要敌对的原因。"

陆小凤道:"那你注定了是个失败者。"

老实和尚道:"为什么?"

陆小凤道:"因为邪恶,永远战胜不了正义。"

老实和尚又笑了起来,道:"你别忘了还有另外一句话。"

陆小凤道:"什么话?"

老实和尚道:"道高一尺,魔高一丈。"

陆小凤也笑了起来,道:"你知道魔和道是不一样的吗?"

老实和尚道:"本来就是不一样的。"

陆小凤道:"所以,道和魔的比例也不一样,道的一尺,可能是十丈,而魔的一丈,也许只有一寸。"

老实和尚沉默了。

陆小凤笑道:"我倒是有一点很不懂的地方。"

老实和尚以疑问的眼光看着陆小凤。

陆小凤继续道:"小老头已经拥有像你和宫九那样的高手,为什么一定要我?"

老实和尚道:"因为你最有用。"

陆小凤不解地道:"我?我最有用?宫九的武功恐怕就比我高,我会比他有用吗?"

老实和尚很肯定地说:"是的。"

这一次沉默的是陆小凤了。

老实和尚道:"因为小老头需要完成的事,只有你能做到。"

陆小凤道:"别人做不到吗?你做不到吗?宫九做不到吗?"

老实和尚一字一字地道:"只有你,才能做到。"

陆小凤道:"为什么?"

老实和尚道:"因为在那个场合里,只有你,才是真真正正的隐形人。在那个场合里,只有你,才不会给别人以戒心。"

陆小凤道:"那是一个什么样的场合?"

老实和尚没有回答。

陆小凤道:"你不能说?"

老实和尚道:"能。"

陆小凤道:"那你为什么不说?"

老实和尚道:"我可以说,但是不是在这里说。"

陆小凤道:"在哪里?"

老实和尚道:"要有宫九在的地方。"

陆小凤道:"为什么一定要有宫九在的地方,你才能说?"

老实和尚道:"因为这是一件轰动天下的大秘密,我说了出来,你只有两条路走。"

陆小凤道:"哪两条路?"

老实和尚道:"一条是活路,就是你答应做隐形人。"

陆小凤道:"另一条是死路?"

老实和尚道:"对,是死路,因为这个秘密不能让你活着知道,所以只有宫九在场的时候才能告诉你。"

陆小凤笑道:"因为宫九能杀我?"

老实和尚道:"你又说对了。"

陆小凤道:"好,走吧!"

老实和尚道:"走?去哪儿?"

陆小凤道:"去见宫九。"

老实和尚道:"去见宫九?现在就去?"

陆小凤道:"是呀,因为我想马上就知道这个轰动天下的大秘密。"

老实和尚道:"你知道当你知道这秘密以后,你只有两条路可以走吗?"

陆小凤道:"我知道。"

老实和尚道:"你准备走哪一条路?死路?生路?"

陆小凤道:"你想死吗?"

老实和尚道:"当然不想!谁会想死?"

陆小凤道:"对呀!那我会想死吗?"

老实和尚兴奋地道:"你是说,你答应做隐形人?"

陆小凤道:"不做隐形人,就不能活吗?"

老实和尚斩钉截铁地道:"不能。"

陆小凤也用斩钉截铁的口吻道:"我就偏偏要活给你看。"

第二十二章

隐形的人

01

　　很大的门，开着的大门。进入大门的人只有一个。

　　老实和尚站在门外对着陆小凤道："你进去，前院里有三个房间，三个房间有三个不同的人，他们都在等你。"

　　陆小凤问道："三个人？"

　　老实和尚道："我可以告诉你两个人的名字，一个宫九，一个是你朝思暮想的沙曼。"

　　陆小凤道："另一个为什么不能说？"

　　老实和尚道："不为什么，只因为你也许再也见不到这个人。"

　　陆小凤道："哦？"

　　老实和尚道："这要看你的造化，假如你先进入的房间，住的是沙曼，你还可以在死前和她疯狂地热爱一番。假如你先找到宫九，那就对不起，请你跟这个世界说两个字。"

　　陆小凤道："哪两个字？"

　　老实和尚道："再见。"

　　陆小凤笑了起来，道："假如我先进入那个你不能说的人的房间呢？"

老实和尚道:"也许你会不明不白地死掉,也许你会很快乐。"

陆小凤感兴趣地道:"我还会快乐?"

老实和尚道:"假如你没有不明不白地死去,我保证你会很快乐。"

陆小凤忽然想到一个问题,问道:"我可不可以在每个房间的门口大叫一声?"

老实和尚道:"不可以。"

陆小凤道:"为什么?"

老实和尚道:"因为你只要一出声,你就会发现一件很好玩的事。"

陆小凤道:"多好玩?"

老实和尚道:"你会发现有很多人送东西给你。"

陆小凤道:"送什么?"

老实和尚道:"暗器,致命的暗器,我保证是绝对要了你的命的暗器。"

陆小凤道:"我进入房间以后呢?"

老实和尚道:"你可以说话,可以笑,可以做任何的事情。"

陆小凤道:"那我可以跟你说两个字了吗?"

老实和尚道:"可以。"

陆小凤道:"再见。"

繁星虽然依旧挂满天空,但偌大的一座院落却是黑漆漆的一片。

除了房间树木假山的暗淡轮廓外,陆小凤什么也看不见。

不过,他发现一件事——三间房并不是连在一块的,而是左、右、中央各一。

他只有一个选择。他笔直地向前走。

他的脚步很轻,他相信,里面的人一定没有发觉,他已经站在门口了。

他并没有立刻去推门。他在门外站了大概有四分之一炷香的时间,但是房里连一点声音都没有。

他心中兴起一个念头——房内的人,不会是沙曼。如果是沙曼,她应该会发出梦呓的声音。

他想放弃选择这间房的时候,心中却兴起另一个念头——假如沙曼正在酣睡呢?

所以他又在门口站了四分之一炷香的时间。

静寂。依旧是一片死般的静寂,没有风声、没有老鼠走动的声音,更没有梦呓声,甚至连在床上翻个身的声音也没有。

陆小凤决定推门了。

门一推开,他就像灵狐那样闯了进去,蓄势站定以后,他就发现一件事——门又自动地关了起来。

所以他什么也看不见,但是他却感觉到房里有人——男人。

然后他就感觉到刀锋般的掌风切向他的心脏。

陆小凤的身体忽然直直地向后倒退,避开了掌风。

但是,陆小凤还没有站定,掌风又劈向他的心脏,他已经不能躲避了。

陆小凤并没有不明不白地死去。

救他的人不是别人,是他自己;不是他的武功,是他敏捷的判断力。

那只刀锋般的手掌在陆小凤心脏前两寸就停下了,因为陆小凤说出了三个字。

三个救了他一命的字。

——花满楼。

除了花满楼,谁能在黑暗中分毫不差地"看"到敌人的心脏部位?

所以充满杀气的手忽然变得温柔起来,温柔的手握在陆小凤的手上。

两只手,两只紧握的手,代表着世上最珍贵的事情——友情。

"你怎么会在这里?"

这是陆小凤和花满楼同时说出来的同一句话。

在黑暗中,陆小凤虽然看不到花满楼的表情,但他知道花满楼一定在"注视"他,然后,两人大笑。

花满楼挽着陆小凤的臂,带到桌旁,道:"请坐。"

陆小凤坐下。

花满楼也坐下,道:"我这里没有灯。"

陆小凤道:"那我们就在黑暗中交谈吧。"

花满楼道:"先谈我为什么会在这里,还是先聊你怎么会到这里?"

陆小凤道:"谈你吧。"

花满楼道:"是老实和尚带我来的。"

陆小凤道:"他怎么会带你来?"

花满楼道:"我一直替你追查那幕后的隐形人,但一点眉目也没有,反而查出了另外一件事。"

陆小凤道:"是什么事?"

花满楼道:"你知道当今皇上在物色御前侍卫吗?"

陆小凤道:"我是江湖中人,从来不打听这种事。"

花满楼道:"我本来也不管这些事,但是我却听到消息说,皇上正在找你。"

"找我?"陆小凤大吃一惊。

"你很惊讶吧?"花满楼道,"我当时听到这消息,我也傻住了,所以我就循线索追查下去。"

陆小凤道:"结果呢?"

花满楼道:"结果发现,这消息原来是真的。"

陆小凤道:"皇上找我去当御前侍卫?"

花满楼道:"一点不错。"

陆小凤道:"为什么?"

花满楼道:"因为有人推荐你。"

陆小凤道:"有人推荐我?谁?"

花满楼道:"太平王世子。"

陆小凤张大了嘴巴,然后才道:"太平王世子?我跟他八杆子也搭不上边,为什么要推荐我?"

花满楼道:"我不知道。"

陆小凤道:"而且,太平王世子和江湖的人有联络,他怎么会不知道我是野鹤闲云,怎么会做御前侍卫?"

花满楼道:"我也想不通这里面有什么巧妙。"

陆小凤道:"你曾继续追查吗?"

花满楼道:"是的,曾经追查过。"

陆小凤道:"查出了什么?"

花满楼道:"什么也查不出,只查出了有一次老实和尚去见过太平王世子。"

陆小凤吃惊地道:"哦!"

花满楼道:"所以我就去拜访老实和尚。"

陆小凤道："他就带你到这里？"

花满楼道："是的。"

陆小凤道："他跟你说了些什么？"

花满楼道："他要我待在这里，说很快就会看到你。"

陆小凤道："你为什么要袭击我？"

花满楼道："这几天晚上，一直都有人来偷袭我，我也不知道是谁，问老实和尚，老实和尚也说不知道，他只说我要小心，最好把偷袭的人活捉，就知道真相了。"

陆小凤道："可是你对我下的是杀手。"

花满楼道："第一，我不知道是你；第二，那个人的武功非常高，而且都在你这个时候来。我除了猛下杀手，机会不大，好在你忽然认出是我。"

陆小凤道："不然你见到的陆小凤，就是死了的陆小凤。"

花满楼笑了起来，道："你一向都是命大的人。"

陆小凤没有说话，因为他忽然想到了一件事。

——鹰眼老七临死前说的一个字："太。"

——太平王世子？太平王世子！

——鹰眼老七要对他说的，莫非就是太平王世子？

莫非就是太平王世子推荐他给当今皇上的秘密？

花满楼觉察到陆小凤的沉默，问道："你想到了什么事吗？"

陆小凤道："我想到一个人。"

花满楼道："什么人？"

陆小凤道："死人。"

花满楼道："谁？"

陆小凤道："鹰眼老七。"

"鹰眼老七死了？"

"是的。"

"他临死前说了些什么?"

"一个字,'太'。"

花满楼道:"太?太平王世子?"

陆小凤道:"我正是这么想。"

花满楼没有说话,他在沉思。

陆小凤道:"你知道太平王世子这个人吗?"

花满楼道:"一无所知。你呢?你见过这个人吗?"

"素未谋面。"

"这就奇了。他为什么要推荐你?他有什么目的?"

陆小凤道:"我们要找一个人。"

花满楼道:"老实和尚?"

陆小凤道:"是的,这问题,他一定有答案。"

陆小凤忽然又想起另一个人,所以他又道:"不,我们还是找另一个人比较好。"

花满楼道:"谁?"

陆小凤道:"宫九。"

"宫九?你知道宫九在哪里?"

"我到这里,是老实和尚带我来的,他说这里有三个房间,其中一个里面住的就是宫九。"

花满楼道:"我们现在就去找他吧。"

"不必了。"外面传来低沉的声音。

灯。八盏大亮的灯。灯在八个姿色美艳的女人手上,自门外缓缓提着进来。

说话的人走在八个美女的后面。冷酷、得意,就是这个说话的人的表情。

那就是宫九。

花满楼忽然道:"是你?"

宫九道:"是我,你毕竟听出了我的脚步声了。"

花满楼道:"你就是宫九?每天晚上来偷袭我的人就是你?为什么?"

宫九道:"因为我希望让你养成了要杀我的习惯,然后……"宫九得意地笑了起来。

陆小凤道:"然后,被杀的人,却是我。"

宫九道:"对极了。"

花满楼道:"好一个借刀杀人的妙计。"

宫九道:"只可惜幸运之神总是照顾着陆小凤。只不过……"宫九说到这里,冷哼了几声。

陆小凤道:"只不过我现在已没有这么好的运气?"

宫九道:"幸运,总是有个限度的。"

陆小凤不说话了。他不说话的原因,并不是他无话可说,而是他认为,宫九有这种心理,对他来说是件好事,因为这样一来,宫九会对他产生轻视的心理,而轻视,往往会使一个人不小心,不小心,就会导致失败。

陆小凤希望宫九愈瞧不起他愈好,他实在很怕宫九的武功。假如宫九瞧不起他,他也许会找到宫九疏忽时的弱点,那还有取胜的机会。

花满楼却说话了。他说的是一句问话。

他问道:"你认识太平王世子?"

宫九的回答很妙,他答道:"我认识老实和尚。"

花满楼道:"哦?"

宫九继续道:"老实和尚认识太平王世子,你说我会不认识吗?"

花满楼道:"不一定。"

宫九道:"为什么不一定?"

花满楼道:"陆小凤认识沙曼,但是直到现在我还未见过沙曼。"

宫九笑道:"你一定会见到她的。"

花满楼道:"什么时候?"

宫九道:"到时候。"

花满楼道:"在哪儿?"

宫九道:"在路上。"

花满楼道:"路上?什么路上?"

宫九道:"黄泉路上。"

花满楼道:"你要把我们都杀死?"

宫九道:"也许。"

花满楼道:"我们有选择的余地吗?"

宫九道:"只有一个人有。"

花满楼道:"谁?"

宫九道:"陆小凤。"

陆小凤看着宫九,道:"我可以选择?"

宫九点头道:"是的。"

陆小凤道:"选择什么?"

宫九道:"做隐形人或者做鬼。"

陆小凤道:"我不做隐形人,就一定要做鬼吗?"

宫九道:"我敢保证,一定。"

陆小凤道:"你一向都那么自信?"

宫九道:"是的。"

陆小凤道:"你却在西门吹雪那里把我追失了。"

宫九冷笑道:"你现在还不是在我手心上?"

陆小凤道:"那是我自己愿意上钩的。"

宫九道:"我手上没有沙曼这张王牌,你会来上钩吗?"

陆小凤道:"你千方百计地引我到这里来,到底为什么?"

宫九道:"我不是说过吗?做隐形人,或是做鬼。"

陆小凤道:"为什么我不做隐形人,就非得做鬼不可?"

宫九道:"因为你会破坏我。"

陆小凤道:"会破坏你的人,你都要他死吗?"

宫九道:"是的。"

陆小凤道:"假如我答应你,我不破坏你的事呢?"

宫九道:"我还是要杀你。"

陆小凤道:"为什么?"

宫九道:"因为我不相信你。"

陆小凤道:"你为什么不相信我?"

宫九道:"因为你是陆小凤,你要是不干涉这件轰动整个武林的事,陆小凤就不是陆小凤了。"

陆小凤笑了起来,道:"你倒是我的知己。"

宫九道:"我不是,另一个人才是。"

陆小凤道:"小老头?"

宫九道:"不错。"

陆小凤道:"这一切都是小老头的意思?"

宫九道:"只有他才能想得出这么多巧妙的计策,也只有你,才能完成他这件杰作。"

陆小凤道:"假如我不答应,你把我杀了,这件杰作就不能完成?"

宫九道:"是的。"

陆小凤道:"那岂不可惜?"

宫九道："这是遗憾。所以我们一直都没有杀你，就是希望你能答应。"

陆小凤道："我有什么好处吗？"

宫九道："太多了。"

陆小凤道："你为什么不把好处说出来，试着打动我？"

宫九道："你可以拥有沙曼。"

陆小凤道："就这样？"

宫九道："你可以有享不完的荣华富贵。"

陆小凤道："我不要荣华富贵。"

宫九道："你可以无忧无虑、随心所欲地过一生。"

陆小凤道："为什么？"

宫九道："因为只要完成了这件事，你要什么，只要开口，你就会得到。"

陆小凤道："什么都可以？"

宫九道："只要世上有的，都可以。"

陆小凤道："为什么？"

宫九道："因为给你的人，是皇上。"

陆小凤道："当今皇上？"

宫九道："不是。"

陆小凤迷惑了，问道："不是？"

宫九道："是下一个皇上。"

陆小凤道："为什么是下一个皇上？"

宫九道："因为当今的皇上到时候已经不在了。"

陆小凤道："为什么不在？"

宫九淡淡地道："死了，当然就不在了。"

陆小凤道："皇上为什么会死？"

宫九道:"谁都会死的,皇上为什么不会?"

陆小凤道:"下一个皇帝,是太平王世子吗?"

宫九道:"怪不得小老头一直称赞你,你果然很聪明。"

陆小凤道:"太平王世子推荐我,就是让我有机会出现在皇帝面前?"

宫九道:"不错。"

陆小凤道:"你们要我做隐形人,就是要我到时候刺杀皇上?"

宫九道:"一点不错。"

陆小凤道:"错了。"

宫九道:"错了?"

陆小凤道:"小老头错了,我也错了。我以为小老头是我的知己,原来不是。"

宫九道:"为什么不是?"

陆小凤道:"他根本不了解我,这种事,我怎么能做得出来?我阻止都来不及,怎么会去做?"

宫九道:"小老头并不一定错,你却一定错了。"

陆小凤道:"哦?我错在哪里?"

宫九道:"你忽略了一些事。"

陆小凤道:"什么事?"

宫九道:"人性。"

陆小凤道:"人性?"

宫九道:"你忽略了人性里有爱、有恐惧、有贪图享乐的惰性。"

陆小凤道:"我有忽略吗?"

宫九道:"你忽略了,所以小老头要我们不断提醒你。"

陆小凤道:"你们提醒我的方法,就是劫持沙曼?用威迫加利诱来使我注意?"

宫九道:"你不想沙曼吗?你不想跟沙曼长相厮守吗?你不想跟沙曼无忧无虑、随心所欲地过一生神仙般的生活吗?"

陆小凤道:"这是任何人都想的事,只是,要用一手血腥来获得这些,我相信这世上起码有三个人绝对不干。"

宫九道:"哪三个人?"

陆小凤指着花满楼道:"他。"

宫九道:"还有呢?"

陆小凤道:"西门吹雪和我。"

宫九道:"很好。"

陆小凤道:"很好?很好是什么意思?"

宫九道:"很好的意思就是,我把你引来这里,是一件对我们很好的事。"

陆小凤道:"可是对小老头的计划来说,岂不是很不好吗?"

宫九道:"都是不得已的遗憾。"

陆小凤道:"我可以问你一些问题吗?"

宫九道:"当然可以,我对将要离开这个世界的人,一向都不会隐瞒什么的。"

陆小凤道:"太平王世子是不是隐形的人?"

宫九道:"是的。"

陆小凤道:"崔诚是他杀的吗?"

宫九道:"萧红珠和程中也是他杀的。"

陆小凤道:"他是进入密室时才杀死他们的吗?"

宫九点头道:"不错,所以他就花了钱买通叶星士,要他说崔诚他们被杀了一个半时辰。"

陆小凤道:"这一切都是预先设计好的?"

宫九道:"是的,除了你。"

陆小凤道:"我是个不经意的闯入者。"

宫九道:"由于你突然出现在岛上,使得小老头兴起了要你做隐形人、要你刺杀皇帝的念头。"

陆小凤道:"现在最有权势的人,是太平王世子吗?"

宫九道:"他已经笼络了很多得力助手。"

陆小凤道:"他为什么不自己去行刺?"

宫九道:"那是不成的,假如由他亲自动手,他怎能获得大家的支持接任?"

陆小凤道:"你跟太平王世子很熟吗?"

宫九道:"这世上没有任何人比我对他更熟悉的了。"

陆小凤道:"哦?你从小就认识他?"

宫九道:"他还没有出娘胎,我就已经认识他。"

陆小凤道:"为什么?"

宫九道:"因为我就是太平王世子。"

所有人都愣住。这实在是一件惊人的消息,陆小凤瞪着宫九,连一句话都说不出来。

宫九很得意地看着陆小凤,笑道:"这秘密令你很震惊吧?"

陆小凤道:"我做梦也想不到。"

宫九道:"还有一件事也是你做梦也想不到的。"

陆小凤道:"什么事?"

宫九道:"你马上就要死了。"

宫九说完,向着门外一指。

火把。明亮亮的火把。

五十支火把握在五十个赤膊露出结实肌肉的大汉手上。五十个大汉围成一个大圈。

陆小凤道:"这是什么意思?"

宫九道:"这叫四个字。"

陆小凤道:"哪四个字?"

宫九道:"入地难遁。"

宫九说完,一拍手掌。

又是火把,又是明亮亮的火把。

又是五十支火把握在五十个赤膊露出结实肌肉的大汉手上,只不过这五十个大汉不是站在地上。

站在屋瓦上。

陆小凤道:"这又是什么意思?"

宫九道:"这是另外的四个字。"

陆小凤道:"哪四个字?"

宫九道:"插翅难飞。"

陆小凤笑道:"看来你一定要置我于死地。"

宫九道:"你说得一点也不错。"

陆小凤道:"我可以问你一个问题吗?"

宫九道:"当然可以。"

陆小凤道:"这问题是问你有没有听过这样一句话。"

宫九道:"什么话?"

陆小凤道:"这句话比你那两句话少一个字。"

宫九道:"七个字?哪七个字?"

陆小凤道:"置诸死地而后生。"

宫九露出不屑的笑声,道:"你没有机会,一点机会也没有!"

陆小凤道:"你这样坚持,我看我真的是一点机会也没有了。既然我快要死了,我可以向你请求一件事吗?"

宫九道:"什么事?"

陆小凤道:"放了花满楼和沙曼。"

宫九很干脆地道:"可以。"

陆小凤道:"我还想做一件事。"

宫九道:"小老头说,要我尽量答应你死前的任何请求。你说吧!"

陆小凤道:"我想见沙曼。"

宫九道:"你一定可以见到的。"

陆小凤道:"不是现在?"

宫九道:"不是。"

陆小凤道:"什么时候?"

宫九一摆手,指着门外,道:"你站到外面,面对着我的时候。"

陆小凤道:"你很厉害。你想分我的心?"

宫九道:"别忘了小老头一直推崇你,我绝对不会对你掉以轻心的,老实说,面对强敌的时候,我绝对用尽一切方法令对方的意志薄弱起来。这是制胜的方法。"

陆小凤深深地看着宫九。他实在佩服宫九,他发觉以前他都把宫九看错了。

然后,陆小凤一伸手,道:"请。"

宫九道:"理应你先。"

陆小凤道:"为什么?"

宫九道:"因为这是到鬼门关的路。"

02

曙光,已经乍露。

假如白天象征生命,曙光的来临就表示生命的诞生,然而,为什么陆小凤面对的,却是死亡的阴影?

宫九到底有什么厉害的绝招,他为什么显出一副气定神闲的样子?

这问题很快就有了答案。

当陆小凤集中了全副意志力,蓄满了全身精力,面对着宫九的时候,宫九却轻轻地拍了一下手。

然后陆小凤就看到了他早也想晚也想的沙曼。

陆小凤的意志力松懈了,他的思想已被对沙曼的爱情注满,他正在集中的注意力,都移到了沙曼身上。

假如宫九现在进攻陆小凤,陆小凤必败无疑。

但是宫九没有进攻,他露出得意的神情,就像一只猫,在玩弄一只垂死的老鼠犹自盯着吃不到的奶酪一样。

陆小凤正盯着沙曼看。

沙曼也看着陆小凤,但目光中竟然没有一点忧伤的神色,反而是一片宁静与安详,就像被围绕的港湾中的海水那样平静。

这是陆小凤想不到的。这也是宫九想不到的。

沙曼为什么会表现得这么安详?她难道不知道陆小凤正面临死亡的大关吗?

沙曼踏着平稳的步伐,缓缓走向陆小凤。

当她走近陆小凤身边时,忽然转身面对宫九。

沙曼对宫九道:"我可以跟他说一句话?"

没有等宫九回答,沙曼又继续道:"我只说两个字。"

宫九笑道:"你要说再见,还是说永别?"

沙曼微笑道:"我说的两个字,只有我和他知道。"

宫九道:"请便。"

沙曼把嘴贴陆小凤耳上,说出了那两个字。

那两个是什么字？

沙曼说完，就缓缓走开，站在陆小凤身后，面对着宫九。

宫九的视线由沙曼脸上，移到陆小凤脸上。

宫九道："你还有什么遗言？"

陆小凤道："没有了，你呢？"

宫九仰天狂笑，道："请你记住，要死的人是你，不是我！"

陆小凤沉静地道："我们就空手决斗吗？"

宫九道："不，武器由你选。"

陆小凤道："我要什么武器，你都可以给我？"

宫九道："任何武器，我都有。"

陆小凤道："很好。"

宫九道："你要什么武器？"

陆小凤道："长鞭。"

宫九脸上神色大变，道："长鞭？"

陆小凤冷冷道："是的，长鞭！"

宫九喘了几口大气，镇静下来，一拍手。

陆小凤手已经拿着长鞭。

陆小凤道："你空手吗？"

宫九傲然道："凭我这双手就够了。"

陆小凤抖了抖手中长鞭道："很好。"

长鞭发出刺耳的"唰""唰"声。

宫九脸色忽然大变，两眼逐渐变红，盯着陆小凤的身后。

陆小凤发现盯着他身后的眼睛，不只宫九那一双。

站在屋顶上和围在四周的大汉，每对眼睛都贪婪地盯着陆小凤的身后。

陆小凤已经知道是怎么回事了。他也明白沙曼为什么对他说"用鞭"这两个字。

沙曼其实并没有做什么,她只不过是把身上的衣服都脱了下来而已。

把衣服脱光其实也并没有什么,只不过是露出赤裸裸的胴体罢了。

人一生下来,岂非也是赤裸裸的?

只不过,赤裸裸的婴儿,激起人心中的,是对生命的赞叹,而赤裸裸的成熟女子的胴体,激起人心中的,却是情欲。

情欲是人类的弱点,尤其是对在比斗的人,更不能兴起情欲。

宫九更不能。这是宫九的弱点。

沙曼了解宫九,更了解宫九的弱点。所以她要陆小凤用鞭,自己则以色相的牺牲,来勾起宫九的情欲。

长鞭的"唰""唰"声响,加上阳光照在沙曼白玉般的肌肤上,宫九的气息已喘动如一头奔跑了数十里的蛮牛。

当沙曼扭动腰肢,做出各种动作的时候,宫九疯狂般撕扯自己的衣服,喘着气狂叫:"打我!打我!"

陆小凤收起长鞭,以悲悯的同情眼光,看着宫九。

宫九却用哀求的眼光看着陆小凤和他手中的长鞭,大叫:"用鞭鞭我!快!快!"

沙曼也大叫了一声:"快!"

然而陆小凤并没有鞭打宫九。他是用刺。他把内力贯注在鞭上,软软的鞭一下子变得又直又硬。

陆小凤就用这样的硬鞭，一鞭刺入宫九的心脏中。

一切归于沉寂。

只有初升的太阳，犹自照在这座院落的墙上、地上、花上、草上、树上、人身上。

03

舟，扁舟，一叶扁舟。

一叶扁舟在海上，随微波漂荡。舟沿上搁着一双脚，陆小凤的脚。

陆小凤舒适地躺在舟中，肚子上挺着一杯碧绿的酒。

他感觉很幸福。因为沙曼温柔得像一只波斯猫那样腻在他身旁。

沙曼拿起陆小凤肚子上的酒，喂了陆小凤一口，轻声细语地道："你知道一件事吗？"

陆小凤道："什么事？"

沙曼道："当今皇上，现在真的想见你。"

陆小凤微笑道："你也知道一件事吗？"

沙曼道："什么事？"

陆小凤道："我现在真的要去做隐形人。"

沙曼吓了一跳，道："为什么？你现在忽然想刺杀皇上？"

陆小凤端详着沙曼的脸道："你真的那么笨吗？"

沙曼道："我本来就笨嘛，你不喜欢，你就把我丢到海底去算了。"

陆小凤却把沙曼抱得更紧，道："小玉跑了，西门吹雪、花满楼又回到他们宁谧的世界，江湖上又恢复平静，我要是不趁着这个机会和你隐居，做一对隐形于江湖的仙侣，我还是人吗？"

沙曼叹声道："你本来就不是人嘛！"

陆小凤道："你说我不是人？难道我是猪？"

沙曼道："你不是人，也不是猪，你是凤，是陆小凤，是飞翔在幸福的九重天上的陆小凤。"

《陆小凤传奇6：凤舞九天》完

相关情节请看《陆小凤传奇7：剑神一笑》

读客文化将出版以下古龙经典作品

《小李飞刀：多情剑客无情剑》

《小李飞刀2：边城浪子》

《小李飞刀3：九月鹰飞》

《小李飞刀4：天涯·明月·刀》

《陆小凤传奇：金鹏王朝》

《陆小凤传奇2：绣花大盗》

《陆小凤传奇3：决战前后》

《陆小凤传奇4：银钩赌坊》

《陆小凤传奇5：幽灵山庄》

《陆小凤传奇6：凤舞九天》

《陆小凤传奇7：剑神一笑》

《楚留香新传：借尸还魂》

《楚留香新传2：蝙蝠传奇》

《楚留香新传3：桃花传奇》

《楚留香新传4：新月传奇·午夜兰花》

《七种武器：长生剑·孔雀翎》

《七种武器2：碧玉刀·多情环》

《七种武器3：离别钩·霸王枪》

《七种武器4：愤怒的小马·七杀手》

《萧十一郎》

《火并萧十一郎》

《绝代双骄》

《欢乐英雄》

《三少爷的剑》

《流星·蝴蝶·剑》

《武林外史》

《白玉老虎》

《圆月弯刀》

《大人物》

《绝不低头》

《碧血洗银枪》

《彩环曲》

《苍穹神剑》

《大地飞鹰》

《风铃中的刀声》

《护花铃》

《剑毒梅香》

《剑客行》

《猎鹰·赌局》

《名剑风流》

《飘香剑雨》

《七星龙王》

《失魂引》

《血鹦鹉》

《英雄无泪》

《游侠录》

《月异星邪》

激发个人成长

多年以来,千千万万有经验的读者,都会定期查看熊猫君家的最新书目,挑选满足自己成长需求的新书。

读客图书以"激发个人成长"为使命,在以下三个方面为您精选优质图书:

1、精神成长

熊猫君家精彩绝伦的小说文库和人文类图书,帮助你成为永远充满梦想、勇气和爱的人!

2、知识结构成长

熊猫君家的历史类、社科类图书,帮助你了解从宇宙诞生、文明演变直至今日世界之形成的方方面面。

3、工作技能成长

熊猫君家的经管类、家教类图书,指引你更好地工作、更有效率地生活,减少人生中的烦恼。

每一本读客图书都轻松好读,精彩绝伦,充满无穷阅读乐趣!

认准读客熊猫

读客所有图书,在书脊、腰封、封底和前后勒口都有"**读客熊猫**"标志。

两步帮你快速找到读客图书

1、找读客熊猫　　　　　　2、找黑白格子

马上扫二维码,关注**"熊猫君"**

和千万读者一起成长吧!

图书在版编目（CIP）数据

陆小凤传奇. 6，凤舞九天 / 古龙著. -- 上海：文汇出版社，2018.8
（古龙文集）
ISBN 978-7-5496-2536-9

Ⅰ.①陆… Ⅱ.①古… Ⅲ.①侠义小说－中国－当代 Ⅳ.①I247.5

中国版本图书馆CIP数据核字（2018）第067747号

著作权合同登记号：09-2017-966

陆小凤传奇6：凤舞九天

作　　者 / 古　龙

责任编辑 / 徐曙蕾
特邀编辑 / 周奥扬　周量航　王心怡
封面装帧 / 文　薇

出版发行 / 文汇出版社
　　　　　　上海市威海路755号
　　　　　　（邮政编码200041）

经　　销 / 全国新华书店
印刷装订 / 北京中科印刷有限公司
版　　次 / 2018年8月第1版
印　　次 / 2018年8月第1次印刷
开　　本 / 890mm×1270mm　1/32
字　　数 / 290千字
印　　张 / 11.75

ISBN 978-7-5496-2536-9
定　　价 / 69.00元

古龙著作管理发展委员会　侵权必究

装订质量问题，请致电010-87681002（免费更换，邮寄到付）